刑事被告人财产权
保障研究

杨胜荣　著

Wuhan University Press
武汉大学出版社

图书在版编目(CIP)数据

刑事被告人财产权保障研究/杨胜荣著. —武汉：武汉大学出版社，
2022.1
ISBN 978-7-307-22404-9

Ⅰ.刑… Ⅱ.杨… Ⅲ.刑事诉讼－当事人－财产权－研究－中国
Ⅳ.D925.212.4

中国版本图书馆CIP数据核字(2021)第104745号

责任编辑：黄朝昉　　　　　责任校对：姜程程　　　　　版式设计：天　韵

出版发行：**武汉大学出版社**　　（430072　武昌　珞珈山）
　　　　（电子邮箱：cbs22@whu.edu.cn 网址：www.wdp.com.cn)
印刷：廊坊市海涛印刷有限公司
开本：710×1000　1/16　　　印张：18　　　　字数：266千字
版次：2022年1月第1版　　　2023年1月第1次印刷
ISBN 978-7-307-22404-9　　　定价：48.00元

序

胜荣博士新著《刑事被告人财产权保障研究》即将付梓，邀我作序，虽自觉学力尚浅，无颜为之，再三推辞，然胜荣博士颇为坚持，友之盛情，却之不恭，遂勉力而为，以此为题，草就数言，略谈感想，权当与胜荣博士共勉。

吾人研习刑事诉讼法多年，对刑事诉讼法之精髓，至为深刻之感受在于"平衡"二字，亦即，刑事诉讼法意在寻求国家权力与个人权利两者间之平衡。一方面，刑事诉讼法应当为国家专门机关追诉犯罪提供充足的法律依据，达到有效惩罚和控制犯罪之目的；但另一方面，刑事诉讼法又要为被追诉之公民个人提供充分的法律保障，实现法治国家尊重和维护人权之目标，两者不可偏废。然则，客观上国家权力强大而个人权利弱小，欲求在两者之间实现平衡，何其难矣，唯有依靠精密而科学的法律程序设计，方能实现对个人权利的平等保护。职是之故，保障涉讼公民的基本人权，遂成为刑事诉讼法艰巨而重要之任务，亦因是，刑事诉讼法在业界素来享有"小宪法""被告人人权保障'圣经'"等美誉。

也正因为人权保障目标对于刑事诉讼法的艰巨性和重要性，刑事诉讼领域的人权保障状况，往往成为衡量一个国家刑事司法文明程度的标尺。客观地讲，近年来，随着政治、经济和社会的发展，我国刑事诉讼领域的人权保障水平已经得到大幅提升，成就有目共睹，尤其是对于刑事诉讼法保障人权的价值目标，已在学界和实务界渐成共识，其间最重要的标志就是刑事诉讼法 2012 年修正时在第二条中明确规定，刑事诉讼法的任务之一是尊重和保障人权。然而，一种观念和认识的转变，往往是一个长时间的缓慢过程。由于加强被告人的人身权保障是刑事诉讼法的基础性命题，因此，长期以来我国学界和实务界对于被告人的人身权保障问题，倾注了较多的精力和心血，很多问题的研究，都是围绕被告人的人身权保障而展开的，而对于同为被告人基本人权的财产权保障问题，则有意无意地有所忽略，至少，在观念上，还没有将被告人的财产权保障提升至与人身权保障同等重要的位置予以同等关注。

实际上，财产权，本身系属于公民宪法性基本人权之范畴，自然亦应当成为"小宪法"——刑事诉讼法重点保护之对象，被告人的财产权与人身权，本就是刑事诉讼法需要同等关注的两大基本人权，在观念上不应厚此薄彼，而应当"两翼齐飞"。相应地，刑事诉讼法学研究，本就应当围绕财产权与人身权这两大主题分别展开，型构被告人的财产权保障（对物诉讼）和人身权保障（对人诉讼）并驾齐驱的两套程序制度，方为正途。因而，在传统的人身权保障研究之外，开辟被告人财产权保障研究这一新方向、新领域，早就分属应当。正是在这个意义上，胜荣博士的新书《刑事被告人财产权保障研究》的选题和出版，对于开拓和丰富被告人财产权保障这一研究领域而言无疑具有重要的意义。

新书是在胜荣的博士论文基础上历经多年修改而成，以被告人的财产权保障为题选做博士论文，胜荣博士并非第一人，之前包括笔者在内，已有多位博士选择这一题目作为博士论文选题，但学术研究并非"永远争第一"的体育竞技运动，许多学术命题，可能需要更多学者甚至是几代学人前赴后继的持续研究，才成正果，更何况，胜荣博士在新书中的研究仍有其独到之处。例如，对物强制措施的适用与完善、涉案财物的认定、保管与处置，以及被告人财产权被侵犯后的救济渠道等，尤其是 2012 年我国刑事诉讼法历经大修之后，专门增设了不经定罪而没收即所谓独立没收程序，此乃保障公民财产权之重大制度设计，不可不重视，胜荣博士在新书中设专章对该程序在立法上的利弊得失进行了较为详细的研讨，值得一读。

研究被告人的财产权保障这一命题，难点不在于凝聚价值层面的共识，实际上，稍有法学理论基础之人，略加提点，即可明白在刑事诉讼中保障被告人财产权的必要性和重要价值。研究的难点在于，能否以及如何在被告人人身权保障程序之外型构一套保障被告人财产权的独特程序机制，这也是当初笔者以此为题写作博士论文时辗转反侧而不得之痛苦所在。因为，如果在研究被告人财产权保障问题时，仍然沿用正当程序、司法审查、比例原则等保障人身权的基本程序原则和框架，则被告人财产权程序保障的独特价值又该如何彰显？这也是笔者认为胜荣博士新书略有欠缺之处，因为，新书仍然采用了总分式结构展开研究，在总论部分正是以传统人身权保障的基本原则展开论述的，这无疑又重蹈了笔者当年的覆辙。实际上，根据笔者后续多年的思考和研究，被告人财产权保障这一问题的研究，必须重起炉灶、别开生面，按照对人诉讼与对物诉讼这两类诉讼机制分立创设的思路来展开研究。换言之，被告人的财产权保障，属于对物诉讼的范畴，它以涉案财物处置的正当程序为经纬，着力于型构一套以解决涉案财物的权属为中心的独立的对物诉讼程序，包括：第一，审前程序中涉案财物的争议解决机制。例如，当前实务中对于侦查机关的违法查、扣、冻，该如何构建一套证明及解决争议的程序机制；第二，审判程序中涉案财物权属的审理机制。例如，围绕涉案财物究竟是否系属赃款赃物而应当予以没收，该由何方举证并应证明至何种证明标准，等等，这都需要单独构建一套证明机制；第三，执行环节涉案财物的处置机制。例如，认定为赃款赃物的涉案财物，尤其是那些具有一定特殊性的涉案财物，如固定资产、股权债权等，该如何正当化处置，亦需要构建一套程序机制。第四，配套机制。例如，侦查机关作为我国刑事案卷的组卷机关，是否应当对涉案财物单独立卷、做出查、扣、冻决定的依据（证据）是否应当入卷备查，等等。

回首当年，与胜荣博士相识相交，实属偶然。时年我刚从上海交大凯原法学院调回四川大学法学院任教，突然接到胜荣博士的电话，寒暄几句后他随即提出希望我对他的博士论文初稿提出修改意见，后又在年前专程绕道成都探望我，见面后我才获知他当时已四十五岁，对于他如此"高龄"还来攻读博士学位的人生选择，我除了惊讶更多的是感动与敬佩，在交流中进一步获悉他本已有稳定而优渥的工作，但一直想追求学术之路，所以在人生已没有包袱的年纪毅然选择辞职攻读博士学位，他对学术的真诚与执着，令我动容。获得博士学位之后，胜荣博士选择远去广西一所名不见经传的高校任教，繁重的教学工作之余，仍积极撰写论文、申报课题，对学术的热情、执着与坚守，一如既往。学术如今作为一项生活职业，已经并不单纯，学人价值观各异，追求各不相同，但无论如何，面对学术这一公器，学人仍需保持敬畏与虔诚，固守本心与良知，方能做出真学问。作为学友，真心希望胜荣博士今后徜徉于桂林美丽的湖光山色间，依然能够不忘初心，坚守当年对待学术的那份真诚与执着！

是为序！

万毅写于成都陋斋

2021 年 3 月 16 日

前　言

加强财产权的保障，是人权保障的一项重要内容。我国宪法和法律明确规定和强调保护公民财产权，但是由于立法的疏漏，追诉机关查获犯罪、收集证据，采取强制措施限制或剥夺被告人财产权，其权力并未受到有效规制，随意扣押或者搜查被告人的财产，涉案财物未能得到妥善保管或被随意挪用，使得被告人①财产权保障处于不安全状态。因此，如何实现被告人的财产权保障，已经成为司法实践中亟待解决的重要理论与实务难题。

本书以财产权与人权保障的关联性作为切入点，以被告人财产权保障的法理基础作为研究的基本理论和逻辑支撑，并在此基础上探讨司法实践中与被告人财产权保障联系紧密的对物强制措施适用、取保候审保证金适用、涉案财物管理和处置以及刑事赔偿等现实问题。针对刑事诉讼中限制或剥夺被告人财产权的行为，剖析其产生的根源并提出完善的对策建议。全书分为八个部分展开论述：

第1章引言部分主要考察刑事诉讼中被告人财产权保障的历史背景、国内外关于此课题研究的现状与发展的走向，并交代此课题研究的基本思路与主要方法，指出研究的创新点与意义之所在。

第2章主要介绍人权与财产权关联性及其基本理论。包括人权理论的基本内涵，财产权的基本内涵、性质、内容、法律地位以及被告人财产权保障与国家公权力的关系。该章分述了西方思想家的人权与法治的理论，从不同角度对人权、财产权理论逐一介绍。以人权保障和财产权保障之间的内在法理联系为研究切入点，厘清刑事诉讼中被告人财产权保障的基础理论根据。

第3章主要研究保障被告人财产权应当遵循的原则。其中，最主要的四

---

① 备注：全书中的被告人包括侦查阶段的犯罪嫌疑人，只为行文方便。

个原则分别是正当法律程序原则、司法审查原则、比例原则和救济原则。这几项原则不仅指导刑事诉讼立法，也指导刑事诉讼司法实践，所以全面梳理上述原则的内涵、起源、发展以及在保障被告人财产权方面所能发挥的作用尤为必要。

第4章主要阐述对物强制措施的适用与被告人财产权保障的关系。通过考察域外法治国家的司法实践，总结与提炼出强制措施适用对被告人财产权保障方面的经验。同时，全面概括我国刑事司法实务中，追诉机关对被告人实施搜查、扣押等强制措施的行为时，由于不正当行使职权而给被告人造成不同程度的损失的司法现状。笔者结合我国现有的法律制度剖析上述问题的成因，并指出需要在制度构建层面，建立事前与事后的司法审查制度，严格履行强制措施的手续，实现对侦查权的控制，充分维护被告人的财产权。

第5章重点介绍如何对涉案财物强制处分、保管与处置，并结合司法实践中出现的各类问题有针对性地提出完善措施。针对司法实践中，有的侦查人员不经严格审批程序，不正当扣押、没收与案件事实有关联的财物，甚至是与案件无关的财物，导致被告人财产权受到严重侵害等情况，笔者建议结合国内外的成功做法，设立符合我国国情的涉案财物保管中心等。

第6章主要论述完善取保候审保证金制度对保障被告人财产权的影响。本章从我国取保候审保证金制度的适用现状着手，归纳总结出目前存在的，诸如方式单一、标准模糊、机制不健全等问题，剖析其背后制度、理念层面的成因。最后提出完善我国取保候审保证金制度的途径，探讨引入职业保证人制度以代替原取保候审保证金制度，以期为规范保证金收取制度、保障被告人财产权益提供参考建议。

第7章主要针对现行刑事诉讼法新增设的违法所得没收程序中存在的问题及其完善展开论述。违法所得没收程序中虽然同样存在查封、扣押等强制处分措施，也涉及涉案财物的问题，但因其内容纷繁复杂，因而笔者另设专章阐述。本章结合现行的法律法规和案例，全方位地阐释了违法所得没收程序的立法和司法现状，深入探究其缺陷及其产生的原因，并选取域外典型国家关于类似制度的比较研究，从而对构建我国违法所得没收程序与被告人财产权保障提出意见和建议。

第 8 章主要围绕刑事赔偿制度与被告人财产权保障方面展开研究。基于我国刑事诉讼中制度设计不健全、侦查权过大、侦查人员随意性较强而导致违法行使职权、侵犯被告人财产权以及国家赔偿法的严重滞后性、赔偿义务机关很难满足受害人的利益需求等现实问题，提出完善刑事赔偿制度等建议，寻求被告人财产权保障的合理化路径。

目　　录

第 1 章 引　　言

1.1　研究背景与问题提出

1.1.1　研究背景

2004 年 3 月 14 日第十届全国人大二次会议正式通过了第四次宪法修正案，首次将"人权"概念引入宪法，明确规定"公民的合法私有财产不受侵犯""国家尊重和保障人权"等重要内容，对我国刑事诉讼领域产生了深远影响。2012 年 3 月 14 日修正的《刑事诉讼法》第 2 条对刑事诉讼法的任务进行了明确规定，并且该条款首次提出"尊重和保障人权，保护公民的人身权利、财产权利、民主权利和其他权利"。党的十八届三中全会审议通过的《中共中央关于全面深化改革若干重大问题的决定》规定，完善人权司法保障制度、国家尊重和保障人权，进一步规范查封、扣押、冻结、处理涉案财物的司法程序等。另外，最高人民法院与最高人民检察院等机关也联合出台了相关文件，如 2014 年《最高人民法院关于刑事裁判涉财产部分执行的若干规定》、2015 年《关于进一步规范刑事诉讼涉案财物处置工作的意见》、2016 年 9 月 12 日国务院新闻办公室正式发表《中国司法领域人权保障的新进展》、2017 年《关于公安机关办理经济犯罪案件的若干规定》等。随着我国社会的不断发展，国家对人权的重视程度也日益提高。

  "财产权作为人权重要组成部分"早已为理论研究界的主流观点。[①] 作为公民基本人权之一，财产权不仅在很多国家的宪法中有明文保障，而且各国司法实践也较为重视对公民财产权的保护。所以，随着人权保障观念的传播与普及，司法实践中很多侵犯公民财产权的问题日益受到关注和重视。相较而言，我国司法实践中存在的一些问题，反映出我国公民的财产权，尤其是被告人[②]财产权依然没有得到应有重视。如：由于涉案财物未能得到妥善保管导致其被人随意挪用，追诉机关随意扣押或搜查被告人财产等。上述情况严重侵害了被告人的财产权利，究其根源主要在于制度层面构建尚不完善。由于我国刑事诉讼模式的惯常思维与着眼点更多的还是强调高效地打击犯罪，所以在这样的价值取向之下，整部刑事诉讼法主要考虑的是如何便于国家权力机关开展追诉犯罪的工作，而极少关注被告人的财产权保障。尽管刑事诉讼法经历三次修改，但关于被告人的财产权保障的有关规定仍然较为匮乏。刑事诉讼立法上的粗疏，俨然是落实财产权保障的固有缺陷。除保障力度不足之外，我国刑事诉讼所保障的财产权范围也过于狭窄。例如：公民的财产权还应包括一些企业商业秘密、公司股份、执业证照、企业经营权等详细内容。在社会高度发达的今天，由国家政府发放给公民的一些社会福利也应纳入公民财产权范畴中。从本质上而言，财产权是典型的对世权，其概念十分宽泛。财产权不仅限于有体物财产，还应将无形财产权囊括在内；财产权不仅限于私法创制中的财产，还应将公法创制中的财产囊括在内；财产权不仅限于法典中的财产权，还应将单行法创制的隐蔽财产权囊括在内。[③]综上所述，刑事诉讼法保障人权任务和价值目标，要求理论研究和司法实务界充分重视被告人财产权保障，并在进一步厘清公民财产权的范围与内涵基础上，在制度规范和司法实践层面完善被告人的财产权保障。

---

① 邓剑光. 论财产权的基本人权属性［J］. 武汉大学学报（哲学社会科学版），2008（05）.
② 为了行文方便，本书中的被告人包含犯罪嫌疑人。
③ 王涌. 财产权谱系、财产权法定主义与民法典《财产法总则》［J］. 政法论坛，2016（01）.

1.1.2 问题提出

马克思主义人权理论认为，人权是一个社会的、政治的范畴，既不是天赋的，也不是人与生俱来的。其具体包括生存权、自由权、平等权、财产权等。[①] 在国务院颁布的《中国司法领域人权保障新进展》白皮书中明确提出要重视对公民人权的保护，并且将其视为国家宪法的根本原则。作为维护社会公平与公正的核心手段，司法活动也必须要以保障公民人权为主要发展方向。所以，公民财产权、人身权等基本人权都是我国法律需要重点保护的对象。但在司法实践中，我国法律对公民财产权的保护多局限于正常的社会主体，而对被告人——这一被刑事诉讼程序所规制的群体重视不够。原因主要在于我国刑事司法理念尚待深化和发展，我国法律更侧重于保护被告人的人身权，而忽略了财产权保护的重要性。财产权作为人权的重要组成部分，长期未得到应有的重视。

尽管目前我国已经出台了一系列法律法规来加强对被起诉人财产权的保护，比如对物的强制处分措施、保证金制度等，但是取得的法律效果并不理想，被告人的财产权仍遭受严重侵犯。很多刊物或媒体就曾对诸多相关案例进行了报道：比如"顾雏军案"、有"中国科技第一案"之称的"褚健涉嫌贪腐案"等。这些案件不仅涉及刑法上的罪与非罪的问题，更涉及刑事被告人的财产权保障问题。

总之，在理念层面，目前的司法实践对被告人的财产权保障的重视程度仍显不够。在制度层面，既有的法律与制度设计对被告人的财产权保障存在诸多不尽如人意的地方。所以，在国家强调尊重与保障人权的大背景之下，作为人权内容之一的财产权，理应得到更多的重视。而在刑事诉讼中，基于被告人财产权更易受到侵犯的特性，对于如何有效保障被告人财产权的问题

---

① ［德］马克思，恩格斯. 马克思恩格斯全集：第 46 卷（上册）［M］. 中共中央马克思恩格斯列宁斯大林著作编译局，译. 北京：人民出版社，1979：197.

需要进一步思考和论证。

1.2 研究现状与发展动态

1.2.1 域外被告人财产权研究

我国刑诉中被告人财产权受到侵害，主要源于公安、司法机关所采取的查封、扣押、冻结等强制性措施，其核心原因是我国法律将强制性措施作为侦查行为来决定，由办案机关及其工作人员自行决定，无须接受司法审查。而域外却普遍早已将查封、扣押、冻结等强制性措施列为强制处分体系，因侵犯公民基本权利而采行法官司法审查。另外，我国学理研究中对域外被告人财产权保障的现状研究较为匮乏，相关零散信息无法勾勒被告人财产权保障的研究现状的基本情况。在此，笔者主要通过介绍几个域外有代表性的法治国家，逐一剖析财产权以及被告人的财产权在这些国家中的法律地位及学者们的重视程度。

财产权作为人权的重要组成部分，已经得到法治国家的一致认可。刑事诉讼的两大根本任务即打击犯罪和保障人权。为了确保广大民众的人权得到保障，被告人财产权免受侵害的诉求必然将成为刑事诉讼的目的和程序价值要求。人权概念的起源与发展有着自己独特的历史，其产生与发展历经数个世纪。中世纪时，人权概念以"自然权利"的形式首次出现，十七、十八世纪对人权思想的承认无疑是历史上的一场重大的思想运动。1948 年的《世界人权宣言》以及 1966 年的《公民权利和政治权利国际公约》和《经济、社会和文化权利国际公约》，反映了国际社会对普遍人权概念和人权保护使命的认同。①《世界人权宣言》第 17 条指出："人人得有单独的财产所有权以及同他人合有的所有权；任何人的财产不得任意剥夺。"从域外法治国家的立法例

---

① ［英］雷蒙德·瓦克斯. 读懂法理学［M］. 杨天江，译. 桂林：广西师范大学出版社，2016：403–404.

来看，无论是日本，还是德国、美国或法国，都在各自的宪法中申明保护财产权。由此，学术界对于被告人的财产权保障的研究主要是以其宪法保障为切入点展开。比如，美国著名学者詹妮弗·内德尔斯基提出："美国宪政观念和实践均是与个人财产权共同发展而形成的，包括在美国有限政府的概念中、在美国的权力分类中、在司法审查权对作为限制权力的制度化中。"①

首先，关于财产权保障与宪制秩序以及民主的思想。私有财产是一个人生存与发展的基础，对于宪制秩序的确立与稳定意义重大。詹妮弗·内德尔斯基认为："自宪法秩序萌生以来，私有财产就是依宪治国的核心，没有私有财产，公民权利和政治权力的区别就会消失，一旦放弃了个人财产权，宪法本身就受到了威胁。"西奥多·塞奇威克认为："所有的政府都会下决心去保护国民的生命、财产和自由。在我们这种幸运的条件下，获得一个有关财产权保护的性质和程度的明确概念……具有头等的重要性。"②由此可见，发达的西方法治国家特别注重个人财产权，包含被告人的财产权保障的观念和做法使这些国家的宪法和宪政制度得以形成和发展，在权利保障体系和宪制中对如何保障公民财产权方面的规定具有极其重要的位置。或者说，个人财产权是实现民主化的前提，也是确认宪制的基础，对宪制的有序化起到了特别重要的作用。

宪法的基本精神就是要保障公民权利、限制国家公权力，并且特别强调民主政治的法律化与制度化。学者詹妮弗·内德尔斯基认为："个人财产权至少在150年间是作为政府权力之界限的个人权利的最典型的例证。财产权划定了受保护的个人自由与政府合法范围之界限。"③他还认为，"美国宪法结构

① ［美］詹妮弗·内德尔斯基. 美国宪政与私有财产权的悖论［M］.//［美］埃尔斯特宪政与民主：理性与社会变迁的研究［M］. 潘勤，谢鹏程，译. 北京：生活·读书·新知，三联书店，1997：298.
② ［美］伯纳德·施瓦茨. 美国法律史［M］. 王军，等译. 北京：中国政法大学出版社，1989：91.
③ ［美］詹妮弗·内德尔斯基. 美国宪政与私有财产权的悖论［M］.//［美］埃尔斯特宪政与民主：理性与社会变迁的研究［M］. 潘勤，谢鹏程，译. 北京：生活·读书·新知，三联书店，1997：279.

方面的规定也是通过限制政府行为来保护公民财产权。"①西方有一位名叫米尔顿·弗里德曼的经济学教授撰写了一本《资本主义与自由》，该书被视为自由主义经典之作。他认为，"个人财产权在资本主义国家是社会给国家的权力集中提供了一些限制"②。

其次，宪法对财产权保障的规定。世界各国的法治国家的宪法明确规定了财产权保障的条款。英国《自由大宪章》第 39 条规定："任何自由人不得被捉拿、拘囚、剥夺产业、放逐或者受任何损害。"其中规定了许多关于财产权的条款，主张未经法院的裁决，"任何自由人不得被捉拿……剥夺产业"。第 52 条规定："如果我们抢夺或者移夺任何人之土地、堡垒、自由封土或其权利，又未经过合法判断，我们将立刻还给他。"法国 1789 年《人权宣言》第 17 条规定："财产是神圣不可侵犯的权利，除非当合法认定的公共需要所显然必须时，且在公平而预先赔偿的条件下，任何人的财产不得受到剥夺。"美国宪法规定保障财产权利是在修正案第 5 条和第 14 条，其修正案第 5 条规定："任何人民未经正当法律程序，不被剥夺生命、自由及财产权；私有财产也不得在未予公正补偿后予以公用征收。"修正案第 14 条规定："任何州政府，未经正当法律程序，不得剥夺任何人民的生命、自由及财产权。"美国是一个典型的判例法国家，对人民的财产权保障在立法方面与司法实务中一直得到高度重视，联邦最高法院在审理具体案件的过程中，与其他任何类型的案件相比，总是更重视当事人的财产权争讼问题。日本《宪法》第 29 条规定："财产权的内容应适合于公共福利并由法律规定不得侵犯财产权。"1949 年《德意志联邦共和国基本法》第十四章关于财产权与继承权的条款规定："（1）财产权承担责任，其使用也应当有利于公共福利。（2）财产权和继承权得到保障。（3）仅仅系出于公共福利才可征用。"

---

① ［美］詹妮弗·内德尔斯基. 美国宪政与私有财产权的悖论［M］. //［美］埃尔斯特宪政与民主：理性与社会变迁的研究［M］. 潘勤，谢鹏程，译. 北京：生活·读书·新知，三联书店，1997：287.
② ［美］米尔顿·弗里德曼. 资本主义与自由［M］. 张瑞玉，译. 北京：商务印书馆，1986：11.

在域外国家中，被告人财产权保障立法及其发展说明：西方资产阶级国家的革命运动和现代民主化代议制的形成与发展基本上都是基于财产权问题而引起。财产权是推动人们进行制度创新的助推器，无财产权就无动力之源。在域外一些启蒙思想家的理论中，无论是霍布斯·威廉·配第，还是约翰·洛克、托马斯等学者均认为设立政府主要是为了让其国土范围内的国民获得幸福，其基本前提就是要保护其国民的财产权。他们从来都是公开宣讲私有财产神圣不可侵犯，人们有权合法地追求自己的利益。这正是当时新兴的资产阶级迫切希望自己的财富观念与价值准则得到社会承认的重要表现。[①]换言之，当时新兴的资产阶级就是通过不同的革命方式建立自己的政权的，其主要目的还是为了保护他们自身的合法财产，并且他们为了达到私有财产神圣不可侵犯的目的，在资产阶级革命的旗帜上写着几个明显的大字，即"生命、自由和财产"。因为西方国家的政治理论家们普遍认为，只有国民的个人财产权获得充分保障，不受任意剥夺，生命及自由才有存在的价值，因为财产权是自由最根本的基础，同理，私有财产的占有人、使用人才能在思想上和精神上享有言论、出版和宗教的自由。[②]此时的财产权也是广大人民在享有公民政治权与对抗国家公权力侵犯等方面的经济基础和有力保障，也与现代宪政民主政治制度的基本要求相吻合。

进入新世纪（21 世纪），世界各国和各地区都很重视包括财产权在内的一系列人权保障。正如陈光中教授所言："虽然改革不像上世纪 60 年代的正当程序革命时期那样剧烈，但是各国和各地区都在致力于推进司法民主化，使公民有更多的机会参加到刑事诉讼中去，确立或者完善刑事诉讼参与机制，加大人权保障的力度，特别是加强对犯罪嫌疑人和被告人的人权保障"。[③][④]英

---

① 钱乘旦，陈晓律. 英国文化模式溯源［M］. 上海：上海社会科学院出版社，2003：64-66.

② ［加］罗纳德·凯斯，林志秋. 个人的私有财产权和对人的自由的分享［A］. 孙燕君，译. 北京：北京大学出版社，2003：206-207.

③ 陈光中. 二十一世纪初域外刑事诉讼立法之鸟瞰［EB/OL］. 中国诉讼法律网，2006-02-10.

④ 陈光中，程味秋，郑旭. 21 世纪域外刑事诉讼立法最新发展［M］. 北京：中国政法大学出版社，2004.

国、日本、法国、德国等发达国家近年来专门针对被告人权利保障方面颁布了一系列法律，专门赋予了被告人大量的程序权利来充分保障其财产权、人身权或其他权利。可见，在国外的人权与财产权理论研究中，财产权作为人权的重要组成部分之一，是整个国家制度建立的重要基石，并得到根本法的充分认可。目前，法学理论研究者并未基于主体而作特别界分，被告人的财产权保障是整个人权、财产权理论研究的重要组成部分。

1.2.2　国内研究现状

我国现行法律法规中有关被告人财产权保障和财产权保障的预防制度并不完善，当被告人财产权受到侵犯后，很难通过正当的法律渠道来寻求救济。不仅如此，立法的不完善不但导致公民财产权没有得到有效保护，反而还成为一些执法人员侵犯他人财产权的"重要法律依据"①。比如，引起社会和媒体广泛关注的"吴英案""顾雏军案"等，类似案件在被告人财产权保障层面受到了理论界和实务界的争议和质疑。为解决这些问题，我国理论界对被告人财产权保障进行了深入研究和探索。

第一，针对涉案财物之范围。刑事诉讼相关立法在对表述有关涉案之财物术语的运用上总体呈现出混乱状态，可查的主要有以下几种用法：涉案财产②、涉案款物③、涉案财物④等，而不同机关出台的法律文件对以上术语的含义也不相同。以上立法规定之混乱反映到学理研究中也同样如此，不同学者对各自涉案之财物的称谓与内涵之界定也不相同，但是由于不同研究者所研究之对象是一致的——涉案之财物，因此仍然可以用类型化的方法来对"涉

---

① 比如《中华人民共和国刑事诉讼法》（下文简称《刑事诉讼法》）中的搜查扣押的发动条件、第234条有关返还涉案财物的规定，看似保障财产权，实际效果却往往成为侵犯财产权的依据。

② 《中华人民共和国刑事诉讼法》第280条第1款、第282条第1款。

③ 最高人民检察院颁布的《人民检察院扣押、冻结涉案款物工作规定》（已失效）。

④ 2005年颁布的《公安机关办理经济犯罪案件的若干规定》第2条；2012年正式公布修订后的《人民检察院刑事诉讼规则（试行）》第672、673、674条等的规定。

案财物"这一概念的内涵进行整体审视。为阐述方便,以下不区分"涉案财物"与"涉案财产"。总体而论,当前对涉案财物范围的学理界分主要可以分为两种观点[①]:广义说中有学者以涉案财产与刑事诉讼联系的紧密程度为标准,将其分为直接相关的涉案财产和间接相关的涉案财产,前者指"该财产构成了刑事案件的必备要素",后者是指"该财产并非刑事案件构成的必备要素,与犯罪行为也没有直接关联,只是因为偶然或者为了确保刑事诉讼的推进,才进入刑事诉讼的视野"[②]。该学说中也有其他学者从不同角度进行研究,比如有学者从不同涉案财物在不同刑事诉讼活动中的功能之不同出发,将涉案财物分为三类:承担证据功能的涉案财物、承担担保功能的涉案财物以及犯罪工具、违法犯罪所得和孳息以及违禁品等。[③] 以上两种观点虽然出发点不同,但是二者涵盖范围具有内在的一致性。狭义说实际上是对以上范围的限缩,比如有学者将涉案财物界定为"违禁品、犯罪工具以及违法所得"[④],这实际上是剔除了以上所举广义说两种观点中第一种之"间接相关的涉案财产"之一部分以及第二种之"承担担保功能的涉案财物",比如狭义说中并不包含取保候审保证金。可见,广义说与狭义说两种观点的区别在于对"涉案"两字应作何理解,也即与追诉之犯罪的紧密程度,其差别的原因在于两种观点所采用的视角不同,前者更多从被告人财产权保障出发,后者更多则从追诉机关追诉职能出发,所以后者对于无助于证明犯罪的财物,如取保候审保证金、附带民事诉讼中的保全物等,就并不纳入涉案财物范围。本书所研究对象为被告人财产权保障,因此本书认为应采广义说更为合理。

---

① 两种观点内部学者的表述尽管不同,但是其指向之范围却是基本一致的。

② 闫永黎. 刑事诉讼中涉案财产的基本范畴 [J]. 中国人民公安大学学报(社会科学版),2013(03).

③ 李亮. 刑事诉讼涉案财物的救济机制 [J]. 国家检察官学院学报,2016(03).(还需指出,该学者对涉案财物所分之三个种类之间有所矛盾,比如第三类之犯罪工具本身就属于第一类可以承担证据功能。这种分类之间的矛盾其实在有关涉案财物的相关研究中出现得较为频繁。)

④ 张伟,戴哲宇. 浅析刑事涉案财物的追缴及分配 [J]. 法学杂志,2017(05).

第二，关于对物强制措施的问题。基于司法实践中追诉机关违法搜查、扣押等问题，一些国内学者主张将侦查行为纳入强制措施规范体系，并应把我国现行《刑事诉讼法》中第二章内有关侦查活动中的一系列强制措施归纳到第六章"强制措施"中。我国法律规定的五种对人的强制措施是拘留、逮捕、监视居住、取保候审和拘传，如能将冻结、扣押、搜查等对物强制处分包含在内，则可进一步完善我国司法体系中的强制措施体系。① 由于现有研究较多针对限制人身自由的强制措施，对限制被告人财产权的侦查行为研究较少，但是这些研究仍可从两个维度进行把握。

其一，对物强制措施是否应当纳入我国强制措施体系。对于这个问题，主流观点持肯定态度，此种观点下主要有两条论证进路：一是从刑事强制措施体系的完善角度②③；二是从被告人财产权保护的角度④。大体而言，该观点认为"财产权与人身权同为公民的基本权利，刑事诉讼绝不应弱化对物的处分的程序化和正当性的规范，而应建立和完善合理的对物的强制措施制度，以切实保护刑事诉讼当事人的财产权"⑤。也有学者持否定的态度，认为加强刑事诉讼活动中的物权保护有其合理性，但是却行不通，主要有以下几点理由：一是对物强制措施是侦查行为的重要组成部分，即使纳入刑事强制措施之中也不能改变由侦查机关自行实施的现状。二是对物的强制措施行为的司法控制与审查的价值选择需要研究。三是并非所有的国家和地区的立法都将对物强制处分措施纳入刑事强制措施中。⑥ 四是"对人的强制措施与对物的强制是不能相提并论的两个诉讼行为，人身自由与财产权利也不完全相关"⑦。

---

① 涂四益. 财产权的基本原理以及对财产权的宪法限制 [J]. 西部法学评论，2010（06）.

② 万毅. 论强制措施概念之修正 [J]. 清华法学，2012（03）.

③ 郭烁. 论中国刑事强制措施体系的理想模式 [J]. 苏州大学学报（哲学社会科学版），2015（05）.

④ 龙建明. 对物强制处分中被追诉人财产权保护研究 [J]. 内蒙古社会科学（汉文版），2016（01）.

⑤ 张栋. 刑事诉讼法中对物的强制措施之构建 [J]. 政治与法律，2012（01）.

⑥ ［英］卡尔·波普尔. 自由主义的原则：自由主义与当代世界（公共论丛第9辑）[M]. 纪树立，等译. 北京：生活·读书·新知三联书店，2000：143-144.

⑦ 李忠诚. 刑事强制措施体系的选择与完善 [J]. 人民检察，2009（21）.

其二，对物强制措施是否应当适用司法审查原则。对于该问题，认为对物强制措施应当纳入我国强制措施体系的学者基本对此问题持肯定态度，而且赞成该观点的学者实际上是将对物强制措施在强制措施体系的纳入与司法审查一同视为我国强制措施体系完善之一部分。另外，也有学者并未从对物强制措施整体，而是仅针对某一单一的对物强制措施展开研究。比如有学者认为"在我国未来的刑事诉讼体制改造中，无论采取司法审查机制还是检察控制机制，都只能为侦查机关留下扣押实施权"①。可见，如将检察控制机制视为广义的司法控制，则该学者显然认为对扣押采行司法控制应无可争议。整合以上针对对物强制措施的讨论，可知对物强制措施的种种问题绝非仅其本身之问题，症结仍然在于整个强制措施体系的完善。否则，即使将对物强制措施纳入强制措施体系，也极易造成整个体系的法制不统一。如若单独对扣押实行司法审查，规定由法院行使决定权，则一个无法回避的问题是：何以逮捕这种限制人身自由的强制措施都未采用法院的司法审查，仅仅对财产权进行限制却反而可以"享受"中立法院审查的处遇？若将上述决定权交由检察机关，仍然存在类似问题，既然公安机关对于拘留这种短期限制人身自由的强制措施可以自行决定，何以对于限制财产权的扣押却要交由检察机关审查决定？何种侦查行为应当适用何种司法审查，立法应按照何种规则进行统一安排？

其三，关于司法审查制度的构建问题。面对司法审查机制的缺位，学者们主张构建司法审查制度。当前我国刑事诉讼法律体系中存在的不足主要体现在结构性上，并建议国家立法机构应尽快改进侦查程序，加强以侦查权为代表的公权力的约束，因为如果不重视对公权力的限制，那么必然会滋生公权力滥用的现象。并且应由第三方司法机关来负责侦查权的监管任务，建立完善的司法审查机制，确保侦查权的行使有法可依、有理可据。只有通过司法控制才能够确保侦查程序的合规合理，也才能够有效遏制部分执法人员非

---

① 李蓉，邹啸弘. 论刑事扣押的司法控制［J］. 湘潭大学学报（哲学社会科学版），2016（06）.

法侵犯被告人财产权的现象。此外，还有一些学者指出司法审查程序在设计与运作上存在漏洞。比如，涉案财物处理不当、搜查证记载不当、保证金管理不当等。针对这些问题，学术界认为应由法院来行使司法审查权，采取强制性措施来对侦查行为进行控制，从而达到规范搜查程序、维护被告人财产权的目的。[①]

第四，关于涉案财物的管理与处置程序问题。涉案财物的管理与处置程序之标的即为被告人之财产，因此涉案财物管理与处置程序之完善对被告人财产权保障具有重要作用。就涉案财物的管理而言，针对当前公检法三机关分段管理涉案财物的体制，现有研究主要从两个层面展开：其一是完善现有的分段管理模式。比如，针对三机关间的涉案财物移送机制，有研究者提出"建立并落实以'作为证据使用的实物'移送为主的管理及内外衔接机制"[②]。其二是打破当前分段管理体制，建立统一的涉案财物管理中心。应当指出，第一种观点大多为实务界人士所赞同，学术界则较为倾向于后者。但是在该管理中心应当由哪一主体进行管理的问题上，学界有不同观点。有学者认为有必要从现行分段管理模式转向"专门机构统一负责模式"，同时认为公安机关"建立刑事涉案财物管理中心是当前推动刑事涉案财物管理改革的一个现实选择"[③]。有学者认为我国涉案财物管理体制之完善可以由两种解决方案，第一是建立"信息流转，三家共管"模式，第二是设置专项经费，委托市场主体与特殊物品主管机关相配合管理涉案财物的新模式。[④] 针对如何完善涉案财物管理，学界主要有以下几种建议：（1）在保管中细化涉案财物的分类，针对不同涉案财物的不同特点进行有针对性的管理；（2）建立"流单不流物"

---

① 陈学权. 论刑事诉讼中被追诉人的财产权保护 [J]. 学术研究，2005（12）.
② 杨宏亮，沈东林. 刑事诉讼中涉案财物的移送及监管问题研究 [J]. 人民检察，2013（20）.
③ 葛琳. 刑事涉案财物管理制度改革 [J]. 国家检察官学院学报，2016（06）.
④ 万毅，谢天. 刑事诉讼涉案财物管理机制研究——以我国 C 市 W 区的改革实践为分析样本 [J]. 人民检察，2016（17）.

的移送模式，有效避免涉案财物在流转中的物损或遗失。①（3）完善审前返还制度②、实现刑事涉案财物的信息化管理③等。

就涉案财物的处置而言，主要围绕以下两个问题：首先，被告人在涉案财产处置中的参与性不足。针对这一点，有学者认为要"完善对涉案财物立案审查和告知当事人权利程序"④。其次，被告人缺乏针对处置程序的救济机制。对此，有众多学者认为可以设置相对独立的庭审程序，即实现涉案财物处置的司法化改造。⑤⑥应当指出，涉案财物处置的司法化本身即有利于提高被告人在处置程序中的参与度，同时三方参与的诉讼结构以及程序的公开又可以制约公安机关、检察机关与审判机关的权力滥用，这一点是现有研究所体现出的内在趋势。

第五，关于涉案财物的认定和处理问题。在涉案财物的认定和处理上，确立"无赃推定"的基本原则。《刑事诉讼法》第 12 条规定："任何人在未经人民法院依法判决之前都不得被确定有罪。"有学者就此提出在认定赃物赃款时也应事先由人民法院判决，否则被告人的财产在未得到法院判决前均不得被判定为赃物赃款，其理应受到法律保护，任何人不得通过任何形式侵犯被告人财产权。不少学者指出，我们不但要提倡"无赃推定"原则，而且还应当尽快想出如何认定和处理涉案财物的办法。即未经法院依法判决前，追诉机关不得提前将涉案财物交还给案件被害者，只有在法院查明这部分财物系案件被害者所有，若不立即将这部分财物返还给案件被害者则极有可能出现重大损失，同时需要案件被害人提供一定额度的担保后才能将涉案财物提前

① 葛琳. 刑事涉案财物管理制度改革［J］. 国家检察官学院学报，2016（06）.

② 吴光升. 审前返还刑事涉案财物的若干问题探讨［J］. 中国刑事法杂志，2012（01）.

③ 孙明泽. 刑事涉案财物的信息化管理［J］. 重庆邮电大学学报（社会科学版），2018（02）.

④ 福建省厦门市中级人民法院刑二庭课题组. 刑事涉案财物处理程序问题研究［J］. 法律适用，2014（09）.

⑤ 温小洁. 我国刑事涉案财物处理之完善——以公民财产权保障为视角［J］. 法律适用，2017（13）.

⑥ 方柏兴. 论刑事诉讼中的"对物之诉"——一种以涉案财物处置为中心的裁判理论［J］. 华东政法大学学报，2017（05）.

返还给他们。另外,涉案财物在追诉机关审查终结后并没有终局性,如有必要,被告人仍可通过法律途径来进行申诉。①

第六,关于完善取保候审保证金制度的问题。部分学者指出我们可以借鉴美国宪法中有关保释制度的规定。首先,各级检察机关在收取取保候审保证金时应按照当地居民生活水平来定,并且要求得到上级检察院的批准;其次,由法院裁定是否没收保证金。当前我国刑事诉讼领域中的保证金均由地方法院、检察院、公安机关负责收取、保管或者没收,具有较大随意性。由于各个机关在收取保证金时会出于对利益的考虑,比如,只要没收了被告人的保证金,那么就可以得到国库作为返点的奖金福利,所以在很多办案过程中难以确保保证金没收的完全公正、公平。因此,不少国内学者认为在被取保候审人存在违法行为并需要将其保证金没收的情况下,追诉机关应当立即向当地法院提出没收保证金的申请,并由法院结合具体情况来予以裁定。②

第七,关于违法所得没收程序问题。针对违法所得没收程序,总体研究现状并非从被告人财产权保障的角度展开,而是立足于如何更好地实现该程序对违法所得进行没收之程序目标。比如,有学者主张应当借鉴英美法系证明标准理论,原则上将明显优势确立为检察机关的证明标准,将优势证据作为利害关系人之证明标准。③相比《最高人民法院关于适用〈中华人民共和国刑事诉讼法〉的解释》第 516 条所规定的检察机关在违法所得没收程序中所需达到的"案件事实清楚,证据确实充分"之证明标准。该学者其实是在主张对当前的检察机关的上述证明标准予以降低。其他学者有关违法所得没收程序中控辩双方证明标准之学说也大致如此。④

---

① 胡学相. 我国赃款赃物处理中存在的问题、原因及处置原则初探 [J]. 学术研究,2011(03).
② 张剑峰. 论取保候审适用的基础及其完善 [J]. 中国刑事法杂志,2013(05).
③ 毛兴勤. 构建证明标准的背景与思路:以违法所得没收程序为中心 [J]. 法学论坛,2013(02).
④ 陈正云,张志强. 违法所得没收程序若干问题研究——以任某某违法所得没收案为视角 [J]. 人民检察,2017(16).

第八，关于缺席审判制度问题。第十三届全国人民代表大会第一次会议审议通过了《中华人民共和国监察法》，中央纪委明确提出监察机关不适用《刑事诉讼法》，为顺应监察法颁布实施的需要，将对2012年《刑事诉讼法》再度做出修改，其中最大的一个变化是刑诉法修正草案增加了刑事诉讼中的缺席审判制度，主要建立犯罪嫌疑人、被告人潜逃境外的缺席审判程序；增加对被告人患有严重疾病中止审理和被告人死亡案件及其他可以缺席审判的案件等。虽然我国民事诉讼法规定有缺席判决制度，在当事人无正当理由拒不到庭的，或者未经法庭许可中途退庭的，可以缺席判决，但是刑事案件与民事案件不同，被告人往往没有选择诉讼角色的机会和能力，刑事诉讼做出的裁决可能会对被告人的人身自由权或财产权造成重大影响，所以笔者建议进行大规模的立法论证。因为当犯罪嫌疑人、被告人潜逃境外、患有严重疾病或者死亡，以及其他造成人民法院的诉讼活动无法进行下去的，不仅会过分迟延诉讼，也可能会因被告人滥用诉讼权利，作为拖延诉讼程序的手段，以致最终影响法院的公正裁判。笔者认为，在此特殊情况下，基于合理利用诉讼资源和节约诉讼成本的考虑，人民法院突破程序正义理论进行缺席审判，具有了一定的正当理论基础和现实意义。正如陈瑞华教授所言："程序正义不是一种'放之四海而皆准'的普遍价值，也不是任何时空范围内都可能被无限追求的价值目标。"因此，笔者建议立法机构在下一次的《刑事诉讼法》修改时，将现行的违法所得没收特别程序这一章增加其受案范围、缺席审判的条件，进一步完善中国式的刑事"缺席判决"特别程序制度。

第九，关于完善刑事赔偿制度问题。在完善刑事赔偿制度层面，探索将非法搜查行为产生的被告人财产损失也列入刑事赔偿范围。根据《中华人民共和国国家赔偿法》（以下简称《国家赔偿法》）规定，受害人只有在追诉机关对当事人财物采取非法措施并造成损失后才会产生依法申请国家赔偿，但是这里所说的非法措施并不包括非法搜查。一般情况下，侦查机构采取的搜查活动均是强制性的，不可避免地会对被告人的财物带来影响。所以，学者们指出应将非法搜查行为产生的被告人财产损失也列入刑事赔偿范围中。[①]

1.2.3 当前理论研究的缺欠

我国在被告人财产权保障问题上的研究属于人权问题的延伸。在对被告人财产权保障的研究成果进行归纳和整理后，笔者发现，学者们对被告人财产权保障的研究是从某一个方面或某个角度进行研究和论证，所得的研究成果也具有一定的片面性。

第一，对物强制处分措施体系的构建研究不足。因为我国《刑事诉讼法》对强制措施的界定范围仅仅包含了对人的强制措施，而对物强制处分措施则被列入到一般侦查行为范畴内，所以这对被告人的财产权保障较为不利，而且也有悖于国际通行做法。不少学者主张将冻结、扣押、搜查等一般侦查程序纳入到强制措施体系中，以期从法律程序上限制侦查机关的侦查活动，达到对被告人合法财产权的维护，但在具体制度构建方面尚未提出可行性建议。

第二，对"涉案财物"的概念缺乏精准界定。虽然《刑法》第64条、《刑事诉讼法》以及其他法律条文中均有涉案财物的相关规定，但主要还是指犯罪物品，而没有明确用到涉案财物这个概念，所以还是有必要在学理上予以探讨。涉案财物处置与被告人财产权保障具有密切关联性。我国现行法律对涉案财物界定为所有被追诉机关冻结、查封或扣押的财物，而对其性质、类别和内容未做区分。不少学者指出，既然涉案财物的含义过于笼统，并非一个标准法律术语，国家立法机关就应该从法律层面做进一步规范，但多数学者对该术语的内涵和外延也尚未做深入探讨。

第三，取保候审保证金制度研究有待深化。保证金是被适用取保候审措施的当事人，基于对保障刑事诉讼活动顺利进行的需要，而被迫向国家提供

---

① 陈光中，赵琳琳. 国家刑事赔偿制度改革若干问题探讨［J］. 中国社会科学，2008（02）.

的一种物的担保。这种担保与民事领域的担保具有根本性区别，也即此项法律关系的形成并非基于被告人的自由意思表示，而是受国家强制力限制。正是因为保证金的交纳具有上述背景，所以被告人在此环节中针对保证金所享有的财产权更容易受到强大刑事侦查权的侵犯。因此，构建规范化的取保候审保证金制度，对于保障被告人财产权具有重要意义。但当前针对取保候审保证金制度的研究主要集中在保证金收取、保管、处置等方面，未能从被告人财产权保障层面做必要分析。

第四，刑事赔偿程序的性质长期无法形成定论。目前，关于刑事赔偿程序的观点在我国主要有以下几个方面：一是部分学者认为无论是刑事赔偿案件，还是其他民事案件或者行政案件均属于社会争议范畴，因此不适宜采用烦琐的诉讼程序规则来对其进行处理；二是部分学者指出不应使用一般的司法诉讼程序来处理刑事赔偿案件，理由是这样容易导致法院既是"运动员"又是"裁判员"的情况，难以实现司法公正；三是部分学者认为应沿用诉讼制度，若当事人对相关决定不服，可以直接向法院起诉。针对既有的不同争议，理论研究尚未能明确刑事赔偿程序的基本定性。

1.3　研究的基本思路与主要方法

1.3.1　研究的基本思路

几乎所有侦查程序都是围绕"人"和"物"两条线索来展开，即"对人"和"对物"两个方面，前者是指对人强制措施。比如，拘传、取保候审、监视居住、拘留、逮捕等。这一点毫无疑问，但应当指出，后者并非仅指上述对物强制措施。对被告人财产权的保障是针对涉案财物进行的，保障框架也应当在刑事诉讼程序中进行完善。涉案财物的来源主要有三种途径：第一，是指侦查人员通过对物强制措施所取得之财物，主要包括搜查、扣押、冻结等。以扣押为例，侦查机关如果认为某财物或文件可用以证明犯罪嫌疑人有罪或无罪，在按照《刑事诉讼法》第二编第二章第六节规定的程序取得财物或者文件之后，该财物或文件即进入刑事程序，成为涉案财物；第二，是指犯罪嫌疑人之取保候审保证金。我国《刑事诉讼法》第66条将交纳保证金作为取保候审的一种，因此犯罪嫌疑人出于取保候审之目的，按照公安机关、检察机关和法院的要求交纳之保证金理所当然为涉案财物；第三，刑事附带民事诉讼程序中对犯罪嫌疑人、被告人合法财产的保全。我国《刑事诉讼法》第100条规定了附带民事诉讼的保全程序，旨在实现附带民事诉讼的判决，防止犯罪嫌疑人、被告人在诉讼程序中为规避赔偿而转移财物。

以上三者可谓刑事诉讼中涉案财物的基本流入途径，其中第一、第二两种占据绝大多数，也是司法实践中问题最多、最应该关注的两种途径，因此本书分别以专章论述。但是被告人之涉案财物在刑事诉讼中并非上述"流入"一个环节值得关注，涉案财物在进入刑事程序之后的流转程序，比如，应当如何管理、处理？诉讼程序终结时出现财物、文件毁损、灭失应如何救济？这二者也应该是被告人财产权保护的应有内容。综上，全书以涉案财物在刑事诉讼程序的主要流入途径为静态的逻辑起点——包括对物强制措施制度以及取保候审保证金制度，并对动态的涉案财物流程之管理、处理机制以及最终的赔偿制度进行分别论述，以被告人为视角对涉案财物在刑事诉讼的整体流转情况进行检视，深入研究立法和司法实践中的不足，并最终改善被告人财产权保障的现状。

具体思路概括如下：第一，本书第1章旨在通过对刑事诉讼中被告人财产权保障的立法与司法现状的基本情况进行考察，发现并提出问题；第二，本书第2章旨在论述保障被告人在刑事诉讼中财产权的理论基础，为以后各章的分析建立理论基础；第三，第3章旨在论述刑事诉讼中被告人财产权保障应遵循的基本原则，为第4章、第5章、第6章和第7章的各项基本制度之探讨建立研究的整体框架；第四，第4章、第5章、第6章以被告人涉案财物在刑事诉讼程序中的主要流入节点为对象进行论述。其中，第4章探讨司法实践中最重要的涉案财物来源，即对物强制措施的适用问题。第5章以探讨被告人的涉案财物及其正确的管理与处置方法为主，第6章以取保候审保证金制度为基点进行理论研究，同时把第4章和第5章的探讨作为第6章的逻辑前提，探讨范围既包括第4章、第5章，也涉及书中未重点叙述的附带民事诉讼保全程序的涉案财物；第五，第7章是一个特殊的章节，主要涉及刑法当中的实体问题，但考虑到人民法院在判处被告人罚金与没收财产时同样会涉及其财产权的问题，所以在本书中一并展开讨论。第8章重点考察违法所得特别没收程序的现状与完善方面。由于这一章离不开探讨对物强制性处分措施与涉案财物的处置，所以接下来的最后第8章主要探讨追诉机关因在刑事诉讼活动中不当行使职权而给被告人造成不同程度的财产损失时，应当如何实现赔偿的现实问题等。

1.3.2 研究的主要方法

我国对被告人的人身权研究较为深入，并且在这一领域的研究成果也较为系统全面，但是仅有极少数的学者专门研究刑事诉讼领域中被告人财产权保障方面的问题。笔者通过走访与查阅，并未见"刑事当事人财产权保障研究"专著。这也从某种角度反映了当前法学理论界对这一问题尚未引起足够的关注和重视，相关的理论成果较为缺乏。因而，笔者对被告人财产权保障问题的研究，主要着眼于采取以下几种研究方法：

第一，比较研究方法。为了研究与完善我国刑事诉讼法，了解域外刑事诉讼立法与司法实践的最新动态是必不可少的。对域外关于被告人财产权保障的这些最新改革和发展进行全面考察，以探寻刑事司法的发展规律和趋势，注意借鉴域外刑事诉讼立法的积极和消极经验，必将有助于我们分析我国刑事司法实践中的问题，为我国刑事诉讼法的再修改提供重要参考依据。对于被告人财产权保障问题的研究，笔者将会通过同一性、多变性、可比性等对比研究方法来进行。

第二，实证研究方法。笔者紧密结合实务，经过大量调查研究，厘清刑事诉讼实务中财产权保障的问题类型及其成因。对这些问题进行细致的研究分析，为相应的制度设计提供强有力的论据支撑。全书研究紧紧围绕司法实践中一些经典案例，通过对这些案例深入分析，找出在刑事侦查实践中被告人财产权受到侵犯和威胁的根源，并对我国被告人财产权保护之不足及其成因进行深入剖析，摸索出一套切实可行的解决办法。

第三，规范分析法。笔者将会在研究过程中根据相关的法律规范、判例、习惯等进行分析和解释。作为一项具体的诉讼制度，域外法治国家一般是根据宪法的规定以及其他法律文本对被告人的财产权进行保障，比较成熟与完善。基于此，全书拟充分运用规范分析方法，对国内外关于被告人财产权保障方面规定的基本内涵、规范差异等进行研究，为完善我国被告人财产权保障制度奠定基础。

1.4 研究创新与意义

1.4.1 研究创新

所有的理论研究工作者均致力于提出更加具有创新性、更具有建设性的研究观点。本书的主线是如何进一步加强对被告人财产权的保护，通过详细阐述人权与财产权保障之间的关联性，明确被告人财产权保障相关制度中存在的问题，在此基础上结合域外成功经验提出进一步改进我国被告人财产权保障制度，以期能够为我国司法制度的完善以及相关领域的研究做出绵薄贡献。主要创新点在于以下几点：

①系统性梳理了刑事诉讼中被告人财产权保障的理论，在已有研究的基

础上，对被告人财产权保障问题进行了全面深入的研究。②结合国外有关财产权保障和人权理论，提出应当在我国司法实践中引入部分值得借鉴的国外法治理念，例如司法审查制度，并将其融入立法和司法领域中去，从而达到不断平衡公权力和私权利在被告人财产权保障方面的冲突。③对于在刑事诉讼领域中涉案财物保管的问题，笔者提议在各地方司法行政机关设立专门的保管机构，该机构的主要职能是负责对所有涉案财物的管理，构建完善的涉案财物保管体系，确保被告人的财产权得到进一步保障。④结合国外保释制度的立法精神，创新性提出在我国建立商业保释制度，以进一步改善当前我国取保候审现状，解决取保候审在司法实践中异化的问题，进而加强被告人财产权的保护。⑤提出由社会组织介入被告人财产权保障的程序，并提出制度设计方式和主要程序，从而进一步平衡公民个人财产权和国家公权力之间的关系。⑥探索提出完善刑事赔偿制度，将非法搜查行为产生的被告人财产损失也列入刑事赔偿范围。

1.4.2 研究意义

近年来，我国刑事诉讼领域针对被告人人权方面的保护，从立法与司法实践来看，主要还是集中在人身权的保护上，至于被告人的财产权保障方面的内容则未能在司法实践中得到充分体现。为此，笔者对被告人的财产权保障问题进行研究，既具有一定的理论意义，也具有鲜明的实践意义。

第一，有利于促进人权保障的实现。根据《世界人权宣言》第17条规定："每个人均有其独立的财产所有权；任何人不得通过任何形式非法剥夺他人的财产权利。"虽然《世界人权宣言》并非具有法律效力的文本，其中的各项规定不具有强制力，但是其在国际上却有深远影响。我国《刑事诉讼法》确实明文规定保障人权，但是由于被告人作为刑事诉讼中的被追究的对象，处于弱势群体的地位，其合法权益更容易在刑事诉讼过程中受到侵犯，而且由于我国现行法律法规尚未对相关赔偿机制进行明确，所以被告人财产权一且遭到非法侵犯后，很难寻求法律救济途径，这显然不符合法律保障人权的立法宗旨。笔者通过对被告人的财产权及其他权利的保障研究，进一步促进人权保障的全面实现。

第二，有利于全面依法治国的推进。宪法在任何一个国家的法律中占据至高无上的地位，是制定所有普通法律、法规的依据，是一个国家制定所有部门法律的思想指南与行动纲领，且法律效力最高。马克思给予了宪法最高的美誉度，即"法律的法律"。任何一个国家的宪法都是规定公民的基本权利与义务，规定国家公权力与公民个人之间的关系，规定关于国家的政治、经济、文化等社会根本制度，规定国家权力，行使国家公权力的范围，以及如何对国家公权力行使监督权等，其出发点都是为了保护公民的基本权利。故此，"宪法就是一张写着人民权利的纸"①。其实，保障被告人财产权的目的主要是为了防范国家公权力，因为公民个人的力量相对于强大的国家公权力来讲势单力薄，遭受国家公权力侵害的现象时常发生，这对于一个法治国家来说是无法容忍的。虽然被告人是国家司法机关指控犯罪的对象，但也不能以惩罚犯罪之名而恣意限制或剥夺被告人的合法财产。故此，被告人仍然应当依据宪法与法律的规定提供应有的与必要的保护。当迫不得已需要限制被告人的权利时，也必须依据宪法与法律（实体法与程序法）的明文规定进行。正如伯尔曼所言："法律必须被信仰，否则它将形同虚设，没有信仰的法律将退化成为僵死的教条。"②因此，我们注重保护被告人的财产权，不仅是法治国家的需要，同时也有利于促进依法治国。

第三，有利于刑事司法程序的完善。加强被告人财产权的保护力度不仅能够有效保障被告人的合法权益，还有利于对执法机关公权力行使的限制。仅凭公民个人的力量在国家公权力面前是微乎其微的，这也是国家机关在行

---

① ［俄］列宁. 列宁全集（第9卷）［M］. 中共中央马克思恩格斯列宁斯大林著作编译局，编译. 北京：人民出版社，1972：448.
② ［美］伯尔曼. 法律与宗教［M］. 梁治平，译. 北京：中国政法大学出版社，2003：4.

使国家公权力过程中容易侵犯到公民个人利益的主要原因，并且这种侵权行为并非一个法治国家所能够容忍的，故此，我们必须要重视制衡国家公权力和公民人权之间的关系。尽管被告人在刑事诉讼领域往往充当被追诉的角色，但是法律不应该以惩治犯罪为由侵犯其合法财产权。被告人即使存在犯罪行为，其合法权益也理应得到法律的保护，严格按照法制来保护被告人的财产权及其他权利是依法治国的重要要求，也是从财产权保障层面完善刑事司法程序构建的需要。

第四，有利于无罪推定原则的贯彻。我国《刑事诉讼法》明确规定："未经人民法院依法判决，对任何人都不得确定有罪。"同理，被告人的财物在未得到法院依法判决前也应为合法财物，其他人不得以任何理由将其认定为赃物赃款。为了体现出我国法律对公民财产权的重视，凡是未经人民法院依法判决的被告人财物均应被称为"涉案财物"，而非"赃物赃款"。不少学者指出，这一做法仅是更改了叫法而已，其实质并没有发生任何改变。但是我们认为法律术语很大程度上体现出国家法律对相关内容的理解与态度，称谓不同则其代表的意义亦不相同，所以这种做法并不是单纯意义上的更改称谓，其实质实际上已经发生了改变。笔者通过对涉案财物做界定和厘清，有助于通过规范涉案财物术语的使用层面，进一步贯彻无罪推定原则。

第五，有利于从根本上遏制司法腐败。如果一个国家或一个政党的司法机关都产生了腐败，这说明了司法腐败是对社会公平与正义的严重挑战。因为社会公正的底线是司法公正。但很遗憾的是，司法腐败现象在司法实践中超级严重，不管是在刑事诉讼的哪个阶段，侵害被告人及其他利害关系人的现象时常发生，人民群众对行使公权力的机关深恶痛绝，甚至部分民主人士藐视法律、轻视司法机关等。直接涉及被告人财产权的贪腐行为主要有以下三个方面：一是侦查阶段。有的办案机关滥用侦查权对被告人的各类财物采取强制处分，包括查封、搜查、扣押、冻结等，甚至随意非法处置涉案财物；二是公诉阶段。有的办案人员滥用公权力向当事人及其亲属违法收取取保候

审保证金，甚至随意处置涉案财物等；三是审判阶段。有的法官通过歪曲事实，与个别检察人员勾结，要么受贿索贿，要么先定后审，随意将被告人的大量合法财物认定为赃款赃物并予以没收等。以上三个方面在党的十八大与十九大之前的司法实践中表现得更为突出。因此，为了加强对被告人财产权的有力保障，我们应当从源头抓起，规范权力的行使，把权力关进制度的笼子，从根本上消除司法腐败的空间。

第 2 章　被告人财产权保障的理论基础

2.1　财产权保障的理论渊源

要研究刑事诉讼中被告人财产权保障下各种具体制度，必须优先解决为什么在刑事诉讼程序运行中要保障被告人财产权这一基本问题。笔者认为上述问题的解答必须回溯财产权作为一项基本人权的历史演变和现实定位。本节拟首先论述人权这一概念的起源与发展，了解财产权在人权的产生与发展中扮演了何种角色，再对财产权作为基本人权之法理进行剖析。

2.1.1　"人权"的起源与发展

人权即个人所拥有的基本权利，这些权利关系到个人是否能够得到充分的尊重，是否能够享有平等对待等。对国家的每个公民而言，其享有的基本公民权利直接关系到其生存与发展，其重要性不言而喻。我国宪法和法律明文规定要保障公民的基本权利，尤其是与生存、生活有关的各项权利。在人类社会发展的历程中，人权的起源与发展同样经历了极其艰辛且漫长的过程。人类社会中最早的人权起源自文艺复兴时期的意大利，在这个特殊的时代，一批意大利思想启蒙者将人权的概念带到了人类社会中，一大批有关人权的言论也应运而生。随后，人们对自由的渴望程度日益提高，人们对自由和尊严的追求意识逐渐觉醒，但是和西方发达国家相比，我国无论是在人权思想还是人权核心内容上都与其存在较大差异，这些差异主要是由中西方文化差异造成的。英国著名学者麦克法兰指出："人权是每个人都有的道德权利，如果失去了人权，那么人就不能再被称为是人。"[①]澳大利亚学者卡曼卡认为，"人权原理是提出一种关于在道德上合适地对待人与有组织社会的建议"[②]；德国学者尼伯龙指出："人类社会中的人权是人对其主观需求的有效道德要求，它是人类社会发展到一定阶段的必然产物"[③]；日本学者宫泽俊义指出："何为人权？人权就是基于人作为人这一事实下人应该享有的各项权利"[④]；美国路易斯·亨金指出："人权实际上是同一时代的人所认可的豁免、自由、利益等价值，每个人均能在社会中作为权利去主张或请求。"[⑤]

综上所述，这些发达国家中的学者从多个角度阐述了人权的内涵，本书则从以下三个方面来对人权进行定义：第一，人权是有关自然人的个体权利。例如财产权、生命健康权等；第二，人权是以集体为单位的集体人权。例如妇女权利、儿童权利等；第三，人权是针对所有人类的基本权利，比如环保权等。

人权具有一定的自然属性，同时它也是社会与自然都应具备的基本权利。人权是人类尊严的重要体现，同时它也是人类对人道主义、公平正义等美好精神所追求的重要体现。如果没有人权也就没有所谓的财产权，那么人类社会就会回归到原始社会野蛮的状态。并不仅仅只有西方国家的公民才有人权，我国公民乃至世界各国的公民都具有人权。在自然状态下，每个人享有的人权是完全平等的，每个人与生俱来就应享有自由权、生命权、平等权和财产权等基本权利。人权具有典型的自然属性，这一观念在西方法律中体现

---

① Macfarlane. The Theory and Practice of Human Rights [M]. London：Maurice Temple Smith Ltd. 1985：3.
② 沈宗灵. 第二次世界大战后西方人权学说的演变 [J]. //黄枬森. 当代中国人权论 [M]. 北京：当代中国出版社，1993：125.
③ Feinberg, Joel, The Nature and Value of Rights [J]. The Journal of Value Inquiry, 1970, Vol. 4., PP.243–257.
④ 沈宗灵，黄枬森. 西方人权学说（上）[M]. 成都：四川人民出版社，1994：8.
⑤ L. 亨金. 权利的时代 [M]. 信春鹰，等译. 北京：知识出版社，1997：33.

得十分明显。人权作为人类享有的最基本权利，它代表的不仅仅是人类的尊严，同时还是人类对人道、正义、公平等追求的重要体现。无数历史经验告诉我们，人权是人类个体在社会上应该享有的基本权利，人类社会离开了人权就无法得到发展。人权是每个人享有的权利，它具有广泛性和普遍性，无论何人、无论其国籍、无论其文化水平和财产状况，人权都是其享有的最基本权利，而且每个人享有的人权是完全平等的。在最近几个世纪中，很多西方学者提出了"世界人权论""人权高于主权论"等观点，主张人权是没有国界的。

根据马克思主义人权理论，主张人权并不是天赋的，更不是与生俱来的，而是历史的、社会的和商品经济共同作用的产物。资产阶级及其理论家把人权看作是天赋的。他们所说的人权主要是指生存权、自由权、财产权和平等权等，认为这些权利是一切人生而有之、不可随意剥夺或限制、神圣的权利。这种理论尽管在资本主义社会反抗封建统治中起过积极的作用，但实际上是不符合人类历史发展的规律。人权是一个社会的、政治的、经济的范畴。所谓人权就是权利的一般表现形式，最初是指"市民社会成员的权利"，如生存权、平等权、自由权与财产权等。人权一方面是针对封建专制统治、等级特权、压制自由、不平等而提出的；另一方面是资本主义商品生产和交换日趋发达的产物。马克思人权观对其有精辟的论述："如通过等价交换的经济形式，确立了主体之间的全面平等，其内容是促使人们进行交换的个人材料和物质材料，确立了经济自由。可见，平等和自由不仅在以交换价值为基础的交换中受到尊重，而且交换价值的交换是一切平等和自由的现实基础。作为纯粹观念，平等和自由仅仅是交换价值在交换中的一种理想化的表现，是在法律的、政治的、社会的关系上发展了的东西，平等和自由不过是另一次方的这种基础而已。"① 总之，马克思主义人权观是人类社会发展史上的一座丰

---

① ［德］马克思，恩格斯. 马克思恩格斯全集：第 46 卷（上册）［M］. 中共中央马克思恩格斯列宁斯大林著作编译局，编译. 北京：人民出版社，1985.

碑，在其思想的影响下，工人阶层及其他劳动阶层都有了追求自由、追求人权的渴望，这也为日后人权概念的进一步发展起到了巨大的推动作用。

在人类社会发展的历程中，人权的起源与发展同样经历了极其艰辛且漫长的过程，大概而言，可以划分为三大阶段：第一阶段是人权的产生阶段。17世纪到18世纪期间，封建世袭特权被金钱特权替代，此时资产阶级将人权概念转化成国家法律和政治制度。人权的概念从道德概念变为资本主义社会的一个重要法律概念。可见，保障自身财产权的内在需求其实内含于资产阶级自身的发展之中；第二阶段是人权学说和人权思想的兴盛时期，在这一阶段中出现了大量有关人权的理论，很多学者纷纷投身于人权的研究中，比如说卢梭、洛克等著名思想家，以及《公民人权宣言》《独立宣言》等重要著作的问世。马克思指出共产主义是实现人权、追求全人类自由发展的唯一途径。第一阶段的人权可以视为资产阶级的一种阶级特权，伴随着资本主义的继续发展，普通民众对生命权、财产权等基本人权的需求也日益高涨，人权的保护开始普遍化；第二个阶段的人权反映了人类追求解放与全方位自由发展的美好愿望。要真正实现人权，先要推翻剥削阶级，消灭私有制度，实现共产主义。马克思主义的人权观是人权思想史上的一个重要里程碑，代表了无产阶级全面解放的要求；第三阶段是国际人权的形成和发展时期。随着第二次世界大战的结束，各个国家都开始进入到经济恢复时期，人们开始重点思考两个问题——如何保证人类的尊严和命运？如何维持人类的生存和发展？随后《世界人权宣言》与《联合国宪章》相继出台，联合国将"促进对人权的尊重"作为三大宗旨之一，这是首次将人权上升到全球性高度，并正式确立了人权作为人类尊严之根本的崇高地位。在这一时期，国际人权概念逐渐萌芽，越来越多的国家开始接受这一观念。联合国于1948年颁布的《世界人权宣言》是人权发展历程上的一座里程碑，它拉开了人类国际人权运动的序幕。

如今人权的概念已经被世界各国广泛接受，并且各个国家也在法律法规中明确了保障人权的各项规定。总的来说，当前有关国际人权观的内容有以下几点：①人权所保护的核心内容是以公民财产权为中心的各项基本权利。若公民的财产权得不到有效保障，那么其生存与发展都会受到严重威胁，保护公民人权就成了一句空话。②从实质上看，法律所保障的人权是公民应享有的各项基本权利，其保障对象主要是涉及刑事案件的各位当事人。每个公民都有权依法保障自身的各项合法权利，我们将这种行为称之为社会秩序。③从目的上看，法律保障公民人权的主要目的是确保其免遭国家公权力的侵害。这一观念出自国家人权观，该观点认为之所以要保障公民人权，就是要以此来对抗国家公权力，确保公民的人权不会因国家公权力的行使而遭到侵害。

2.1.2　财产权与人权的理论联系

所谓财产权，是指以财产利益为内容，直接体现财产利益的民事权利，具有物质财富的内容，一般可以以金钱计算价值，是人身权的对称，具有可让与性，受到侵害时需以财产方式予以救济。财产权包括以所有权为主的物权、准物权、债权、继承权，也包括知识产权中的财产权等。[①]财产权是基本人权的重要内容，人权也即个人所拥有的基本权利，这些权利关系到个人是否能够得到充分的尊重，是否能够享有平等对待等。对于国家的每个公民而言，其享有的基本公民权利直接关系到其生存与发展，其重要性不言而喻。笔者在对人权起源与发展过程中所体现出的财产权内容进行论述之后，本节将从各财产权的理论出发来探讨财产权与人权的理论联系，并主要从自然法财产权理论与劳动财产权理论两个方面来进行论证。

其一，从自然法财产权理论的角度。古希腊哲学家普遍指出世间万物皆有秩序之源，即有"自然法"存在，所有自然权利均是"天赋人权"范畴，人们所享有的这些权利是与生俱来的，他人不得以任何理由剥夺或侵犯。财

---

① 周琪. 财产权与民主的限度［EB/OL］. 新华网. 2015–08–14.

产权与人权的理论联系可以通过自然法学派的相关观点予以清晰揭示，自然法学派的著名学者格劳秀斯认为一个人的东西即属于自己的东西——在拉丁文上以"suum"表示。"suum"代表了一种前法律的观点，并至少包括生命和自由，进而认为由于这些物不可能被非正义地剥夺，这些物自然地归属于这个人。换句话说，自然法必然致力于保护"suum"。[①] 按照格劳秀斯的观点，财产权属于公民自然权利之一部分，并且不可被随意剥夺。自然法财产权理论的主要内容有以下几点：

（1）根据"社会契约论"和"天赋人权论"，所有人拥有各项与生俱来的自然权利，其中就包括个人财产权，这些权利不得被他人以任何方式剥夺或侵犯。这一自然法思想也成为我国宪法重要的理论基础。

（2）私有制社会的社会架构使然。在私有制社会中，由于存在激励因子，所以比没有激励因子的公有制社会更加合理。著名科学家赫伯特·西蒙（曾获诺贝尔奖）指出上述观点纯属谬论。他认为，"当前大部分大型企业的实际运营人都并非其所有者，即存在委托代理关系"[②]。也有古希腊学者指出："权利最初的出发点就是抽象的人性，从资源配置层面来对个人财产权的合理性进行论证，可以得出公有财产制国家比私有财产制国家要更为落后。"[③]

（3）自然法应当保障公民私有财产。对个体而言，其与生俱来的自然权利理应得到法律的保护，其中就包括个人财产权。自然法保护公民的私有财产是理所应当的[④]，而且基于人定法的立法基础亦是按照自然法的精神而来，所以自然法思想实际上也是西方财产权理论的基础，就连当前很多国家的财产权理论也是基于自然法思想提出来的。在对各个国家的宪法进行详细研究后发现，几乎所有国家的宪法中都非常重视对公民私有财产的保护，这是因

---

① ［澳］斯蒂芬·巴克勒. 自然法与财产权理论：从格劳秀斯到休谟［M］. 周清林，译. 北京：法律出版社，2014：27.

② H. Simon. Organizations and Markets［J］. Economic Perspectives，1991，5（02）.

③ J. E. Stiglitz. Credit Markets and the Control of Capital［J］. Money，Banking and Credit，1985，17（02）.

④ 王宗忆. 谈刑事赔偿确认程序弊端及对策［N］. 检察日报，2007，6.

为每个国家政府都清楚地知道只有在有效保障了公民的私人财产后才能让社会稳定。社会大众普遍认为，如果连最基本的私有财产都无法保障，那么无法期待国家法律保障他们的其他权利。

其二，从劳动财产权理论的角度。早在上千年前的古罗马法中就明确规定了"个人财产是个人通过劳动所得"。17 世纪中叶，西方哲学家提出了"劳动财产权理论"，此理论提出不久便得到了大批学者的热议，其中就包括著名思想家卢梭、亚当斯等人。后来，洛克进一步丰富了劳动财产权理论的内容，他认为，任何东西只要脱离了自然所提供的状态和那个东西所处的状态，它就已经掺进了他人的劳动。在这上面掺入了他人自己所有的某些东西，因此使它成为他人自己的财产。[①] 按照洛克的理论，土地和其他天然存在的附属物不得被某个人私自占有，也不得成为某个人的私有财产，但是人类被允许在土地上进行各项劳动，通过这些劳动，人们可以将土地上生产出的物品变成私有财产。此外，洛克还从人身权的角度深入剖析了财产权的内容，他一直认为，"土地上的所有动植物资源从理论上是属于国家的、社会的，但在该土地上劳动的人有权支配这些资源，他人是无法侵占这部分权利的"。根据逻辑推理可知，人类利用自身劳动所得产生的成果应全部由其本人做主，因为没有人们的劳作就不会产生这些成果。因此，这些成果理应被生产者占有。但是应当指出，洛克所谓劳动财产权理论与自然法仍然保持了紧密的联系。卢梭认为，"一个人想要占据某个新物品就必须要为之付出必要的劳动"。据此，公民财产权理论主张，个人只有通过合法劳动的途径才能达到对某个物品合法占有的目的，让其成为个人的合法财产，而且法律上规定这种合法财产是他人不得侵犯或侵占的。

2.1.3　被告人之基本人权作为财产权的法理基础证成

经由前文的分析可知，人权的产生与发展其本身就暗含了对公民财产权

---

① ［英］洛克. 洛克说自由与人权［M］. 高适，译. 武汉：华中科技大学出版社，2012：107.

的保护，因此，既然现代社会普遍将保障公民基本人权作为国家治理的基本目标，则法治社会的实现当然需要重视公民财产权的保护。具体到刑事诉讼程序中，正是因为刑事诉讼的基本目标之一就是为保障公民基本人权，而财产权又是基本人权的重要组成部分，因此，基本人权理论就理所当然地成为被告人财产权保障的法理基础。

近几个世纪以来，人类社会上的人权保障得到了快速发展，越来越多的人开始意识到保护人类人权的重要性，针对司法实践中出现的大量被告人财产权被侵犯的现象，不少法学研究者纷纷提出要对此类问题引起充分重视。财产权又分为私法财产权和公法财产权，其中后者主要指的是"私人财产对于国家权力来说是具有不可侵犯性的，即个人对于国家的否定性自由"[①]。前者指的是"和权利人格、身份相分离但具有财产价值的权利"。两者相比，公法财产权是出于对个人所拥有的财产进行保护，确保国家公权力的行使不会对其造成侵犯；私法财产权则是确保个人私有财产的经济价值不受影响。一套完善的财产权制度既包含了私法财产权制度，又包含了公法财产权制度。目前我国宪法第四修正案中明确规定了"国家尊重并保障人权"，这也体现出我国宪法对财产权的重视。

人权是自然人在社会生活中应当享有的不可侵犯和不可剥夺的权利。财产权是公民对其财产的一种自由支配状态，又称财产自由。财产权在宪法中体现为一项公民的基本权利，在当代社会已成为一项基本人权。故此，西方人认为："人权是自然权利或者是天赋权利，从人权的根据上看，人权是一种道德权利；从人权的主体和内容上看，人权是一种普遍权利。"[②]虽然在各国的宪法中规定了公民的基本权利，但人权的范围要比宪法上所规定的权利更为广泛。公民的财产权被载入各国宪法，也就说明了财产权的重要性，是人权的重要组成部分。没有财产权的人权，只能是无稽之谈，人就可能会成为一

---

① 刘静仑. 私人财产权的宪法保障 [J]. 公法研究，2004（01）.
② 夏勇. 人权概念起源——权利的历史哲学 [M]. 北京：中国政法大学出版社，2001：37.

种可以劳动的，被另一部分人支配的商品。第一，财产权是人类生存的基础。一个人必须不断地劳动才能获得物质财富，才能维系生存和繁衍。人类获取的劳动成果，在社会科学上体现为财产，人类生存的权利在法理上体现为生存权。法律确认财产权的地位也就说明尊重人权的地位，所以在各国的宪法中不仅确立了保障财产权的原则，而且还通过其他各种法律规范调整各种纷争，保障每一个人的财产权，同时通过制定法律对国家公权力进行限制，保障公民的财产权不受侵犯，从而保障每一个人最基本的生存权。①第二，财产权是实现人类自由的重要手段。首先，财产权逐渐脱颖而出。财产权虽然是人权的重要组成部分，但其独立性与财产权的保障解除了人身依附关系，不再受制于他人，财产权在法律上成了人们自主判断与自主决定的基础。如果没有独立的财产和受法律保障的财产权，人们的身体就会被局限于固有的财产之外。其次，财产权是经济自由与人身自由的重要前提。古典意义上的市场经济以经济自由为主要特征，市场主体的自由竞争是市场经济的基础。没有稳定的财产和财产权保障，就不可能有安全的交易，经济自由就不能实现。②

在刑事诉讼领域中，财产权包含所有具有财产性价值的权利，它能够满足个体各方面的需求，它包括"债权、物权、继承权、知识产权等一切私法中的权利和具有财产权性质的公务使用权"③。此外，财产权还包括企业经营权、商业信誉、商业秘密、公司股份等新财产权。如今人类社会已经相当发达，社会福利、公共职业等一些新型的福利概念应运而生，这些政府馈赠的财产也应被列入到公民财产权范畴内，进而进入刑事被告人财产权保障的视野。这样不但能够进一步完善财产权范畴，还能让财产权内涵得到进一步扩充。在刑事诉讼领域中，被告人理应有权要求司法机关赔偿其被侵犯的财产

---

① 邓剑光. 论财产权的基本人权属性［J］. 武汉大学学报（哲学社会科学版），2008（05）.
② 邓剑光. 论财产权的基本人权属性［J］. 武汉大学学报（哲学社会科学版），2008（05）.
③ 焦洪昌. 公民私人财产权法律保护研究——一个宪法学的视角［M］. 北京：科学出版社，2005：13.

权。在大陆法系国家中，财产权的意义主要包括以下几个方面：其一，有体物；其二，资产与负债；其三，无形财产，比如权利等。

不少法律研究者指出，"法律层面的财产权是指财产所有者自由行使且这种行使不受其他任何人干涉的权利"[①]。在哲学家眼中，财产是用于衡量一个人基本价值的重要标准。财产和财产权之间联系紧密，在现代法治社会中，财产权受重视程度日益提高，人们普遍认为拥有专属于自己的财产权才是实现个体自由的基本前提，也是人作为人的物质基础。在每个法治国家中都将公民的自由权、生命权和财产权作为其最核心的三大基本权利，这也是人权的核心内容所在。

2.2 被告人财产权的法律地位

2.2.1 财产权是宪法规定的基本权利

我国台湾地区学者陈新民先生曾有过这样精辟的论述："人类之成为人类，必须依赖外界之物质，以维系其生命。这种拥有、掌握外界的物质，就是所谓所有权制度的滥觞，如同德国伟大的哲学家黑格尔所称，'人'之所以为'人'就必须拥有所有权，并且，'人'作为理念而存在，必须予以其自由的外界范畴。人唯有在（拥有）所有权之内，方可合乎理性。因而，就法制以及宪法的眼光而言，人民自不能不依靠外在物质来维系其生存，进而来满足其人类之尊严，建立及维系一个由宪法来严密保障的所有权（财产权）体系，就是一个现代法治国家的必要之举。"[②] 由此得知，私人财产权是生命权的延伸，是生命权最基本的保障，更是人类赖以生存发展的权利。人类必须努力地从外界获得物质和资料才能维持其生命。然而，由于外界资源的稀缺

---

① 钱弘道. 经济分析法学 ［M］. 北京：法律出版社，2005：44.

② 陈新民. 德国公法学基础理论（下册）［M］. 济南：山东人民出版社，2001：405—406.

性和有限性,最终可能导致人与人之间为了获取自身利益去实施一系列的争夺行为。所以,为了避免这种冲突和纠纷的发生,通过创设私人财产权来保障和确认每个人占有和支配劳动成果的权利,这在一定程度上可以定纷止争。在此意义上,可以说所有权(财产权)的产生是人们无可奈何的选择。因为生存是人的第一本能,为了公众生存,必须有强制的公共权利把人的行为控制在规则许可的范围内,而对取得财产的规则便演变成为所有权(财产权)制度。①

近现代社会中,财产权保障已经成为公民的一项基本权利。基本权利,是由"宪法规范所确认的一种综合性的权利体系,所谓基本权利是指宪法赋予的、表明权利主体在权利体系中重要地位的权利"②。作为宪法调整的权利形态,基本权利在整个权利体系中处于核心与基础地位,象征着公民在国家中的政治、经济与社会地位。西方学者和人权组织将基本权利概括为六大类:生命权、自由权、财产权、关于公民个人地位的各项权利(如国籍权和各项民主权利)、设计政府行为的权利(如获得公开、公平审判的权利和不受任意搜查、扣押的权利等)、社会经济和文化权利。③保障公民基本权利是现代民主宪政国家构建的基本意旨。所以,现代宪政国家普遍通过宪法条文明确保障基本权利。原则上不得限制公民的基本权利,但为了维护公共利益、保障社会秩序不得不限制的除外。然而这种限制也必须严格限定在控制的范围内,且宪法中也必须详细规定限制公民基本权利的前提条件,以此防止国家公权力的恣意滥用给公民基本权利造成不可弥补的损害。

"在宪政主义的政治哲学传统中,保护私人财产权被普遍地作为政府存在的价值和优良整体的基本特征。如果宪法的宗旨在于保障人民的自由和权利,那么,宪法中就必定需要写入财产权条款,因为财产权是公民个人自由的渊

---

① 张云平,刘凯湘. 所有权的人性根据[J]中外法学,1999(02).
② 董和平,韩大元,李树忠. 宪法学[M]. 北京:法律出版社,2000:308.
③ 张文显. 二十世纪西方法哲学思潮研究[M]. 北京:法律出版社,1996:522.

源和保障，他是自由个人所必不可少的，宪法是一群财产利益直接遭受到威胁的人们，以十分高明的手段写下的经济文献，而且直接地、正确地诉诸全国的一般利害与共的集团。"① 由此可见，宪法与私人财产权、公民自由权之间存在着不可分割、互为表里的关系。

各主要法治国家的宪法文本中都包含财产权保障条款。英国《自由大宪章》中最为著名的第 39 条就涉及财产权问题："任何自由人不得被捉拿、拘囚、剥夺产业、放逐或者受任何损害……"法国 1789 年《人权宣言》第 17 条规定："财产是神圣不可侵犯的权利，除非以合法形式建立的公共需要明确要求，且在公正补偿获得事先支付前提下，任何人的财产不得受到剥夺。"美国宪法规定保障财产权利是在修正案第 5 条、第 14 条。修正案第 5 条规定："任何人未经正当法律程序，不得被剥夺生命、自由及财产权；私有财产也不得在未予以公正补偿后，予以公用征收。"修正案第 14 条规定："任何州政府未经正当法律程序，不得剥夺任何人民的生命、自由及财产权。"

除上述发达国家外，转型国家对财产权也给予详尽规定，以波兰 1997 年宪法为例，在有关公民自由、权利、义务的通则中首先规定，如第 46 条："财产只有在由成文法律具体规定且今根据法院之终审判决才可没收。"然后在"经济社会与文化的自由与权利"一节中又重新详尽规定，第 64 条："（1）每个人得拥有所有权、其他财产权和继承权；（2）每个人在平等基础上应当获得对于其所有权、其他财产权和继承权的法律保护；（3）所有权只可通过成文法、且尽在不损害该权利之实质的限度内，予以限制。"

从我国宪法和财产权关系的发展历程来看，公民财产权问题在我国宪法中经历了一个颇为曲折的发展历程。新中国成立初期，为了恢复国民经济，国家需要保护多种所有制并存的经济基础，为此，《中华人民政治协商会议共同纲领》第 3 条规定："保护国家的公共财产和合作社的财产，保护工人、农民、小资产阶级和民族资产阶级的经济利益及其私有财产。"1954 年《中华

---

① ［美］比尔德. 美国宪法的经济观［M］. 何希齐，译. 北京：商务印书馆，1984：130.

人民共和国宪法》（以下简称《宪法》）第 11 条规定："国家保护公民的合法收入、储蓄、房屋和各种生活资料的所有权。"第 12 条规定："国家依照法律保护公民的私有财产的继承权。"第 14 条规定："国家禁止任何人利用私有财产破坏公共利益。"1975 年《宪法》第 9 条规定："国家保护公民的劳动收入、储蓄、房屋和各种生活资料的所有权。"这实际上意味着宪法所保护的公民的财产权已经不再是完整意义上的财产权了，公民个人拥有的生产资料以及各种知识产权、债权被排除在宪法视野之外。1982 年《宪法》第 13 条规定："国家保护公民的合法收入、储蓄、房屋和其他合法财产的所有权。"此条规定意味着宪法保护的公民的财产范围进一步扩大。1988 年《宪法修正案》第 1 条规定："国家允许私营经济在法律规定的范围内存在和发展，私营经济是社会主义公有制经济的补充。"1993 年《宪法修正案》第 7 条规定："国家实行社会主义市场经济。"1999 年《宪法修正案》第 16 条规定："在法律范围内个体经济、私营经济等非公有制经济，是社会主义经济的重要组成部分。"

2004 年 3 月 14 日，在第十届全国人大二次会议审议通过的宪法修正案中被公认为最有价值、对我国未来社会影响最深的条款是"国家尊重和保障人权""公民的合法的私有财产不受侵犯""国家依照法律规定保护公民的私有财产权和继承权""国家为公共利益的需要，可以依照法律规定对公民的私有财产实行征收或征用并给予补偿"。由此仅从宪法文本本身看，公民财产权保障已成为我国宪法文本中的基本权利。

综上可见，世界各主要国家的宪法中，都包含了公民财产权的规定，不仅如此，在各国宪法关于基本权利保障的规定中，财产权保障占重要地位。由此充分说明，保护财产权是各国宪法的重要内容，在各国宪法中处于重要位置，财产权保障是一项宪法基本权利。

2.2.2　"新财产权"在刑事诉讼中的定位

学者们对新财产权的研究最早始于美国，但却没有给出新财产权的概念。新财产权的提出是较之传统财产权所体现的政治意义的公民权利不同而立言，"新"的含义由此而来，新财产权有着多样的形态，主要以社会福利、政府职位和经营许可等方式而存在，在新财产权产生之初，"都被认为是政府赋予的优惠，而非个人的财产，因为政府无须经过对财产保障的法律程序，在任何时候都可以没收或取消这些优惠"[①]。美国学者对"新财产权"的划分如下：①来自政府的收入。如：社会保险利益、老兵补助、孩子抚养费等。②来自政府的工作。如：政府以公共财政聘用的人员，而这些人员并不具有公职身份。③政府的行政合同。④特许经营权。⑤对企业的补助。如：对科研、教育、科技、健康等的补助。⑥政府的公共服务。如交通及公共设施等。

我国在立法和司法实践方面没有规定和认可"新财产权"，但社会保险、失业补助、企业补贴、农业补助等以政府给付利益形式的"新财产权"不断出现，让"新财产权"的研究价值不断升温。与此同时，此项研究对"新财产权"的认知以及保障具有重要意义。首先，私有财产权范围过于狭窄，诸多"新财产权"尚未纳入保护范围。《中华人民共和国行政诉讼法》第11条明确把行政相对人的财产权纳入到行政诉讼的受案范围，但财产权在此通常被理解为所有权、地役权、留置权、质权、抵押权等物权以及专利权、继承权、债权、商标权等具有直接经济利益的传统财产权，而公务员任职的公平录取权、执业许可证、专营权、补助、公共资源的使用、接受服务等一些"新财产权"都排除在救济范围外，我国《国家赔偿法》把行政赔偿范围仅仅局限在狭义的人身权和财产权上，对一些由财产权衍生的与经济利益相关的权利不被视为财产权，由此造成被告人无法按照财产权受到侵犯的标准及方式获得赔偿救济。再者，"新财产权"欠缺应有保护，易受到公权力的不当侵害。私有财产权一般可通过三个途径转变为共有财产：征收征用、税收、市场交易。由于公共利益绝对大于个人利益的观念已经形成，所以有时为了维

[①] 张千帆. 宪法学讲义［M］. 北京：北京大学出版社，2011：488.

护公共秩序和保障公共利益的需要，社会主体应当对代表公共利益的行政主体予以充分服从和尊重，个人利益与社会公共利益发生冲突时应该无条件地牺牲个人利益。由此看出，在公益优先的理念、正当程序保障缺欠的情况下，私有财产权以及"新财产权"在公共利益面前显得异常薄弱。最后，服务型政府对"新财产权"的不公平分配现象。例如：甲、乙在同等条件下都具备获取一项许可证资格，但是，甲通过不正当手段行贿 10 万元从而获取此项许可权。从乙的角度看，乙具有同等资格获取许可权，但仅仅因为自己没有支付这笔不应该支付的"款项"而丧失许可权。对乙来说，该许可证分配于甲实属不公平。从"新财产权"的角度来看，这些不公平实质上是"新财产权"的分配问题。"新财产权"是一种公共资源，利用这份公共资源的原则就是公平性，作为国家公共服务机关，其权力来源于人民，其应当公平公正地服务于大众，不能基于任何原因偏向于一方。另外，"新财产权"如何分配才能使之公平，借用张千帆对平等的分析，"公平有机会平等和结果公平、程序公平和实体公平、表面公平和实际公平之分"①。所以，政府对"新财产权"的分配首先要保证公民有公平的机会获得，在此前提下才得以追究结果的公平，在分配中也应当注意程序的正当性，试想程序上不公正，实体上也很难保证公正的存在。另外，促进财产的有效增量是服务性政府的义务所在，不能认为只有限制政府权力才得以有效保护财产权，充分利用政府权力也能实现财产权的保障。此点是服务型政府与其他类型政府在财产权保障问题上的最大不同。

2.3 被告人财产权保障与刑事诉讼

知名学者徐显明教授认为，"人类社会组织国家，创设政府，并非为了给自己套上一副权力的枷锁，而是为了更自由、更安全、更健康、更有尊严地

---

① 张千帆. 宪法学导论：原理与应用［M］. 北京：法律出版社，2004：499-504.

生活，因而政府的唯一正当的、合乎道德的目的，就是保护人权的权利，也就是保护人的生命权、自由权和财产权"①。这段话其实暗含了公民权利与国家权力之间的一个永恒主题，即现代社会的公民需要建立一个国家来实现更好的生存目的，但是国家权力的行使却总是无法保证合乎道德与法律的正当要求。

一方面，为了避免发生权力滥用的危险，对于国家权力的扩张需始终持谨慎态度，因此现代国家在宪法赋予其一系列权力之外，纷纷设置了一系列的机制——典型的如权力分立、正当程序原则等，来提防国家对权力的自我授权。当代自由主义的代表人物波普尔就此认为"国家是一种必要的恶：如无必要，它的权力不应增加"②。另一方面，对于国家已拥有之权力，则对其行使对象、程序、救济等进行相应规制。比如，正当法律程序的产生即是出于以上目的，即认为"未经审判程序而剥夺一个人的生命或财产是非法的、不正当的，这恰恰触及了正当法律程序最核心的内容"③。如此一来，对于国家权力之扩张进行严格限制，并对国家现有权力之行使进行合理规制，这两个方面实际上构成了近现代公民权利与国家权力关系发展的主要内容。具体到本文所阐述之刑事被告人财产权保障，这实际上主要是针对后一方面，比如，作为限制公民财产权的对物强制措施，应当如何完善才能既不至于过度侵损公民财产权又能保证刑事诉讼活动的顺利进行。因此，本节首先从宏观视角出发对国家权力与公民权利的关系进行阐释，进而在此基础上分别将国家权力与公民权利的范围各自限缩至刑事追诉权与公民财产权领域，并探讨被告人财产权和刑事诉讼的关系。

---

① 宋冰. 读本：美国与德国的司法制度及司法程序［M］. 北京：中国政法大学出版社，1998：77

② ［英］卡尔·波普尔. 自由主义的原则：自由主义与当代世界（公共论丛第9辑）［M］. 纪树立，等译. 北京：生活·读书·新知三联书店，2000：143-144.

③ 樊崇义. 正当法律程序研究——以刑事诉讼程序为视角［M］. 北京：中国人民公安大学出版社，2005：2.

2.3.1 国家权力与公民基本权利

相当程度上，国家权力与公民权利之间处于一种"零和博弈"的关系。一般而言，国家权力总是具有某种侵犯性，因此，如果以国家权力为视角来看待二者的关系演变，则必须从国家和政府的起源问题谈起。

对国家权力的思考早在古希腊、罗马时代就已经开始，恩格斯认为"没有希腊文化和古罗马帝国所奠定的基础，也就没有现代欧洲"①。恩格斯主要是从政治思想史的角度做出如此评价，国家权力作为西方近现代政治学说的重要探讨对象自然也概莫能外。古典契约论认为国家和政府来自社会中公民契约的达成。实际上这种社会契约论思想的萌芽，在古希腊时期哲学家伊壁鸠鲁的学说中，就已经有所体现了。伊壁鸠鲁认为，人都有追求快乐的欲望，为了达到这种目的，人们必然会不顾一切地实现自己的目标，这极有可能会违反正义。如果每个人都只执着于追求各自的幸福，则最终结果会与整个社会的幸福目标背道而驰。为此，他认为要实现个人生活的幸福，需要缔结众所默认的契约，实现"自然公正"，也即建立所谓的"国家"。他还认为，自然的公正乃是引导人们避免彼此伤害和受伤害的互利决定。②此后包括波里比阿的制约平衡论以及西塞罗的自然法论中都包含有这种朴素的社会契约论思想。③但是，对国家和政府起源的系统化思考是从近代霍布斯和洛克等思想家开始。霍布斯从人性本恶论出发，认为必须有一个强大的"利维坦"来保护个人的生产和生活，为此个人需要放弃其"自然权利"，把它无条件交给一个人或一些人。这种结合了所有人之主权的权力，其主要任务就是保护个人私有财产。④但是霍布斯所主张的国家主权是一种不受任何限制的

---

① 中共中央马克思恩格斯列宁斯大林著作编译局. 马克思恩格斯选集（第3卷）［M］. 北京：人民出版社，1972：220.

② 北京大学哲学家外国哲学史教研室编译. 古希腊罗马哲学［M］. 北京：商务印书馆，1961：368.

③ 叶皓. 西方国家权力制约论［M］. 北京：中国社会科学出版社，2004：24-26.

④ 钱乘旦，陈晓律. 英国文化模式溯源［M］. 上海：上海社会科学院出版社，2003：66-67.

权力。此后，另一位启蒙思想家约翰·洛克对霍布斯的观点进行了批判，他虽然同样认为公民订立契约的唯一目的就是为了保护公民的各种权利，比如，生命权、自由权和财产权等。但是他认为公民契约的订立并不等于授予国家不受限制的主权，因为契约订立的目的本身即是国家和政府权力的底线。因此，约翰·洛克主张将国家权力分为三种，即立法权、行政权和对外权。①但是由于洛克所谓的对外权实际上从属于行政权，因此，其政治学说实际上是立法权与行政权的两权分立。随后的众多思想家们丰富了洛克的三权分立理论，将其进一步发展成为立法、行政、司法三种权力，把对外事物全面扩展为内政外交等各种行政权力。②此后，洛克的自由主义思想得到了后世的进一步发展，当代自由主义思想的集大成者诺齐克在洛克分权制衡之三权分立思想的基础上，提出要建立所谓的"超弱意义的国家"，并认为其所拥有的权力应当仅限于公民让与的部分，除此之外不拥有任何权力。实际上诺齐克所谓的"超弱意义的国家"概念正是警惕国家权力扩张，保障公民基本权利的极端化。因此，他认为任何国家权力的扩张都是不被允许的，"超弱意义的国家是能够证明功能最多的国家，任何比这种功能更多的国家都要侵犯人民的权利"③。

通过以上对近现代国家与政府权力的各种学说的探讨，从霍布斯主张的拥有无限权力的国家到诺齐克主张的"超弱意义的国家"概念，可见，政治理论演进的主线就是国家权力与公民权利的"拔河"，而且二者的界线不断向保障公民基本权利，限制国家权力的方向进行。笔者认为，姑且不论所谓"超弱意义的国家"理论是否正当，上述趋势可以证明如何更好地保障公民权利已经成为现代政治生活的主要命题。

---

① ［英］洛克. 政府论（下）［M］. 叶启芳，瞿菊农，译. 北京：商务印书馆，1964：89-91.

② 顾肃. 自由主义基本理念［M］. 北京：中央编译出版社，2003：250-251.

③ 毛寿龙. 自由高于一切——自由至上论述评［M］. // 王焱，等. 自由主义与当代世界（公共论丛第9辑），北京：生活·读书·新知三联书店，2000：32-33.

2.3.2 刑事诉讼之追诉权与公民财产权

本节将把分析的重点从国家权力限缩为刑事诉讼程序中的追诉权，从公民基本权利限缩为公民财产权，并进而探讨在保障公民基本权利的宏观背景之下，对刑事被告人财产权的保障应当是其重要内容。作为实现国家刑罚权的核心工具，刑事诉讼法在追诉犯罪过程中极有可能出现侦查人员和审判人员滥用国家公权力的情况，其直接后果就是导致被告人的财产权受到侵害。根据当前我国刑事司法体制来看，侦查机关能够自行决定是否将涉案财物冻结、扣押和查封。如有必要，侦查机关可以直接将被告人的不动产、动产冻结、扣押和查封，而且还能够查询或者直接冻结被告人的基金、债券、股票等具有权利凭证的财产。在这种情况下，侦查机关极易侵犯到被告人的合法财产权，这一系列强制性措施会对被告人及其相关企业的正常经营、生产、生活等方面带来不利影响。特别是随着被告人的各项财产被冻结后，一般最低冻结时间长达半年，还有一些有价证券的冻结时间甚至会超过两年，这无疑是对被告人权利的严格限制。如"顾雏军案件""吴英案件"等。

在我国多个法律条文中还明确规定了侦查机关应当移送涉案财物到指定机构，但是在司法实践中，侦查机关以涉案财物关系到案情发展为由，在利益驱使下不按国家法律规定将其移送到指定机构，反而将其自行使用。此外，大量司法实践证明，侦查机关通常只会把一些需要作为主要证据的财物移送到指定机构，很多"不宜移送"的不动产或动产则将财产的照片或清单移送到指定机构，至于财产本身则被自行使用。在当前我国的刑事诉讼领域中，侦查机关完全掌握移送涉案财物的决定权，是否移送由侦查机关自行决定。在法院开庭期间，由于很多涉案财物不宜被移送到法庭上做证，这也在很大程度上影响到法院对被告人违法所行的财物追缴工作。另外，不管被告人的涉案财物是否属于非法所得也由侦查机关决定。有时为了一己私利，不少侦查人员捏造事实来将被告人个人的合法财产说成"不合法"，在这种情况下被告人根本无法通过正常法律途径获取司法救济。犯罪是人类社会上必然存在的现象，一旦有了犯罪，那么就自然会有犯罪的惩治办法，否则社会稳定难以维系，所以每个国家都出台了刑事诉讼法来保障公民的基本权利不受他人侵害。就被告人财产权和公权力而言，后者既是前者的核心保护者，同时又会成为对其财产造成最大威胁的侵犯者，所以要想实现对被告人财产权的有效保护，限制国家公权力的行使是唯一途径。

2.4 财产权与国家公权力的冲突与平衡

刑事诉讼法强调国家通常会采用一些强制性手段来保护公民人权并惩治犯罪行为，但是在这一过程中难免会对被告人的财产权进行限制。在刑事诉讼过程中，被告人所拥有的权利和国家公权力相比几乎可以忽略不计，若此时不在法律法规中进一步明确保障被告人的财产权，那么国家公权力则可能会轻易地侵犯被告人的财产权，而且被告人根本无法通过有效的司法途径来获得救助。因此，笔者认为应当在刑事诉讼法中加强对被告人财产权的保护，适当限制国家公权力的行使。

2.4.1 财产权与国家公权力的冲突

日本学者大昭保昭曾说："保护人权的第一行为主体当属国家，然而同时，国家，尤其是拥有警察及军队等强制权力的国家机关，又是人权侵害的第一主体。"此言深刻揭露了刑事诉讼与财产权之间的关系——刑事诉讼中的国家权力既可以保护财产权，更会侵犯财产权。

刑事诉讼法作为追究被告人刑罚的工具，为实现对犯罪分子的追诉，侦查人员、审判人员在行使国家公权力的过程中可能突破法律的界限进而滥用职权。依据我国现行的刑事司法体制，侦查机关有权决定对涉案财物进行查封、扣押、冻结，有时根据侦查犯罪的需要，侦查机关可以查封涉案的房屋、土地等不动产，也可以查扣冻结机器设备、文物珠宝等动产。另外，侦查机关还可以对被告人的存款、汇款、债券、股票、基金份额等财产进行查询、冻结。如此等等，侦查机关对涉案财物的强制性措施，非常容易侵犯被告人的财产权，也容易对相关企业的生产经营活动等造成不同程度的妨碍。尤其是对被告人在金融机构的存款、汇款等财产的冻结，动辄可以持续六个月，对债券、股票、基金份额的冻结还可以达到两年，而且还可以连续延长冻结期限，这种侵害的程度就更为严重。

法律和司法解释多规定侦查机关应当将涉案财物移送，但由于侦查机关更为看重上述涉案财产的利益价值，而忽略了涉案财产本身的证据属性，基于利益的驱使，侦查机关并未依照法律将涉案财物随案移送而是普遍将其自行控制，甚至放入私囊。再者，在司法实践中，侦查机关只会对需要作为证据使用的财物进行随案移送，有些"不宜移送"的动产或者不动产，一般都会自行控制，只是将照片、清单或者其他文件随案移送。这样一来，是否随案移送以及对那些涉案财物随案移送的权力，就几乎掌握在侦查机关手中。结果，在法院开庭审判过程中，大量的涉案财物都无法被移交到法院，更难以出现在法庭上，接受当庭举证、质证和价值审查，有时法院对犯罪所得、犯罪工具或者其他违禁品的追缴都难以顺利开展。最为关键的是，涉案财物的被告人无论其涉案财物合法与否，只能听任侦查机关随意地造成既定事实，最终致使其财产遭受严重侵犯且难以获得任何有效的司法救济。

2.4.2　财产权与国家公权力的平衡

既然社会存在着犯罪，就必须对之进行追究和惩罚，否则，就很难保障公民的生命、财产和其他合法权利不受侵犯，不能保障国家的安全和维护社会秩序的稳定，这就需要国家通过刑事诉讼法行使刑罚权对犯罪加以惩罚。国家公权力对被告人财产权而言，一方面国家是被告人财产权最

有效的保护者，另一方面国家又是被告人财产权最危险的侵害者，简而言之，通过限制国家公权力以达到被告人的财产权与国家公权力的平衡状态。

为了达到惩罚犯罪与保障人权的目的，国家一般都会采取强制性手段，这些手段在运用过程中必定会损害被告人及其他刑事诉讼参与人的财产权。相对于国家权力机关而言，刑事诉讼法中被告人的力量十分渺小，如果不从法律原则或程序上对被告人财产权予以充分保护，被告人的财产权就极大可能受到国家公权力的侵犯，而且难以获取有效的司法救济。由此为保障被告人的财产权，刑事诉讼法中必须从以下几个方面对国家公权力进行合理限制。首先，进一步完善相关立法与司法规定，构建科学的程序性机制，利用法律、法规来对国家公权力的行使进行限制，防止司法机关滥用公权力。其次，构建一套完善的权力制衡体系，确保审判权、检察权、侦查权相互制约，确保国家公权力的适度行使，以此来加强对被告人财产权的保障。再次，构建完善的刑事赔偿救济机制，让被告人在财产权遭到侵犯后能够通过正规的法律途径寻求司法救济。

第3章　刑事被告人财产权保障的基本原则

国家打击犯罪需要强大的公权力作为依托，在刑事司法权的行使过程中不可避免地会侵犯到被告人的财产权，故此，二者之间的关系有待我们进一步考量。在刑事诉讼领域中，对公民财产权的保障以"不受他人和政府侵犯"为核心宗旨，这需要不断坚持正当法律程序原则、司法审查原则、比例原则、救济原则等一系列基本原则，确保国家司法机关的公权力行使符合宪法精神。由于这些基本原则具有规律性与普适性，其辐射范围包括了生命权、人身权、财产权等丰富内涵。故此，我国公检法机关及其工作人员在司法实践中对被告人采取强制处分措施、涉案财物的认定与处理、违法所得的没收，以及因其行为侵犯到被告人财产权时都必须严格遵循的一些基本原则。

3.1　正当法律程序原则

3.1.1　正当法律程序原则的内涵

正当法律程序是指当公权力在行使过程中可能损害到私人的自由权、生命权、财产权时，在此之前必须听取当事人意见，且当事人有权要求听证。[①]

---

① 王名扬. 美国行政法（上）[M]. 北京：中国法制出版社，1995：383.

《布莱克法律辞典》规定："任何当事人因判决而使其权利受到侵犯后，均有权陈述自己的意见并享有听审权。"在刑事诉讼领域中，程序正当性的内容极为广泛。比如，司法程序的自治性、中立性、可操作性、理性、排他性等，同时通过正当法律程序来维护宪法权威。英国大法官基尔穆尔认为："必须遵守关于审判活动的程序，即使——在一些例外的场合下——有损于事实真相，也在所不惜。"① 自古以来，我国传统观念非常重视"重实体轻程序"，而且也没有西方发达国家坚实的法律文化土壤，所以多年以来，正当法律程序的相关理念未能引起我国立法者的关注，但是随着我国治理能力和治理体系的现代化，目前正当法律程序的相关法律精神已经在很多法律条文中有所体现。

首先，正当法律程序的主要出发点。第一，限制国家公权力的非法行使，防止出现司法腐败现象。第二，加强对公民人身权、自由权、财产权等合法权利的保障。如前文所述，"自然正义"是正当法律程序的根源，在此基础上衍生出当代民主程序原则。最初正当法律程序是运用在司法领域中，如今各行政领域也已经开始广泛运用，甚至一些社会领域开始对其引起重视。由于我国特殊的历史原因，国家民主法治理念还有待进一步提升，正当法律程序机制还有待继续构建，国家公权力的行使并未得到有效限制。

其次，汲取正当法律程序原则的意义。在社会主义法治建设中，我国相继出台了大量的法律法规，并对部分法律条文进行反复修改，以期能够达到现代化法治社会的要求。古人有云，"徒善不足以为政，徒法不足以自行"，这就要求立法者一定要务实，切勿"纸上谈兵"，要结合实际情况制定法律法规，所涉及的立法、司法、执法程序均应具有可行性与正当性。这不仅是构建与完善法制体系国家的需要，而且是中央政府依法治国的必然要求。法治是动态行为与静态规范的融合，要想构建法治社会，就必须要先构建完善的立法程序，然后制定出科学的法律法规，最后由公安、监察、检查、法院

---

① ［法］勒内·达维德. 当代主要法律体系［M］. 漆竹生，等译. 上海：上海译文出版社，1984：337.

等机关在其构建的正当程序中行使国家公权力，这才符合我国依法治国的要求。

（1）有助于树立宪法权威。随着当前大量违法乱纪现象的浮现，这意味着我国宪法权威并未真正体现出来，仍然有很多不法分子敢于逾越法律底线。尽管法律权威很大程度上来源于国家制定、采取的一系列强制措施作为保障，但它更应是由公民自觉遵守，不能仅仅通过国家强制力来维护宪法权威。正如亚里士多德所言："法治应该包含两重含义：已制定的法律获得普遍服从，而大家所服从的法律又应该本身是制定得良好的法律。"[①] 所以，建立法治社会的重要内容就是树立宪法权威，正当法律程序的正当性要远比国家通过强制性手段树立的宪法权威更易让人民群众信服，这种约束性的规章制度要比强制性措施更加具有可操作性，只要公民都能在宪法程序的既定范围内活动，便可充分主张自己的权利，从而有利于各项权利的平衡，在这种基础上产生的国家宪法也自然更受人认可和遵从，最大限度地实现社会的有序性。因此必须在宪法中确立正当程序原则，构建一套完整、合理的宪法实施制度，为权力的行使划定一个边界或底线。[②]

（2）为公民各项合法权益提供保障。正当法律程序原则的根本目的是保障公民各项合法权益。在司法实践中，公民权利和政府公权力并不对等，公民在社会管理中处于弱势地位，因此应当赋予其主张正当法律程序的权利作为"武器"抵抗公权力的侵蚀。在美国宪法中将正当程序视为"人权最后的守护者"，我国也逐渐在各项法律法规中体现出正当法律程序的理念。譬如，在 2016 年 9 月由国务院新闻办公室发表的《中国司法领域人权保障的新进展》白皮书，其中就明确提出了正当法律程序的理念，并指出要以此理念不断完善我国人权司法保障机制，提高人权司法保障执行力，保障被告人的合法权益不受国家公权力的侵犯。为保证国家公权力在行使过程中能够严格遵

---

① ［古希腊］亚里士多德. 政治学［M］. 吴寿彭，译. 北京：商务印书馆，1965：199.
② 谢维雁. 论美国宪政下的正当法律程序［J］. 北京：社会科学研究，2003（05）.

守法律规定，确保公民合法权益不受其侵害，立法机关应在立法过程中寻求如何加强对公民合法权利的保障，让公民合法权益受公权力侵害后能够找到有效的法律救济途径。

3.1.2 正当法律程序原则的起源与发展

正当法律程序起源于英国的"自然正义"。随后美国政府将正当法律程序推向顶峰，并让其在世界各国风靡。正当法律程序的内涵主要是"任何人不得为自己案件的法官，自己得为自己的利益而申辩"[①]。所以在刑事诉讼过程中，司法机关进行的各项决定不得有与之存在利害关系的人参与，否则该决定毫无法律效力，而且政府行政行为和法庭判决在没有经过被告人抗辩的情况下，亦不具备任何法律效力。但是，正当法律程序本身并非专为保护公民人身权而设，其对公民财产权的一体重视实际上贯穿了该原则产生和发展的全过程。

正当法律程序最早见于英国 1215 年颁布的《自由大宪章》，其中第 12 条已明确规定："未经全国公意，除本法规定的三种税收外，政府不得另行收取公民任何贡金和税收。"其第 39 条规定："任意拥有自由之身的公民，在未经与之级别相同的贵族或者国家法律判决之前，不得对他人的财产自由和人身自由进行侵犯，亦不得对他人合法权益进行损害。"[②]可见，该原则设立之初不仅包含了对公民财产权保障的内容，而且将对财产权的保障与公民人身自由的保障同等对待。随后，英国于 17 世纪初颁布了《权利请愿书》，其中明确规定："若未经国会授权，任何人不得私自剥夺他人财产权，并且所有公民有权不交付各类税负。若未经法律合理判决，任何人均不得被驱逐，亦不得被任何人剥夺其财产继承权与生命权。"该规定是对《自由大宪章》保障公民

---

① 汪栋. 正当法律程序价值内涵的历史嬗变——以英美普通法为核心的考察［J］. 深圳大学学报（人文社会科学版），2016（01）.

② 樊崇义. 正当法律程序研究——以刑事诉讼程序为视角［M］. 北京：中国人民公安大学出版社，2005：8—9.

财产权的再次强调。此后，在英国海外殖民的过程中，正当法律程序原则也随之传播向世界各地。比如，于 1776 年正式建国的美国便在其《宪法》中继受了英国普通法的这一重要原则，美国 1791 年《宪法》规定："若非由大陪审团做出的公诉，公民的毁坏名誉罪与死罪不成立，并且一次犯罪不得受两次以上处罚……所有刑事起诉案件中，不得强迫被告人证明自身有罪，若未经法律公平判决，则不得剥夺公民之财产权利，并且公民财产权利在未得到合理补偿前不得被征为公用。"而且，上述"若未经法律公平判决，则不得剥夺公民之财产权利"等立法表述，明显与上述英国 17 世纪《权利请愿书》中"若未经国会授权，任何人不得私自剥夺他人财产权"的表述具有明显的承继关系。此后，美国 1868 年《宪法》第 14 修正案正式确立了正当法律程序原则，规定："任何一州未经正当法律程序不得私自剥夺任何人的生命、自由或财产。"① 美国学者本杰明认为："正当程序要求政府在剥夺公民的生命、自由或财产的诉讼时，必须表明合理的理由。剥夺越多的权利，就要求越多的证据表明拒绝这些权利的理由。"② 在如今大部分国家的司法制度中，正当法律程序都拥有极其重要的地位，即便是在法律明文中未明确提到"正当程序"，但其仍将正当法律程序原则的内容包含在内。

正当法律程序原则对公民财产权的保障，不仅在英美法系国家，而且睽诸各大陆法系国家和地区，也得到了相当发展。比如德国《基本法》第 16 条规定："公民合法财产权利神圣不可侵犯。在未经法律鉴定为社会所必须使用的前提下，任何公民的财产权均不得被他人侵犯。"德国政府在第二次世界大战结束之后颁布了《基本法》，并规定，公民的住宅不得被侵犯；在特殊情况发生时，必须在经过法律授权的情况下，才能进入公民的住宅搜查（第 13 条）。财产权及继承权应予保障，其内容与限制由法律规定之（第 14 条）。可

---

① 赵宝云. 西方五国宪法通论［M］. 北京：中国人民公安大学出版社，1994：407.
② ［美］艾伦·豪切斯泰勒·斯黛丽，南希·弗兰克. 美国刑事法院诉讼程序［M］. 陈卫东，徐美君，译. 北京：中国人民大学出版社，2002：71.

见，上述德国《基本法》的相关规定中，对公民财产权的保障并非仅仅停留在原则性的宣示上，而且同时规定了一些可以具体操作的程序性设计。比如上述德国《基本法》第13条将对公民住宅的搜查这一刑事诉讼中经常使用的强制处分行为明确限定在了"法律保留原则的范围内"。

通过对正当法律程序原则产生和发展的简单梳理可以看出，公民财产权保障不仅自始便蕴藏其中，在其数百年的发展历程中更是被不断重视并发展深化。可知，正当法律程序原则对刑事诉讼被告人财产权的保障也同样应当是其本源的制度内涵。

3.1.3　正当法律程序原则与被告人财产权保障

我国1998年正式与联合国签署了《公民权利与政治权利国际公约》，基于"条约必守"的国际法原则，我国立法者应尽快树立正当程序理念，并将其认真贯彻落实到各项法律法规中。诚如美国学者道格拉斯所言："正是程序决定了法治和恣意的人治之间的基本区别。"[①] 但就我国当前的司法实践来看，将正当法律程序原则作为刑事诉讼行为中的基本原则还似乎为时过早，因为当前我国司法机关还无法通过"正当程序"来限制各个国家机关公权力的行使，也无法限制立法机关制定出具有普遍约束力的法律规范。因此，我们认为可以优先采取适当修改我国宪法中有关公民财产权保障条款的办法，同时明确限制警察机关在行使公权力时对公民财产权的侵犯行为，比如，赋予被告人辩护权、听证权、被告知权等。作为"应用之宪法"和"国家基本法"的测震仪，刑事诉讼法建议逐步构建并完善正当法律程序，同时确保该部法律法定化与宪法化。正当法律程序是对权力的根本性制约，是对权力的最低限度保障。程序稳定性被认为是立宪政体的主要特征之一。[②] 因此，作为我国的根本大法，宪法理应以限制国家公权力、保障人民权利为核心宗旨。一旦

---

① 季卫东. 法治秩序的建构 [M]. 北京：中国政法大学出版社，1999：3.
② ［英］戴维·M. 沃克. 牛津法律大辞典 [M]. 邓正来，等译. 北京：光明日报出版社，1988：201.

国家机关在行使公权力的过程中构成对公民合法利益的侵犯，那么正当法律程序此时应当充分发挥出法律效力。只有确保了正当法律程序的宪法化，才能让其贯彻落实到我国各项法律法规中去，这也是实现程序法定原则的根本前提。

在刑事诉讼程序中贯彻正当法律程序原则，主要需从以下几方面进行考虑：

（1）对物强制处分措施的法定化。我国现行刑事诉讼法仅规定了对人的强制措施，并未把对物的强制处分措施纳入到侦查措施规定中，这也使得对物强制处分措施缺乏必要的程序规制，出现正当法律程序缺位的现象。纵观我国司法实践，恣意行使扣押、搜查等对物强制处分措施的情况普遍。比如，随意扣押被告人财产、长期霸占和案件无关的被告人财产并不予退还，等等。很多执法者利用国家公权力以权谋私、滥用职权，导致被告人的合法财产权遭到侵害。因此，我们认为应当通过正当法律程序来约束国家公权力的行使，确保被告人的合法权利受到最小程度的干预。

（2）对物强制处分措施应当去行政化。根据我国现行刑事诉讼法的规定，侦查机关有权自行决定对物强制处分措施的实施与否，公安机关作为行政机关，侦查权也是行政权范畴。因此，我国对物强制处分措施实际上具有典型的行政化色彩。法谚"任何人不得做自己的法官"，即要求每一位裁判者必须保持中立态度，而且根据"同一人承担两种完全不同职能要比两个人承担两种不同职能困难得多"这一基本原理，侦查机关不仅具备决定对物强制处分措施是否实施的权力，同时又是实施对物强制处分措施的主体，这显然是"既做运动员、又做裁判员"，这也是导致侦查活动中被告人财产权屡遭侵犯的重要原因。由于对物强制措施之决定权其实应归属裁决权范畴，而这"正是法院行使对物强制措施司法审查权的正当性根据"①。尽管如此，还应当看到由法院直接实施对物强制处分措施的司法审查在现阶段好像并不可行，但构

---

① 周继业. 对物的强制措施的规范化分析［J］. 人民司法，2009（03）.

建以法院或者检察院为审批主体的司法审查制度能够从一定程度上改善我国当前被告人财产权难以得到有效保障的现状，同时这一举措也符合正当法律程序原则。

（3）保障被告人在其财产被强制、管理与处置中的参与权。程序参与权是刑事被告人的一项重要程序性权利，它包括被告知以及获得听证、庭审的权利等。对被告人程序参与权的保障其实体现了对其主体性的一种尊重，而这恰恰是"保障程序参与权有效实现的重要思想根基"[1]。从财产权保障角度，程序参与权应当主要体现为以下几方面：第一，知悉权。对被告人财产权进行强制的基本程序就是进行权利告知以及强制内容的告知。首先，在对被告人财产采取强制措施时需要履行相应的告知义务，包括行使公权力主体的身份、相关措施强制的范围以及被告人享有的救济权利等；其次，财产被管理过程中，被告人享有知悉财产状态的权利。再次，财产被公、检、法机关处置的过程中，被告人享有知悉的权利。第二，听审权。狭义的庭审权仅指参与庭审的权利，即"获得法庭审判机会"的原则，其主要目的是强调"那些可能受到刑事裁判或诉讼结局直接影响的主体，应当有充分的机会富有意义地参与刑事裁判的制作过程，并对裁判结果的形成发挥其有效的影响和作用"[2]。但是我们认为，正当法律程序所保障之被告人财产处置的程序参与权，不应当仅指上述庭审的参与权，而应当持更加广义的观点。广义的听审权则既包括参与庭审过程的权利，又指在审前程序公安机关、检察机关对被告人财产（权）的处置程序中获得听证权利。按照我国相关立法的规定，既然公安机关、检察机关以及法院都有对被告人涉案财物的扣押决定权与处置权，那么在此过程中，我们也应当强调保障被告人的参与权。

---

① 蒋薇. 域外被追诉人程序参与权保障之比较研究［J］. 理论与改革，2015（02）.
② 陈瑞华. 刑事审判原理论（第二版）［M］. 北京：北京大学出版社，2003：54.

3.2 司法审查原则

我国宪法中明确规定被告人的财产权也是其基本权利之一，但要想确保被告人的财产权得到真正的保障，仍必须构建司法审查原则，因为"无救济则无权利"，如果缺乏完善的司法救济途径，那么宪法所规定的各项权利也只能是"纸上谈兵"。所以，我国学术界普遍认为建立司法审查原则是实现被告人财产权保障的关键之所在。

3.2.1 司法审查原则的内涵

根据"司法国家"确立司法审查原则，应当充分发挥法院的司法能动性，授权法院采取有力措施，对其他任何公权力机关实施的强制性措施进行干预，有力保障公民个人的合法权益，以免受到国家公权力的不当侵害。该原则最早是在 1803 年马歇尔大法官对"马伯里诉麦迪逊案"进行审判时确立的原则。[①] 时至今日，西方发达国家都确立了司法审查原则。其理论依据主要有三个方面：一是宪法既然是最高的法律，有权推翻所有与其相冲突的法律及其渊源；二是法官的职责与权威既适用于一般的普通法律，也适用于具有最高法律效力的宪法；三是宪法也是法律，而不是一个政治理想或者一套政治理论。[②] 刑事诉讼领域必须遵循和落实司法审查原则，只为保障个人权利免受国家公权力的侵犯，集中体现了国家公权力与个人权利的抗衡。

之所以希望通过法院行使司法权来限制政府的立法权、行政权，其核心在于最大限度地保护公民的基本权利与自由。在我国确立司法审查原则的目的也是为了避免公权力机关制定出违反宪法的一些法律法规。据此，"司

---

① Larry D. Kramer, The Supreme Court 2000 Term Foreword: We the Court, Hare. L. Rev. 4, 2000: 115.
② 宋冰. 读本：美国与德国的司法制度及司法程序 [M]. 北京：中国政法大学出版社，1998：77.

法审查原则既是与司法独立、分权制衡相统一的法律原则，又是一项政治原则"。20世纪以来，司法审查原则在一些法治国家的政治和司法实践中得到广泛的运用，具体包括立法审查、政府的不当行政行为以及其他领域的规定是否符合宪法的规定，即是否违宪。总之，只要司法机关认为公权力机关的违法行为威胁或者侵犯到公民的财产权及其他合法权利时，都可以判定其行为因违宪而无效。美国联邦最高法院根据平等保护原则和正当程序原则对宪法第14条修正案所做的解释："不仅给司法审查制度构建了一系列关于保护被告人权利和证据的规则，如非法证据排除规则、无罪推定、隐私权等，而且也给权利法案注入了新的活力。包括'二战'结束以后的日本、意大利、德国等国家建立起来的司法审查制度与宪法均体现出了同样的价值取向。"总之，司法审查制度原则的贯彻有利于被告人人权的保护，既丰富了当代宪政国家司法审查的内容，也更是当代宪法历史上一个新的里程碑。

司法审查原则主要针对实体性的刑事制裁与程序性的刑事侦查两个方面。在司法实践中，只要行为人触犯了刑法和刑事诉讼法的相关规定，司法机关就会对其给予一定的制裁措施，具体包括限制或剥夺行为人的财产权、人身自由权甚至生命权等系列制裁。在现代文明的法治国家，这种制裁首先由检察机关代表国家向法院提起公诉，最后由代表司法权的法院或法官进行判决，而不是由社会公众与被告人共同完成。正如法国学者所言："刑法本质上是一种'裁判法'。原则上，只有通过诉讼以后，刑罚才能得到适用。没有经过刑事诉讼，刑罚的实体性规则就得不到适用，罪犯也就不可能随之受到当处之刑罚。"① 这种由法院或法官来确定被告人的刑罚方法，也是司法审查制度在刑事诉讼中的一种价值取向。众所周知，被告人在侦控阶段的财产权受侵犯的可能性要比在法院阶段受到侵犯的可能性大得多，因为追诉机关的侦查行为都是秘密进行的。故此，笔者主要研究司法审查原则在程序性的刑事侦查措

---

① ［法］卡斯东·斯特法尼，等. 法国刑事诉讼法精义［M］. 罗结珍，译. 北京：中国政法大学出版社，1999：5–6.

施方面与起诉阶段的法律适用问题。宋英辉教授指出："强制处分权涉及被强制处分一方的人身、财产、住宅等权利。是否采取强制处分权，实质上具有裁判的性质。"① 总而言之，在追诉机关对被告人的人身或财产采取强制性措施时，如拘留、搜查、扣押、逮捕等，我们就应当根据司法审查原则提前审核其合法性与正当性，避免被告人受到第二次伤害。

虽然英美法系国家和大陆法系国家大都对追诉机关实施的强制性措施如搜查与扣押等进行司法审查，但两者有别。英美法系国家更强调尊重和保护个人的合法权利，并且法官监控追诉机关的强制处分措施。因为他们强调人的生命、财产和自由是最根本的，不受任何主体恣意非法干预或剥夺，否则可能对个人权利造成严重侵害。故此，人的生命权、财产权、自由权等是一种天赋的、不可转让的权利。在司法实践中，国家公权力经常与个人弱小的权利发生各类冲突，具体包括人格受到侮辱、人身自由被限制、生命被剥夺等方面。众所周知，建立一个国家的目的就是为了保护其本国公民的各种合法权利，并免遭一切外力的侵害。故此说，当国家利益与个人利益发生冲突时，应当优先强调个人利益，除非为了公共利益的需要，并且通过代表全民的听证会议表决。宪法作为"写着人民权利的保障书"，我们不仅要充分赋予公民个人对抗国家权力来维护个人合法利益，还必须对国家的追诉机关的侦查权进行严格控制，以弥补个人先天性弱势地位的不足。英美法系国家认为："个人的程序性权利不能被司法机关和政府非法干预，并且国家机关的侦查权并不一定有优越于公民个人的权利，反而认为司法机关是维护公民个人权利的坚实后盾。"而大陆法系国家几乎与其相反，可能是基于职权主义的原因。他们认为："应当将维护社会秩序的稳定与打击犯罪作为刑事诉讼活动的根本目的，而维护公民的个人权利，尤其是被告人的合法权利是在不妨碍打击犯罪的前提下才可以顺便兼顾的。"究其原因，英法美系国家更强调彻底的当事人主义。大陆法系国家虽然也认为基于公民之间的契约而建立国家，但在自

---

① 宋英辉. 刑事诉讼目的论 [M]. 北京：中国人民公安大学出版社，1995：194.

由与秩序上，由于这些国家强调控辩双方在侦查阶段的主体地位不平等，并且在侦查方面采取的是秘密侦查模式。故此，刑事诉讼法仅规定国家追诉机关的侦查权，而根本不承认辩护方有侦查权。随着权力制衡政治体制与三权分立的发展，他们坚信"绝对的权力导致绝对的腐败"。为了进一步防止公权力与私权利严重失衡，我们可以通过审判机关对侦查权进行控制，避免侦查权过分膨胀，达到制衡的目的。另外，随着国际刑事司法制度对人权保障的日益重视，以及无罪推定原则的普遍适用，很多发展中国家也开始日渐重视对人权的保障。

3.2.2　司法审查原则对被告人财产权保障的域外实践

纵观司法审查原则的发展历程，孟德斯鸠的"三权分立学说"可以说是司法审查原则的思想来源，他认为："每个国家都应具有立法权力、国际法事项的行政权力、民政法规事项的行政权力等三种权力。其实，公民所拥有的这种政治自由是一种心境上的平安状态，要想实现这种状态，就必须要有一个法治政府，在这种法治政府的统一管理期间，任何人都拥有平等权利。如果行政权、立法权都被集中到某个人或某个机构手中之后，要想实现真正意义上的自由就非常困难了，此时，公民们害怕国王会对他们采取暴政，而他们却只能被迫接受；若司法权不与行政权、立法权分离，那么自由就更难以实现了；如果司法权和立法权相结合后，法官的力量就会空前高涨。若上述三种权力为某个人或某个机关所有，即既制定法律、又负责判决，同时还是法律的执行者，那么一切都完了。"① 司法审查原则本源的制度内容并未过多体现对刑事被告人财产权的保障，甚至其并非一项特别针对刑事被告人而设的原则，但是该原则所体现出的司法权的制衡功能同样对研究被告人的财产权保障问题具有非常重要的意义。美国是最早提出"司法审查"的国家。最初在美国宪法中"司法审查"指的是最高法院拥有违宪审查权，以此来体现出

---

① ［法］孟德斯鸠. 论法的精神（上册）［M］. 张雁深，译. 北京：商务印书馆，1961：154.

司法权对行政权、立法权的限制。[①]1803 年，马歇尔在审理"马伯里诉麦迪逊案"时首次提出了司法审查原则，随后这一原则开始逐渐被各国认可，目前基本上所有的发达国家都在各自的宪法中建立了司法审查原则。司法审查原则的内容主要有：①法官的职责和权威不但适用于一般的普通法律，还适用于国家最权威的宪法；②国家宪法作为一个国家的最高法律，与其冲突之法律条文一律无效；国家宪法亦属国家法律范畴，它并非一个政治理想抑或政治理论。[②]但是，在之后的发展中，该原则便逐步发展到对财产权保障的内容，即当事人有权要求司法机关通过司法审查的方式来保障自身的财产权，主要表现在以下两方面：

第一，对搜查强制措施的运用。搜查在刑事诉讼活动中作为追诉机关寻找发现犯罪线索的重要手段，占据着举足轻重的地位。但搜查过程中侦查权的行使也是最有恣意、专横倾向的阶段。所以法治国家在此过程中一般都十分重视对公民隐私权、财产权的保护。英国作为英美法系国家的代表，其要求警察必须要获得法官签发的搜查证后才能开展搜查活动，否则不能擅自进行搜查。美国则要求警官必须要得到法院的允许之后才能开展搜查和逮捕工作，未经治安法官或审判法官的允许，警察不得对物进行搜查。在大陆法系国家中也有类似的规定。例如，根据日本刑事诉讼法的规定，法院可以结合实际需要，对被告人的住所、身体、物品等进行搜查，但必须要在签发了查封证或搜查证的前提下才能实施对物的强制处分措施。德国的刑事诉讼法也是规定由法官决定是否有实施搜查的必要，而检察官或辅助官员则只能在延误会引发严重后果时才决定是否采用强制措施。奥地利的刑事诉讼法明确规定，只有获得了治安法官的搜查令之后才能采取搜查措施，治安机关官员或其他法定人员只有在遇到紧急情况时才能直接执行命令，或是绕过令状采取强制措施。

---

① 徐炳. 美国司法审查制度的起源——马伯里诉麦迪逊案述评［J］. 外国法译评, 1995（01）.

② 宋冰. 读本：美国与德国的司法制度及司法程序［M］. 北京：中国政法大学出版社, 1998：77.

第二，对扣押的司法审查。英国刑事法将扣押和搜查合二为一，搜查的同时可以扣押财物，而且没有令状、审批书也可以扣押。警察可以扣押其有权搜查的任何目标物品，但是英国立法将"搜查、扣押作为与逮捕相似的直接限制或剥夺公民权利的强制性措施，与逮捕一样，原则上应取得令状方可实施"①。美国负责对扣押进行司法审查的主体是联邦治安法官或联邦管辖区内的法院，法官必须将扣押财物、被搜查人所处地点、被搜查人的姓名等内容逐一罗列在司法令状上，还可以视需要让办案人员到庭前接受询问。德国刑事诉讼法规定的扣押措施只能由法院决定，至于检察院及其辅助官员只有在延误会导致危险发生时进行决定，但在是否扣押出版社、编辑部、广播电视台等特殊场所中的物品时，依然只能由法官决定。若有违反此规定，当事人有权向法官提出司法审查的请求，而且只有法官有权开启被查询和扣押的邮件，在侦查效果得以保证的基础上，法官可以临时任命检察院开启这些邮件。根据日本刑事诉讼法的规定，被告人所发出和寄交的电讯文书或邮件需要由办理通讯事务的职员或其他人员保管。若有必要，法院可以直接对拟予没收的物品或证物进行没收，对相关电讯文件和邮件进行查扣。奥地利的法律规定："预审法官在特殊情况下可以对被告人发出或寄给他人的邮件进行扣押，而递送这些邮件的主体一般是邮电局或地方机构。预审法官未经被告人的允许不得对被扣押邮件进行检查，只能先向参议室提出批准检查的请求。"

司法审查制度的基本原理是"权力制约权力"，确立这种原则的初衷就是保障公权力机关能够严格按照宪法、法律的规定去执行，并由司法权对政府的立法与行政行为进行规制，使公民的基本权利与自由得到应有的法律保障。如果想通过"立法对各种程序违法行为进行具体入微的规定，既不可能，也无必要，因而应当赋予司法者在法定原则之下的适度裁量权"②。从这一点来

---

① 杨东亮. 刑事诉讼中的司法审查［M］. 北京：法律出版社，2014：163.

② 王敏远. 设置刑事程序法律后果的原则［J］. 法学家，2007（04）.

看，司法审查原则一方面是一项重要的政治原则，涉及国家宪政体制的安排，另一方面又可以深入权力行使的方方面面，此一层面主要体现在对行政权的制约上。侦查权属于行政权，其行使相比司法权具有主动性的特征，事实上如何防范侦查权的扩张与滥用可谓贯穿了整个司法制度发展的历程，而将侦查权的行使纳入司法审查范围既是改革先贤们苦思的良策之一，也是司法审查原则的应有内涵。而侦查权之行使所指向的并非只是被告人的人身权，财产权也是被追诉的重要内容。因此，在我国立法赋予了侦查机关对搜查、查封、扣押以及冻结等对物强制措施的决定权，且赋予其对被控制之财产进行未决处理整体制度设计的司法背景下，司法审查原则所蕴藏的制衡功能便天然地具有更大的施展空间。

3.2.3　司法审查原则的作用场域

司法审查原则在刑事被告人财产权保障方面的重大作用表现在实体性刑事制裁措施和程序性刑事侦查措施。其本质是"通过力量的均势来达到和谐，或者说通过具有不同倾向的各种原则相结合的方式来达到和谐"①。首先，当行为人违反了刑法和刑事诉讼法之规定时，将面临着财产权、人身自由权、生命权被限制或者剥夺的处罚，这些处罚即刑事制裁措施。在当今社会，提起刑事制裁的公诉主体为检察机关，而决定执行刑事制裁的主体是法官，一个代表国家，一个代表司法。无罪推定原则要求所有被告人在未经法院判决有罪前，应被推定为无罪。相应地，如果公民未经法院判决为有罪，除应被没收之物外，其财物应推定合法，在诉讼中便只能称为"涉案"财物，同时对"涉案"财物的处置仍需以法院判决为准。因此，被告人涉案财物最终应作何种处置，原则上必须经过法院判决才能确定，这便是司法审查原则在实体性刑事制裁中的应用；其次，刑法的实体规则只有在提起了刑事诉讼的前提下才能被适用，否则犯罪就无法受到应有的制裁。在刑事诉讼活动中，侦查与

---

① ［美］乔治·霍兰·萨拜因. 政治学说史［M］. 盛葵阳，崔妙因，译. 北京：商务印书馆，1986：106.

控诉是被告人财产权最容易受到威胁和侵犯的阶段，而法院审理和判决阶段则很少出现这种现象。司法审查原则在程序性侦查措施中的应用便体现在，"将对被告人财产进行限制的一系列侦查措施纳入司法审查的范围"。宋英辉教授表示："是否采取强制措施，带有明显的裁判性质，因为其涉及被强制措施一方的人身、财产、住宅等权利。"也即，我们有必要以司法审查制度为依托，认真审查追诉机关采用强制措施（如扣押、搜查、拘留、逮捕等）的正当性与合法性，以免被告人的合法权益受到威胁和侵犯。

对财物进行扣押、搜查等一系列强制措施可能会对财产权造成一定的威胁和侵犯。在刑事诉讼活动中，这些强制措施扮演着极其重要的角色，不但能弱化行为人的犯罪能力，而且也是判断犯罪事实及其危害程度的重要依据。更重要的是，这些手段的实施，实际上也是对被害人损失的一种补偿，更是裁判活动得以顺利开展的保障，所以强制措施是刑事诉讼活动不可或缺的部分。但是，我们应该设计一套能够对其进行制约的程序，这样才能避免公民的财产权在执行机关控制犯罪的过程中受到侵害。基于西方法治国家的司法审查制度基本上已经趋于成熟和完善，通过对比两大法系国家的强制措施不难发现，最容易对公民财产权造成侵犯的是搜查和扣押两种手段，全书将通过分析，提出完善我国司法审查制度的方法。

3.2.4　司法审查原则与被告人财产权保障

以司法审查程序来保障被告人的财产权，具体而言就是通过法院这一中立机关来保障追诉过程中权力的行使。正如王敏远教授所言："由独立而公正的司法机关通过司法程序才能显示程序公正，是其他机关通过其他方式所难以达到的。"[①] 但是我国追诉阶段的程序性司法审查机制并未随着司法制度改革的推进得到良好的优化和完善，即并未解决好查封、扣押、搜查、拘留、逮捕等强制性侦查措施的制约问题，即便是 2012 年新修订的《中华人民共和国

---

① 王敏远. 中国刑事羁押的司法控制［J］. 环球法律评论，2003（04）.

刑事诉讼法》，也无法跳出集权化诉讼模式的框架，其整体结构有待进一步优化。主要包括两个方面：一是涉及强制措施的诉讼行为都应当接受司法审查。诸如扣押、搜查等程序性强制措施可能会对被告人的财产权造成威胁和侵犯。二是被告人的财产权也可能会受到没收财产、罚金等实体性强制措施的威胁和侵犯。可见，实体性（主刑与附加刑）强制措施的行为与刑事诉讼阶段对人或物的程序性强制措施行为都应该是司法审查的对象，这样才能使被告人的财产权得到保障。

1. 强制侦查措施的司法审查。坚持人民专政路线的国家基本上都会在稳定政局、政权，维持社会长治久安方面投入大量的人力、财力和物力。这类国家的司法权一般都没有行政权那么有优势和地位，自然无法约束和限制行政权，法院审理案件也不例外。我国公安机关目前也可以看作是一个行政机关，其侦查权的行使并非由检察院或法院监督，而是由公安机关内部进行监督，这一点与监察委员会调查的部分案件类似，监察委员会主要由其内部领导负责对其调查的案件进行监督。这种司法运行模式根本无法形成一个有效的监督体系，自然也无法保证侦查结果的公平性，保证被告人的财产权。所以，我国应当由法院作为行使和控制刑事诉讼程序中两种强制措施的主体，这样才能避免侦查权的滥用，而且这也是国际上大部分国家通行的做法。

目前，我国行使侦查权的主体是公安机关、检察机关及其他授权部门，法律并未规定法院在其办案过程中有权行使监督权。在刑事侦查活动中，侦查权的作用就是通过侦查收集证明犯罪事实的证据，抓捕犯罪嫌疑人。在这个过程中，追诉机关会根据案件的自身需要采用一些强制措施，在此笔者提醒：这些措施的实施应当不以威胁和侵害被告人的涉案财物为前提，否则就是一种滥用和不当行使侦查权的表现。但在司法实践中，上述办案机关有时可能通过干预被告人财产权的方式来保证案件的侦查效率和质量，这无疑是侦查权膨胀的一种表现，所以，笔者建议充分应用司法审查原则构建配套的监督体系，是解决权力制衡与保障被告人合法权利的有效办法。

2. 实体法中资格刑与保证金的司法审查。没收被告人财产是一种较为严厉的处罚手段，因此要严格控制其适用范围，一旦滥用刑罚权，就会严重威胁和侵犯被告人的生命权、财产权、自由权等合法权益。在司法实践中，建议应该由保持中立的法院经过一番审查之后做出是否对被告人采取强制措施的决定，侦查机关对于是否采用强制措施无权擅自决定。卡斯东·斯特法尼表示："刑法归根结底就是一种裁判法。强制措施实施的前置步骤是诉讼，任何犯罪行为都必经刑事诉讼行为，否则实体法的精神就无法体现，也无法制裁犯罪行为。"为了进一步监督和制约法院，保证法院判决的公正性，国家赋予了检察院行使检察权的权力。众所周知，犯罪行为不但会对被害人合法权益造成严重的侵害，还会影响国家和社会的发展与进步。所以，检察院往往会代表国家向被告人提起控诉，这样才能保证司法公正，这样才能通过公平、合理的裁判使被告人得到应有的处罚，从而达到维护社会秩序与社会稳定的目的。不仅如此，还应该由保持中立的法院经过一番审查之后做出是否对被控制人采取强制措施的决定，这样才能对被控制人的基本权利予以保障，体现我国宪法的精神。

综上所述，如果强制措施涉及被告人财产权，出于公平公正的角度来考量，建议由法院决定是否采取对人或对物强制性措施。为了实现司法审查机制与法院审前程序的有机结合，不仅要在技术层面强调落实司法审查原则，而且还要调整与修改上述影响司法审查原则的宏观要素，这样才能最大限度地发挥司法审查制度保障被告人财产权等合法权益的作用。

3.3 比例原则

3.3.1 比例原则的内涵

比例原则是现代法治国家的基本原则之一，所谓法治国家是指一国内部国家机关之间、公民之间以及国家与公民之间的关系全部由法律予以调整，其中国家之公权力均依法行使更是其标志性的特征。而比例原则作为一项公法原则，便是为国家公权力之行使保持一定弹性而设，它要求法律所欲达到的最终结果与其行使之方法之间必须具有一定的对称性。任何公权力的行使都要尽量将其对公民权利的侵害降到最低的程度。

比例原则作为一项宪法性原则，对刑事诉讼活动发挥着直接的影响力。犯罪作为个人对抗国家的行为，其本质上是对统治者所规定之社会秩序的违反，国家通过法定程序对其行为进行法律评价，施加相应的惩罚，其过程即为刑事诉讼程序。但是上述追诉过程不能专断而盲目，因为刑事诉讼作为以追诉犯罪为目的的国家公权力行使的活动，其过程对公民基本权利的侵害在所难免，同时其侵害程度在所有公权力中也最深，因此就需要在追诉过程中引入比例原则的考量，使追诉机关在职权行使中保持谦抑性，任何侦查行为都应以实现其基本目的为目标，而不致过于侵害公民人身自由、财产权。就其功能而言，分为积极层面与消极层面。积极层面就要对国家权力设限；消极层面就要使人民基本权利获得最大限度的扩张。而"对于国家行为之限制，尤其是对过量之防范，乃具有实现公平正义之意义"①。比例原则在对人身自由进行限制的强制措施中体现较多，比如在强制措施体系上按照强制程度的不同分梯度设置，这是立法中比例原则的一种体现。再比如我国《刑事诉讼法》第 79 条对逮捕的适用规定了"社会危险性"要件，通过对社会危险性要件来控制逮捕的适用，这也是比例原则的体现。

3.3.2　比例原则的域外实践

英国《自由大宪章》是有关比例原则最早的立法，其中规定："自由人犯小罪可免受惩罚，除非构成了大罪；若犯大罪则要根据罪行严重程度论处，但刑罚不能影响其基本生存需求。"可见，对于构成犯罪的自由人，必须要根

---

① 林钰雄. 刑事诉讼法（上册）（总论编）[M]. 台北：元照出版有限公司，2006：275–276.

据其罪行程度来实施相应的处罚，要做到罪行与处罚的对等。在刑法领域内，这种以交换正义为指导思想的罪刑相适应理论是相当性思想的一种表现。"正义有交换正义和分配正义之分，其中前者与刑法、民法的相关法律条款相对应，后者则与宪法、行政法相对应。比例原则要求分配者按照某种标准分配国家财富，而且要相对公平。"①不仅在刑法领域，比例原则在刑事诉讼法领域也逐渐得到了确立，且在地域性上早已超出了英美法系国家和地区。以大陆法系的德国为例，德国在19世纪出台的德国《警察法》中确立了比例原则。19世纪90年代末，德国行政学家奥托·麦耶（Otto Mayer）认为"警察应按照比例原则行使权力"，随后《德国行政法》出版，该学者在其中重申，"任何逾越必要性原则的行为都属于权力的滥用"②。在《德国行政体系》一书中，德国的福莱纳（F. Fleiner）学者认为警察行使公权力的限度一定要做到"不可用大炮打小鸟"。这一形容相当贴切。可见，德国各邦在警察行使公权力的过程中尤其重视比例原则的作用。

笔者经过查找相关资料，发现比例原则的发展在历史上共计经历了两大阶段，即必要性原则与均衡性原则的问世。首先，德国《警察法》的出台意味着必要性原则的出现。19世纪初期，法国、英国等国家已经开始有意识地对国家公权力进行适当的限制，要求国家只能在万不得已时才能对公民个人自由做限制，这实际上是一种法治自由的表现，这一规定对处于分裂状态的日耳曼各邦造成了深远的影响。1794年，《普鲁士法典》第10章第17条明确了比例原则的含义，即"警察的职责就是采取必要的措施对公共安全和秩序进行维持，并消除一切会威胁和侵害国家及个别成员的因素"。这条规定明确了警察的职责范围，实际上也是一种对权力的变相约束。但是，若要追根溯源的话，真正实现对警察权力的限制是在1882年普鲁士高等法院判决的"十

---

① ［法］卡斯东·斯特法尼，等. 法国刑事诉讼法精义［M］. 罗结珍，译. 北京：中国政法大学出版社，1999：5-6.

② 宋英辉. 刑事诉讼目的论［M］. 北京：中国人民公安大学出版社，1995：194.

字架山"案件。①总而言之，行政法院有权审查一切对人权造成了侵犯的公权力措施和手段。这也是承认必要性原则法律地位的意义。

随着均衡性原则的问世，著名德国学者詹林雷克（W. Jellinek）在第一次世界大战之前提出了"相当性原则"，它可以看作是必要性原则的一种补充和延续，其有关规定也最先出现在《警察法》中，比例原则在魏玛共和国时期迎来了新一轮的发展。1949 年，德国《直接强制法》第 4 条规定："在选择直接强制手段时，要尽量选择不会损害或很少损害当事人及公众利益的手段，而且必须与所达成之成果成比例。"这一规定实际上就是必要性原则和比例原则的表现。1950 年德国联邦宪法法院接审了"药房案"，其间法院表示必须要做到妥当性、必要性、均衡性的结合，这就是所谓的"三阶段"理论，当中还援用了许多比例原则。在此之后，整个法律领域基本都引入了此法院提出的"三个阶段"理论，将之作为比例原则的内容。这对于大陆法系国家来说，比例原则是一个高度前瞻性的法律概念，其主张在一个科学、适度的范围内行使国家公权力。后来，比例原则已经被成文法国家用于对国家公共权力的控制。早期的法律赋予执法者一定的裁量权，也为其执法创造了极大的自由空间，这么做一方面实现了成本与收益的对等，另一方面也能够按照比例原则协调控制手段以及控制目标之间的关系，不至于让执法者不择手段地达到目的。所以，在保护公民权利方面，比例原则具有无可替代的作用。

在中文里，比例意为"比照、援例"，可以理解为"比照事例"。具体到某个事物身上，各个部分所占比重即为比例，是总体结构和内部构成的一种表现。比例原则在法律领域中充当着衡量手段和工具的角色。尽管我们无法定量描述比例原则的定义，但其却反映出了"目的与手段""行为与结果"之间的密切联系，有着非常明显的价值取向。而且比例原则还可以用于对立法手段与立法目的、公共权力与个人权利、公共利益与私人利益之间的关系进行衡量。上述比例原则的必要性和均衡性原则仍应当适用于刑事诉讼中对被

---

① 陈新民. 德国公法学基础理论（下册）[M]. 济南：山东人民出版社，2001：376.

告人财产权的保障，其中必要性原则主要针对所欲采取的针对被告人财产的查、扣、冻等侦查措施是否必要的审查，即侦查机关对侦查行为实施与否之选择。比如，在上一次已对被告人之财产进行扣押的前提下，又知悉其还有其他住所，是否仍有必要在实施搜查时对其财产一并扣押；均衡性原则则包括以下两个层面：其一，对被告人之财产实施措施之种类是否符合其该当之罪的社会危害性，即种类之选择。其二，对被告人之财产实施强制措施的过程中，实施手段的强度之选择，即实施强度之选择。应当指出，由于相比针对限制人身自由的强制措施相比，针对被告人财物的侦查行为并不存在前者那么清晰的按照限制程度进行排列的体系，因此对被告人财产的强制应偏重实施强度之选择。比如，侦查人员实施搜查时，有理由足以认为某上锁之柜子中藏有可为证据之物或其他应扣押之物，在可以要求户主以钥匙打开的情况下，却以破坏性手段径行打破柜子取得财物，便属于超出以上"实施强度"之比例原则。

3.3.3 比例原则与被告人财产权保障

刑事诉讼领域是国家权力与公民权利冲突的主战场之一，因此"比例原则的确立对于合理划分二者的界限，防范国家权力滥用，保护公民个人权利具有非常重要的意义"[①]。以下，本书拟从比例原则在我国运用之现状与确立之要求两点展开论述。

第一，比例原则在我国的现状。比例原则的存在价值就是使公民的基本权利得到应有的保障，同时也适当地制约公权力的行使，以免公民财产权因侦查机关的强制措施采用不当而受到侵害。其宗旨是从预防的角度来保障公民的财产权。我国现有的五种强制措施不同程度地限制了被告人的人身自由，这也是比例原则的一种表现。如果我们以后要将被告人强制措施体系与财产

---

① 秦策. 比例原则在刑事诉讼法中的功能定位——兼评 2012 年《刑事诉讼法》的比例性特色 [J]. 金陵法律评论，2015（2）：226.

权保障体系结合在一起，那么就要更进一步地了解比例原则的内涵才能得以实现。由于有关比例原则方面的法律条文相对较少，而且很多条文都存在用词不准确、操作性缺失、强制措施的强制性和暴力性过于明显、配套制度的缺失等问题，这些都将会使强制措施的实施无法得到适当的限制，从而可能导致被告人财产权被侵犯的现象频繁发生。

（1）随意扩大强制措施的范围。结合前文的研究以及司法实践中的案例可以得知，在调查案件事实时，无论被告人的财物是否能够用作证明案件真相的证据，只要被告人的生活、工作或生产因侦查人员擅自扣押或查封了与案件相关的部分或全部财物而受到影响，均可以根据比例原则向法院提起保障财产权的请求。我国《刑事诉讼法》第 139 条规定："未经允许不得擅自扣押、查封与案件无关的文件、物品"，然而司法实践中，擅自采取扣押和查封措施的现象却比比皆是。例如，"国家赔偿第一案受害人袁诚家"要求国家赔偿 37 个亿，其背后的真相可想而知。[①] 由于司法审查程序、正当法律程序及比例原则等在我国侦控阶段严重滞后，以及立法原则性不强、侦查人员缺乏职业操守等，导致太多冤假错案的发生，赔付起来涉及面广，且相当困难。所以，为了使被告人财产权得到应有的保障，坚持贯彻落实比例原则是很有必要的。只有与案件相关，或是能够证明案件事实，抑或是犯罪所得的财物才能被冻结、扣押和搜查，否则，强制性措施的实施均会对被告人财产权造成侵害，这也是不遵守比例原则的表现。

（2）随意收取过高的保证金。关于取保候审保证金，我国刑事诉讼法已经做出了明确的规定，当中也体现出了比例原则的精神，即我国司法机关必须要根据犯罪刑罚的轻重、社会危害程度、附加刑的罚金数额、个人与地区的经济状况等因素收取相应的保证金。然而，这些条款只对保证金最低限额进行了规定，没有明确最高限额，导致侦查人员在收取保证金时缺乏参考标

---

① 徐豪. 袁诚家凭什么申请 37 亿巨额国家赔偿？［J］. 中国经济周刊，2017（48）.

准，只能根据自己的主观判断收取保证金，随意性极强。① 有些审查机关及其人员会收取上千万乃至上亿的保证金，以作为保障业绩的一种方式，这种做法显然是与比例原则的精神背道而驰的。所以，我国立法机关当务之急就是对取保候审的保障机制进行补充和优化，明确保证金上限，而且要进一步明确全国各地的保证金上下限数额标准，保证其与当地经济水平相一致；全国人大及政法委等监督机关、部门要对执法机关收取保证金的过程进行监督，以免保证金的收取过于随意。

第二，确立比例原则的具体要求。侦查活动只有在特殊情况下才能使用强制侦查措施，否则一般都是以任意侦查原则进行。因为强制措施只限定在法律规定的领域，因此，应当尽可能以任意侦查的方式进行侦查，这被称为任意侦查的原则。② 任意侦查就是由相对人主动、自愿地配合侦查，其生活权益不会因侦查活动受到威胁和侵害，整个过程没有任何强制性。如无特殊情况，一般不采用强制方法取得被告人财产权，并用作证据，这样才能避免其财产权受到影响和减损，法院完成裁定之后，用作证据的物的最终归属权会归还原主。若用作证据的物被证实是犯罪所得或属于违禁物，那么其性质就不是被告人的财产，此时可以直接采取没收或扣押等强制措施；如贪污所得钱物即犯罪所得，完全不属于被告人的财产，可以直接进行扣押，待案件审理完毕之后归还给钱财所有人。

出于保障财产权的考虑，刑事诉讼活动应当尽量选择既不侵害财产权，又能有助于刑事诉讼活动顺利进行的方法获取证据。其中，对于营业场所、建筑、房屋等不动产，由于其具有非移动性，而且很难被损毁，短期内其作为证据的价值和作为将来执行标的的价值不会消失，所以要在保全其使用价值的前提下对其进行查封，以免侵害当事人的财产权；对于动产而言，入卷

---

① 唐启迪. 我国刑事诉讼取保候审制度的缺陷与对策 [J]. 湘潭大学学报（哲学社会科学版），2011（6）.

② ［日］田口守一. 刑事诉讼法 [M]. 刘迪，等译. 北京：法律出版社，2000：28.

时可以采用工作说明或照片加笔录的方式，若财产容易变质、损坏，还要征询当事人的意见，经其允许后，通过拍照、绘图、笔录、制作模型、录像或留存于财产持有人住所等方法提取证物。

我国《刑事诉讼法》及司法解释都只从正面对查封和扣押的对象进行了规定，其中《公安机关办理刑事案件程序规定》的规定较为详细，其中明确了贵重物品、现金、存折以及若干不动产和动产的扣押与查封问题。但从立法层面来看，我国扣押程序没有对扣押客体范围进行明确限制，非法扣押较为普遍。[①]另外，也没有详细说明特殊财物、文件的扣押和查封问题，导致侦查机关做出有损公民隐私权和财产权的行为。

我们通过确立查封、扣押报批制度以应对扣押、查封过程中出现的各种突发情况。比如，我国现行《刑事诉讼法》第 141 条就明确规定，未经检察院或公安机关的批准不得扣押电报和邮件；报批制度也是《公安机关办理刑事案件程序规定》的重要内容，其中第 233 条做出了"未经县级以上公安机关负责人的批准不得对可能明显影响正常生产经营活动的或具有较高价值的文件和财物进行扣押"；"未经县级以上公安机关负责人批准，禁止对航空器、船舶、土地以及其他不宜移动的设备、大型机器等特定动产以及房屋、土地等不动产进行查封"。结合规定内容可以得知，《公安机关办理刑事案件程序规定》的实施对于侦查机关的扣押和查封行为进行了约束和限制，同时也起到了完善报批制度的作用。在此前提下，立法主体可以尝试制定更多类似的规定，进一步扩大需要批准的扣押、查封对象之范围，不能只局限在特殊动产、不动产、电报和邮件上。对于某些特殊情形，未报请专门机关负责人的批准，不得开展任何可能有损国家根本利益和公民合法权益的扣押和查封活动。这样才能适当地限制侦查机关的强制行为，使被告人的合法权益得到应有的保障。

此外，"唯当不能选择其他同样有效且对基本权利限制更少的方法时，采

---

① 张栋. 刑事诉讼中对物的强制措施之构建［J］. 政治与法律，2012（01）.

用该手段才可被视为是必要的"①，这就意味着如果某物只能通过对物的强制处分措施获得，才可适用该措施，而且只有涉及犯罪的物才属于处分的范畴，不能随意处分与案件无关的物。强制处分措施的价值在于为最终裁决活动的开展提供证据，扫清障碍，但这一切都是建立在"与犯罪行为有关"的基础之上的，换言之，处分之物要么是犯罪所得之物、犯罪所用之物，要么是能够证明犯罪事实的物，不属于以上情形的，均不属于处分之物的范畴。

第三，完善取保候审保证金处理程序。保证金的没收有两种情形：《中华人民共和国刑事诉讼法》（2012 修正）将没收保证金的情形分为部分没收和全部没收两种，有效地解决了过去保证金没收"一刀切"的问题。但是，关于全部没收适用何种情形，部分没收适用何种情形，以及没收保证金在保证金全额中应占多少比重才合适等问题，《刑事诉讼法》并未给出详细的解释，这可能会影响该项制度的可操作性。

在司法实践中，以下几种情况都是不适用采取没收保证金的情形：一是违规没收保证金。在少数案件中，取保候审之后，司法机关没收了未在取保候审期间违反法律法规，未涉嫌重新犯罪的被取保人的保证金。二是随意没收。即全部没收了应该部分没收的保证金。我国 2012 年修正的《刑事诉讼法》第 69 条并未对全部或部分没收保证金的具体情形予以解释和说明，导致执法机关在司法实践中可以充分行使自由裁量权，全部没收本应该部分没收的保证金。三是以钱赎刑。在少数经济犯罪案件中，被取保人用保证金和相关手续费用贿赂行政机关，使其不再侦查案件。上述三种情形都违反了比例原则，这些均会对被告人财产权造成不同程度的损害。

退还已没收的保证金是司法实践中另一个涉及保证金的问题，该问题直接牵涉被告人财产权。我国 2012 年修正的《刑事诉讼法》第 71 条规定，取保结束之后，银行可以根据被取保人出示的法律文书以及取保候审通知退还

---

① 林钰雄. 刑事诉讼法［M］. 北京：中国人民大学出版社，2005：233.

保证金，但退还取保候审保证金的时限，本法并未做出详细的规定，所以被取保人无法及时获得保证金的现象比比皆是。在司法实践中，未按时退还保证金的情形有：一是未及时退还被取保人首次交纳的保证金。为创造部门收益，公安司法机关会在被取保人取保候审阶段内重复办理取保候审手续，多次收取保证金，而且取保结束之后拒不退还当事人首次交纳的保证金。二是公安机关各部门职责不明，导致保证金无法及时归还到当事人手中。实践中，执法机关常常会以"保证金已随案移交给法院"为借口要求当事人向法院索要保证金，而法院则表示自己未收到保证金，二者均不承认责任，导致保证金无法按时归还给当事人。三是保证金因公安司法机关不作为而无法及时归还。取保候审结束之后，执行机关本应当为被取保人办完相关手续后就该及时归还保证金，但其却迟迟不办理相关手续，导致被取保人无法及时获得保证金。

《关于取保候审若干问题的规定》第 10 条规定："当没收保证金的，由县级以上执行机关做出没收部分或者全部保证金的决定，并通知决定机关。"公安机关作为执行取保候审的主体，有权决定是否归还被取保人的保证金，整个过程不受做出取保候审决定机关的干涉，也不受独立第三方的监督。尽管法律要求公安机关需要将没收保证金的决定告知决定机关，但决定机关是否收到通知并不影响保证金的没收，反而可能会导致被取保人面临重复交纳保证金的问题。另外，《关于取保候审若干问题的规定》第 18 条规定："提起行政诉讼的规定不适用于没收取保候审保证金与收取保证人罚金的情形，因为二者属于刑事司法行为。当事人只能向相关机关提出申诉。若被取保人不服没收保证金的决定，其不能提起行政诉讼，只能在公安系统内部申诉和复核。"关于取保候审保证金被没收后，当事人究竟可以采取何种救济途径，我国 2012 年修正的《刑事诉讼法》并未给出详细的说明和规定。由于立法的空白，导致当事人取保候审保证金被不当没收之后也无法通过法律手段维护自己的合法权利，这显然与刑事司法公平正义的精神背道而驰。

第四，比例原则对法院判处被告人罚金和没收财产的要求，以及执行罚金和执行没收财产刑的要求。我国刑法规定，没收财产指的是对犯罪分子个人财产的全部或部分进行没收。判处没收全部财产的，法院应当先保留犯罪分子个人及其家庭必要生活费之后再进行没收。上述规定实际上都是比例原则的体现。但在司法实践中，被告人财产权被侵害的现象十分普遍。所以，我们应当补充和完善有关财产刑执行的规则和条款，做到"罚当其罪"，这样才能充分发挥比例原则保障财产权的作用。

就现状而言，由于立法上的不足，财产刑中侵犯被告人财产权，违反比例原则的现象时有发生。我国最高人民法院根据法律规定及立法精神的考虑，要求各级法院在依法适用主刑的同时也要适用财产刑，法律规定应当并处或可以并处财产刑的都要适用，只要是法院做出了判决财产刑的处罚，就一定要贯彻实施。但司法实践中法院为了财产刑得以顺利执行而要求被告人预交一定的"押金"或"保证金"，也就是让被告人家属在判决结果出来之前将一定数额的金钱交给法院保管，然后，法院再根据判决结果采取"多退少补"的办法返还这笔"保证金"和"押金"。这种方式已经成了执行财产刑的主流，而且效果也十分明显。

然而，这种方法却存在如下不妥之处：其一，与罪责自负原则背道而驰。在刑事诉讼活动中，"押金"这一用词缺乏严谨性，若将之界定为执行的一种保全措施，那么应当叫作"保证金"才合适，但司法实践中一般都是由被告人的家属交纳保证金，然后根据判决结果将其作为财产刑执行的对象，这显然不符合罪责自负原则，对其他人的财产权造成严重侵犯，导致事实的不公。其二，这种做法将执行前置于判决，而且无法律依据，是一种不被法理所认可的做法。其三，违反比例原则。比例原则强调的是"罚当其罪"，然而，这是一种把将来判决的罚金或没收的财产转化成了"押金"和"保证金"的做法。如此一来，对被告人的财产刑就与其经济实力相挂钩了，这显然会导致其所受惩罚与罪行不相匹配。所以，这种要求被告人或其家属提前交纳"保证金"或"押金"的做法是不可取的。

3.4　权利救济原则

3.4.1　权利救济原则的内涵

对权利概念进行法律权利与道德权利的基本分类始自康德，本小节所谓"权利救济"是指对法律赋予公民基本权利的救济。根据《牛津法律大词典》的解释："补救措施是修正已经发生或正在发生实质性损害的行为……更准确地说，救济是一种纠正或者减轻性质的权利，这种权利在可能的范围内会矫正法律关系中他方当事人违反义务行为造成的后果。"[①] 救济的前提是合法利益受到损害，具体是指在公民的某些利益遭受损失时，为弥补上述损失而采取的各种措施。侵害依据侵权主体不同，可以分为来自国家公权力的侵害与来自其他公民的侵害。法律技术和法律传统在每个国家都有所不同，概其要者，救济的功能主要有以下几点。

1. 权利冲突与纠纷的解决

任何救济在价值上都是以实现功利目标为指向，即权利冲突与纠纷的解决。其直接目的是要弄清权利冲突或纠纷的事实，划分和确定争议之每一方的权利与义务的分配。实际上，以上解决只能发生在某些特定的条件下，它无法保证已解决的冲突或纠纷在将来就不再发生。因此，不能对冲突和纠纷之解决做这样的理解，即把"解决纠纷"看作谁对谁错的有拘束力的决定，或者某种权威。也就是说，这种认为"于谁的观点在某种意义上能够成立，谁的观点不能成立的一种判定"，是不应出现的。这一主观效果直接体现了救济的价值目标。

---

① ［英］戴维·M. 沃克. 牛津法律大辞典［M］. 北京：光明日报出版社，1988：764.

2. 确保合法权利的实现与法定义务的履行

权利之间的冲突要么是因为其合法权益遭受侵害，要么是特定法定义务没有得到履行。因而，之所以对权利进行救济，其根本就是为了实现和履行那些遭受冲突和纠纷影响的合法权利及法定义务。通过对排除权利行使的保障，促使冲突主体继续履行应履行的义务，来恢复权利的原有状态。如果受损关系实在不能得到"恢复原状"，就可以通过和解或强制的方法来合理补偿因冲突或纠纷造成的实际损失。英国的古老法谚"有损害必有救济"说明了救济与侵害的内在联系。救济性补偿既包括可计量的物质性权利的补偿，也包括了不可计量的非物质性权利补偿。①

3. 保障权利从规范到现实的转化

实际上，权利和义务构成了法律规范的全部内容。与法律永远相伴随的基本价值，便是社会秩序。②如果缺乏秩序价值，法律的所有其他价值都无法正确发挥应有作用。如果权利享有者的权利被侵害或权利主体之间的权利发生冲突，必然会使原来设定的规则受到破坏。如果对那些破坏规则的义务主体放任不管，必然引发连锁效应，并最终使市场经济的秩序产生混乱，人们希望的对其有益的和平与幸福生活的法律制度就会名存实亡。因此，法律秩序的基本内涵和本质保证应当是严格按照立法规定享有权利并承担义务，最大限度使人们都能依照共同的规则安排各自生活，并最终实现自己想要达成的目标。

3.4.2 权利救济原则的理论基础

1. 有权利必有救济的理论

当人类脱离鲁莽来获取一定的权利时，相应的补救措施也必然会一并产

---

① 程燎原，王人博. 赢得神圣：权利及其救济通论 [M]. 济南：山东人民出版社，1998：359-360.
② [英] 彼得·斯坦，约翰·香德. 西方社会的法律价值 [M]. 王献平，译. 北京：中国法制出版社，2004：45.

生。自古罗马开始，就"有一个补救措施是正确的"思想和制度的存在。在文明演进的过程中，权利救济的方法也正从无知走向科学，再到原则的一个理性过程，并且由于民族文化及法律传统上的认知与实践都不尽相同，因此，救济意识也就自然随之不同。例如，在盎格鲁－撒克逊国家，"救济先于权利"是英美女性最为得意的法律作品。"没有救济也就没有权利"是英国妇女和儿童最为流行的谚语。英国法律的法律概念和思想始终都是与诉讼程序的概念相互关联，更重要的问题是，由法官救济这一神圣职责去判断方案的实现。因而，英国的"救济原则"远远比其他权利都要重要，这使得"权利"与"救济"之相互作用，并相得益彰。

因此，正当法律程序理念何以会发端于英国，并成为富有地方性特色的法律文化就不再是一件难以理解的事情，就是因为正当法律程序本就属于对自然正义观的适当延伸，是保障被告人权利的一种方式。英美两国则是一脉相承，美国教授享金认为："美国的人权观意味着可以获得维护人权的救济手段。"① 大陆法系国家也非不重视救济，只是他们认为权利实现的最佳途径首先是明确制定各种法律原则。如法国 1789 年颁布的《人权和公民权宣言》第16 条规定："凡权利无保障和分权未确立的社会便没有宪法"，赋予了公民救济权利以重要的宪法意义，即作为抵抗国家权力、限制权力专横的伟大力量。"对公权力侵害的救济，可以说是法律制度史上最伟大的革命和进步。它不仅推动了违宪审查制度的确立，更促进了国际人权保护机制的构建，使人权获得了从国内到国际的全面保护。作为公民权利高级形态的人权在权利救济理论和实践的宪法发展历程中，一步步由道德权利之宣誓性走向法定权利的可司法性，并最终具有制约国家权力、敦促国家履行义务的功能，成为衡量政府的合法性与正当性的重要标准。"② 故此，没有公民权利的救济就没有宪政国

---

① ［美］路易斯·享金，等. 宪政与权利——美国宪法的域外影响［M］. 郑戈，等译. 北京：生活·读书·新知三联书店，1996：13.

② 徐明显. 人权研究（第五卷）［M］. 济南：山东人民出版社，2005：329-330.

家,"无诉讼即无宪政"①。

人类最与众不同之处之一在于,人类辨别是非的能力是与生俱来的。因此,是非法则(道德法则)对于人类而言,就如同物理法则之于物质世界,因此人天生就有辨明是非的能力。这种自我判断的能力衍生了许多价值观,其中最本质的就是尊严价值,他把尊严定义成为一种至高的价值,是一切人间价值的基础。较为难以理解的是,康德将尊严视为一种完全归属于个人内心的属性,这表明尊严可以全部把握在自己手中,但实际上失去尊严的形式除了有自愿放弃(如见利忘义、卖身投靠等)以外还有被强行剥夺。因此,如果将尊严看成一种"生存状态"反倒会更简单地为普通公民所理解。比如,可以把尊严视为一种"人处于可遵守'无上命令'的状态",也就是"拥有遵守道德的自由"。如此,失去了遵守"无上命令"的能力,不具备遵守"无上命令"的条件,就失去了尊严,维护这种状态就是在维护尊严,概念就会更加通俗一些。

2. 人性的尊严

康德在人权思想领域发动过一场革命。他首次体系化地论证了人的自我意识的哲学基础,为人之尊严提供了哲学理论层面的解释。康德认为,在被造物中,人类占据着特殊的地位,认为自己与其他动物有着根本的不同,并且不只是不同,而且是更好,人类有一个自认为相当出色的本能。他在卢梭和休谟理论的基础上提出了"不能把自己仅仅作为一种工具,供其他人使用,对他们来说,也是自己的对象"的著名论断。人的尊严本身意味着不仅是作为客体,而且始终只能被作为目的。"二战"结束后,人的尊严得到他们的充分理解。如人民在反思战争时发现,人的尊严的绝对值是至高无上的。人的尊严和人权开始从第二次世界大战后在指定的文本中脱颖而出。

1993 年 6 月 14 日,《维也纳宣言和行动纲领》第二次世界人权大会指

---

① 江国华. 宪法的形而上之学 [M]. 武汉:武汉出版社,2004:261.

出:"所有人权都是从人类固有的尊严和价值所派生。"在世界人权会议上,与会的所有国家都一致确认人权是人所固有的尊严和价值,应是这些权利和自由的主要受益者,应持有积极参与这些权利自由的实现的信念,坚决维护《联合国宪章》和《世界人权宣言》所载的宗旨和原则,并决心迈出新的一步,更努力、持续地从事国际合作和团结,使人权事业取得实际的进展。①1996 年 12 月 16 日,《关于经济、社会及文化权利国际公约》与《公民权利和政治权利国际公约》获得通过,进一步重申基本人权,人的尊严在序言中的核心价值观是"确认这些权利得到人的固有尊严"。受此影响,自 20 世纪中期,宪法发展的新趋势就是保护人的尊严,尊严不仅被看作为最高价值、绝对价值,且不能在任何情形下被减损、限制或剥夺。哪怕人被判处死刑也不能限制或剥夺其尊严,因为人的尊严权是基本人权,必须对其进行尊重和保护。由于人的尊严是与人权密不可分的,是对社会价值的理解和尊重的必然要求,故此,救济权是人的尊严的要求,无人权则无尊严。

3. 法治的要求

古希腊时期的亚里士多德即已对法治概念的根本内涵进行了揭示。他认为法治有两层含义:"已成立的法律得到普遍的服从,而大家所服从的法律又应当本身是制定的良好的法律。"②即普遍守法与良法。此后的概念都是这一概念的深入和具体化。③法律作为对人们行为规则进行调整的一种方式,是对国家、社会和个人权益的分配,而之所以对各种利益进行调整,就是因为冲突是不同利益之间不变的主题。利益是个人、社会和国家存在的基础和保障,人们的一切活动都可以通过利益来解决。中国古代的人们对此就有深刻的认识,即所谓:"天下熙熙,皆为利来;天下攘攘,皆为利往。"个人、群体和

①　王孔祥. 国际人权法的里程碑:《维也纳宣言和行动纲领》[J]. 法治研究, 2013 (02).

②　[古希腊]亚里士多德. 政治学 [M]. 吴寿彭, 译. 北京: 商务印书馆, 1996: 199.

③　M. Cranston. What are Human Rights (second) [M]. London: Bodley Head, 1973: 36.

国家都对利益有无止境的追求的倾向，而法律的存在就是为了遏制这种无止境的贪欲。因而，利益追求者规避和破坏的主要目标就集中于法律规则上，一旦这种规避和破坏的行为没有得到及时的补救，法律存在的基础就将不复存在。正所谓"皮之不存，毛将焉附"，没有法律，则无法治。法治本身必然要求对法律规则的破坏进行救济。近代以来，随着宪法的产生，法制实际上就是宪法。宪法所确立的种种原则必然要求权利救济的有效性与充分性。由于权力制约的目的是更好地保护公民权利，但公权力是最喜欢、最容易侵害公民权利的。权力制约的真正实现，有赖于公民权利被公权力侵害后的及时充分的救济。

法治的两个基本条件是相依相存的，法律要的普遍遵守，首先要有良好的法治，主要依靠法律的内在价值，而不能只凭借法律的强制性。这就是德国法学家魏德士所谓的"道德效力"。法律的道德效力是法律效力的社会基础。立法者如果忽视这一点，不把立法建立在获得社会公众的普遍道德认同和自觉接受的基础上，则无法实现人们对法律的信仰，从而法律也无法得到有效实施和遵守。根据我国学者周永坤教授的解读，守法者的守法动力，也就是抑制非法欲望的力量主要来源于道德修养、对法律的好感、环境感染和模仿，以及功利的考虑。[①] 法律自身的"良性"，即道德功力，是守法者对法律的遵守的前提，良好的法律不仅要求内在的价值善，即必须保障自由、平等、权利等基本人权，而且要求有善的基本形式，要讲求程序的正当。如果一部法律仅做权利之宣告而未规定权利救济和程序，则很难被称为"良法"，如此法律则名不副实。所以，如果权利被侵害后无法得到有效救济，侵权责任难以落实，如果缺乏对公权力侵害的救济，权利的大厦必将颠覆，国家的法律也将名存实亡，法治本身也就会成为空中楼阁。基于功利价值的考量，一旦违法行为没有得到应有的追究，被侵害之权利无法得到及时修复和补救，法律可以被随意践踏却不需要承担任何违法成本，人的趋利避害的本性必将

---

① 周永坤. 法理学：全球视野［M］. 北京：法律出版社，2004：383-384.

彻底打消其守法信念，因为违法可以获利。由是观之，无权利救济则无法律，无权利救济则无法律遵守。也即是说，无权利则无法治。

3.4.3 权利救济原则的基本价值

权利救济原则具有法治秩序、监控权力、社会和谐和现实正义等法治和宪政层面上的多元价值，但对于刑事诉讼中的权利救济而言，监控权力、社会和谐价值具有特别重要的现实意义。

1. 监控权力的行使

通过对国家权力行使的正当性以及国家权力的扩张性的论述，可以认为，刑事诉讼中的权力与权利之间的冲突是始终存在的。因而，刑事诉讼中公民权利救济始终围绕对公权力侵害的救济，而并非对遭受犯罪行为侵害的受害人的救济。正如英国资产阶级革命时期思想家洛克认为，"当权力为官吏所有的时候，除了保护社会成员的生命、权利和财产以外，就不能有别的目的或尺度，所以它不能是一种支配他们生命和财产的绝对的、专断的权力"[①]。当行政权和立法权想要扩大权力，并进而将其对公民进行的统治演变为专制、奴役或毁灭人民时，人民最终就只能相互联合抵抗权力的侵蚀，或通过革命来反抗公权力的压迫，以维护其自然权利。洛克在此专门提出基于人类生存权第一位的反抗权问题，其政治法律思想是近代宪政中公民权利体系建立的理论基石。从此，对国家权力进行限权，并最终保障公民权利就成了宪政的根本目的。宪法所规定的公民之基本权就成为制约国家权力的重要力量。有学者认为："各国宪政至少在象征意义上贯彻限制权力的法治精神。"[②]基于在宪法和宪法性法律规范、惯例以及有关判例中宣布并承诺保障公民的基本权利和自由。只要公民因国家权力越界而遭受损失，受到侵害的公民权利就应当

---

① ［英］洛克. 政府论（下篇）[M]. 叶启芳，瞿菊农，译. 北京：商务印书馆，1964：105.
② 程燎原，王人博. 赢得神圣：权利及其救济通论 [M]. 济南：山东人民出版社，1998：195.

获得补救，充分体现公民权利时刻都在制约国家权力的功能。

2. 实现社会和谐

早在 20 世纪 60 年代，美国社会学家戴维斯提出，"当社会提供的满足程度低于期望的要求，以及人们的期待和要求在社会现实中得不到满足时，或者人们在期望受挫的心态下就会形成对社会的仇视，从而引发社会政治动荡的心理基础。故此，政治稳定的程度可以用公众期待与社会满足之间的差距来衡量"①。亨廷顿也由此探讨出现代社会的"期望革命"与"现实差距"是如何对政治稳定构成威胁的论断。如果从社会和谐与权利救济的内在联系这一层面来分析，权利救济才是必不可少的"稳定器"，不仅可以消释潜在的社会冲突，而且可以为保障社会和谐与稳定打下坚实的基础。

在工业社会向信息社会与网络时代转型的过程中，财产型社会也随之而来，人们所希望得到的与现实的实际供给之间存在着巨大的反差，而且这种反差比之前都要更加强烈。假如我们对这种反差置若罔闻，不选择去完善公民的参政渠道，社会的和谐与稳定将随时处于动荡之中，这极易造成剧烈的社会冲突与混乱。易言之，救济制度较为完善，权利救济较为发达的国家和地区，只要公民的合法权益受到公共权力侵害，公民不是依靠暴力或其他不友好的形式，而是选择法定的权利救济方式，通过既定的救济程序解决纠纷和请求补偿。②公民对公共权力机构的不满情绪将很快化解，社会秩序中潜伏的破坏力和冲击力就会长期被控制在萌芽状态。因而，健全救济机制是执政党必不可少的"稳定器"，是社会和谐发展的制度保障。③总之，权利救济原则的充分落实，不仅会有力推动人类社会的全面进步，还对维护社会可持续性发展具有重要意义。救济机制越发达，社会就会越和谐稳定；救济机制越落后，人民诉求就会越难得到满足。

---

① 邓伟志，等. 变革中的政治稳定 [M]. 上海：上海人民出版社，1997：62.
② 陈宏彩. 权利救济与社会和谐：内在逻辑及其制度创新 [J]. 中共浙江省委党校学报，2007（01）.
③ 叶巍. 刑事诉讼中的私有财产权保障 [M]. 北京：法律出版社，2009：97.

综上，现代法律制度只有以宪法为核心进行构建才能为和谐社会的建构和维持提供最重要的制度保障。在宪法尚未诞生之前，尽管有法律，但由于整个社会缺乏对公民权利的平等保护，特权阶层的存在无法真正使社会和谐。故此，宪法和法律对公民权利制度的理念和运行的目的都是追求和谐的人类社会，那么对权利的侵害便是对和谐的破坏。要构建和谐社会，维持和谐，就必须对被侵害的权利进行救济。①

3.4.4 权利救济原则与被告人财产权保障

在宪法中对公民权利救济问题做出规定已经成为当今世界各国的通例，权利救济之原则也在"二战"后的一系列国际性条约中被一以贯之地强调。目前各国都已经在相关立法中将过去裁判类型单一的救济方式改造成具有严格立法、司法和社会机制的权利救济制度。以我国为例，我国《宪法》第 41 条规定："因侵害公民权利受到国家机关和人员的侵害，有权依法赔偿。"

就功能层面而言，刑事诉讼领域的公民财产权利保障机制分为两种，其一为预防性保障机制，其二为救济性保障机制。顾名思义，预防性保障机制的目的主要是通过各种规范、制度、程序形成的有机统一来防止国家公权力对公民财产权利的不当侵犯，抑制国家行使权力时的恣意，使国家权力的运行能够在法律的轨道中运行，其在本质上乃限权机制。因而，上述论述的正当法律程序之宪法化，对物强制措施之法定化，对物强制处分之司法审查等都是为了使财产权预防性保障机制能够得到有效的构建。但是，单独建立预防性保障机制无法仅凭自身而承担其保障公民在刑事诉讼中财产权利的任务，也即是说，任何发达的权利制度都无法从根本上消除侵权的现象，特别是带有天然扩张本性的国家权力。侦查机关一旦经受不住违法所生利益的诱惑，在法律规则之外实施非法搜查、扣押等对物强制措施，或者审判机关违

---

① 徐显明. 人权研究（第五卷）［M］. 济南：山东人民出版社，2005：338.

法适用罚金、没收等财产刑，却又无须承担任何程序性或实体性的法律后果，公民权利仍然只能是镜花水月。因此，财产权的救济性保障机制也不能缺少。就逻辑而言，救济的发生以侵权行为为前提，有侵害方有救济。与财产权的预防性保障机制相比，财产权的救济性保障机制重在事后救济，预防性保障机制重在事前预防。两者互相补充，共同构成公民财产权保障的全部内容。

在刑事诉讼中，依照侵权主体的不同，典型意义上的财产权救济主要表现为对犯罪行为的侵权救济[①] 和国家专门机关特别是侦查机关公共侵权行为的救济。因为犯罪行为直接侵害的对象即为被害人，对其遭受损害的物质或非物质权益在经济层面予以必要法律救助，是刑事损害赔偿制度或者被害人国家补偿制度重点要解决的问题。侵权行为则主要发生在刑事诉讼审前阶段，集中表现为侦查机关违法实施的搜查、扣押等对物强制措施，从我国的刑事司法实践看，其侵权的对象主要是被告人，如无证扣押，违法扣押其与案件无关的合法财产，对多扣押的财产无正当理由拒不返还等；再就是被害人，如不当扣押其财产，或者对于被害人众多且追缴的涉案财物难以全部足额返还的案件，侦查机关偏向当地被害人而漠视异地被害人的合法权益，等等。审判阶段的公共侵权行为则主要体现为对财产刑的错判行为，由于法院之判决涉及对财产的终局处分，对被告人的财产权利具有更加直接的侵害性，财产权利的救济也同样值得关注。故此，按照财产权救济方式的不同，笔者发现我国刑事诉讼中财产权的救济性保障机制的构建应当包括以下两个部分。

1. 实体性救济机制

该方式着眼于违法行为在实体层面的救济，是对违法者的实体制裁。当然，从违法者的角度来说，这是一种侵犯他人合法权利的责任承担方式，对

---

① 本文对侵权概念作广义理解，将有被害人（自然人）的犯罪作为严重侵权行为看待。

于被侵权人来说，就属于权利救济，格劳秀斯曾经典地指出："惩罚是由于邪恶而招致的一种痛苦"，而"犯罪的痛苦是受害人痛苦的一种补偿。"[1] 这里一定意义上体现了亚里士多德所谓的"矫正正义"，矫正正义即是指当正义之平衡受破坏时依照均等原则加以恢复。特权或财产，矫正的正义就要求侵权者偿还属于受害者的财产、赔偿受害者的损失，或对侵害者施加影响施与与其行为相称的惩罚。[2] 被害者财产权利遭受侵害后，追究责任人相应的民事、行政或者刑事责任，是世界各国的传统做法，只是对侵权行为的性质理解有别，在救济途径上存在着不同。比如在美国，警察实施非法搜查并造成他人财产损失的，检察机关可以非法侵入住宅罪对其提起公诉；受害者可对其财产损失和被侵犯的宪法权利提起相应的民事赔偿之诉。在我国，被害人因犯罪行为受到侵害时，可以提起附带民事诉讼或单独提起民事诉讼，但除去职务犯罪行为社会危害性特别严重，从而需要对其追究刑事责任的情形，就国家专门机关做出的公共侵权行为——如私分罚没财物罪等——却无法提起单独的民事或行政诉讼。但是，根据我国 1995 年正式实施的《国家赔偿法》的规定，对于刑事侦查、检察、审判、监狱管理职权的机关及其工作人员在行使职权时违法对财产采取查封、扣押、冻结、追缴等措施的或者依照审判监督程序再审改判无罪、原判罚金、没收财产已经执行的，受害人有取得国家赔偿的权利，即可以取得一种特殊的实体救济。

我国当前的财产权救济机制主要有两个问题：第一，制度不够完善。比如，受犯罪控制和人权保障均衡价值观的影响，被害人的人权保障越来越受到世界各国的关注，许多国家已纷纷建立被害人国家补偿制度，以保障被害人财产权，尽管有众多学者和实务界人士认可该制度设置的必要性，但至今该制度却尚未在我国得到建立，更何况如何救济被告人财产权。第二，当前

---

① 　Bernard Schwartz. Administrative Law（a casebook）[M]. Boston：Little Brown and Company，1988：625.

② 　李龙. 法理学 [M]. 武汉：武汉大学出版社，1996：103.

我国法制框架下的实体性救济制度也难以得到有效落实，而这正是本书所要重点探讨的内容。

2. 程序性救济机制

程序性救济机制主要就侦控部门或审判机关违反刑事诉讼法而做出的程序性违法行为。有的程序性违法行为，尤其是侦查机关违反法律规定所做出的针对公民财产的强制处分行为。在性质上一般表现为双重特点：第一，违反了刑事诉讼法，属于程序性违法行为；第二，侵犯公民的合法财产权。当然，如果是宪法所确认的财产权利，就属于宪法性的侵权行为。在美国，被告人的诉讼权利或曰程序性权利具有很高的法律地位，许多重要的诉讼权利都被宪法修正案所确认，从而上升为宪法权利。因而，程序性违法行为同时具有了违宪的表征。财产权作为公民的基本权利在我国已经被宪法化，如果将来能够进一步实现正当法律程序的宪法化，对公民财产实施的非法程序性强制处分行为的救济就具有了更加坚实的宪法基础。

实践表明，财产权救济性保障机制仅有实体性救济是远远不够的。对于程序性违法行为还必须进行程序性制裁，才能更加有效地遏制公共侵权行为，特别是遏制侦查机关违法实施的对物强制处分，为公民财产权利保障提供更加充分有效的救济。民事、行政、刑事等实体性制裁的行为对象毕竟只能发挥一定程度的作用，违反刑事诉讼法的行为只有同时侵犯了上述实体性法律所调整的社会关系时可能被纳入实体制裁的范围，特别是刑法，对违法行为的社会危害性程度提出了更高的要求，加之检察机关与警察机关都有一种职业心理上的认同感，对警察在办案过程中的程序性违法行为往往持宽容态度，除非造成严重的社会影响，通常都不愿意处理。

鉴于此，只有合理借鉴国外成熟的立法经验，不断加强对程序性制裁机制研究，积极探索适合中国国情的程序性救济机制，才能与实体性救济机制共同构筑完整的财产权利救济性保障机制。

第 4 章　对物强制措施与被告人
财产权保障

4.1　对物强制措施基本制度

4.1.1　对物强制措施的内涵

强制处分是指"国家机关追诉犯罪时，为保全被告。或搜集、保全证据之必要，而对受处分人施加的强制措施"[①]。强制处分在诉讼中的功能有两个，其一为保全被告。通过对被告人身自由进行一定程度的限制，以保障刑事诉讼程序的顺利进行以及未来刑罚之执行；其二为保全证据。对证据保全目的在于通过转移、占有来避免相关证据被犯罪嫌疑人隐匿、篡改、毁灭，同时保全行为也是对证据的一种固定行为。大陆法系司法实务习惯将强制处分分为对人之强制处分与对物之强制处分，之所以并未以上述之功能为分类依据，是因为侦查机关在做出侦查行为时，可能会涉及第三人之人身或者财产。比如有合理根据可以证明某案外人藏匿有某犯罪案件之犯罪嫌疑人或者犯罪之物证、书证等。在此情况下，就有必要将一定强制处分之行为施加于该案外人。但是这种行为有可能既涉及对该案外人之人身，也可能涉及该案外人之

---

① 林钰雄. 刑事诉讼法（上册）（总论编）[M]. 北京：中国人民大学出版社，2005：224.

财产。因此，如果以功能为分类依据，恐将造成强制处分体系的混乱。另外，如此分类也是为方便强制处分之令状主义的实施。域外国家无论英美法系还是大陆法系，对涉及公民基本权利之强制处分行为皆采行令状主义，令状主义采行之目的在于限制国家公权力，从而保障公民基本人权。此处之公民不仅指涉案之犯罪嫌疑人、被告人，也包括上述之案外人。而强制处分之适用对犯罪嫌疑人、被告人和案外人皆应公平对待。因此，以"对人"与"对物"的区分方式既能使令状主义体系清楚明了，也能彰显刑事法人权保障的立法目的。

以大陆法系国家为例，对人强制处分主要有对被告的传唤、拘提、逮捕，以及对证人的传唤、身体检查等。对物强制处分包括搜查、扣押等。我国刑事立法所谓强制措施仅指上述对人强制处分，具体包括"拘传、取保候审、监视居住、拘留和逮捕"五种，而不包括上述对物强制处分。本章所研究之对象即为《刑事诉讼法》第二编第二章规定的针对犯罪嫌疑人、案外人之财物、文件、住处、物品等实施的侦查行为，主要包括搜查、扣押、冻结等（以下称之为对物强制措施）。应当指出，虽然《刑事诉讼法》第205条第3款、第191条规定，人民法院在审判程序中也有权决定搜查、扣押、冻结等，但这种由法官根据审理案件需要而决定的对物强制措施并非本书所探讨的对象。

我国强制措施体系与大陆法系国家强制处分的不同之处在于，立法限缩了强制措施的范围。我国刑事诉讼立法和理论认为，强制措施是指公安机关、人民检察院和人民法院为了保证刑事诉讼的顺利进行，依法对刑事案件的犯罪嫌疑人、被告人的人身自由进行限制或剥夺的各种限制性方法。[①] 从上述定义来看，相比大陆法系国家强制处分的内涵，我国强制措施只将落脚点放在对犯罪嫌疑人、被告人人身自由的强制上，既没有将对物强制处分措施——如搜查、扣押、查封、冻结等，纳入强制措施体系，也没有为对证人、自诉

---

① 陈光中. 刑事诉讼法（第二版）[M]. 北京：北京大学出版社，2005：220.

人等诉讼参与人采取的必要强制预留足够发展空间。因此，我国强制措施与大陆法系国家所谓强制处分的不同只体现在具体所指涉的内涵这一意义上，而非体现在"措施"与"处分"的称谓不同上。所谓对物强制措施，是指借用大陆法系国家的法律概念来阐释我国的制度问题，并最终以对人与对物强制措施为主要内容来重建我国强制措施体系。所谓对物强制处分措施是指我国《刑事诉讼法》（第二编）规定的一些针对涉案财物，侵犯公民财产权的侦查行为，如搜查、查封、扣押、冻结等。

4.1.2　对物强制措施适用的域外考量

在对物强制处分措施的适用与被告人财产权保障关系问题上，笔者主要以英美法系与大陆法系国家的法律适用作为切入点，并对其规律进行梳理与总结，以期在比较法层面获得部分借鉴性结论。

第一，英国法律对物强制措施的相关规定。英国法律根据搜查对象的不同将搜查划分为住所搜查与人身搜查。其中，英国刑事法根据追诉机关有无出示合法证件进行搜查，将人身搜查又细分为有证搜查与无证搜查。有证搜查是指追诉机关的侦查人员在搜查住所与住所内人员及其物品时出示了由治安法官签发的搜查证。在未获得搜查证的情况下，追诉机关的任何搜查人员禁止开展搜查活动。但当发生特殊状况或紧急情况时，警察未获得治安官签发的搜查证也可采取搜查措施，也即无证搜查。

为防止被告人财产权受到侵害，有证搜查需进行司法审查。具体操作流程为：当案件的侦破必须以搜查作为支撑时，侦查机关需将搜查申请书递交法院，治安法官根据申请书的内容做出是否允许其搜查的决定。若允许搜查，则会发放搜查令，警察搜查时必须出示此令。但警察如果有证据能够证明被告人正好在与犯罪相关的场所内时，可以直接开展搜查活动，无须申请和出示搜查令。不仅如此，警察还可以在未申请或者未出示搜查令的情况下，直接搜查被告人携带的涉案财物，以及藏匿于车中的违禁品，但此种搜查必须身着制服。

第二，美国法律对物强制处分措施的相关规定。美国执行搜查令有严格的限制，关于搜查和扣押等强制处分措施的实施，美国宪法第四条修正案规定："任何人不得对人们的文件、房屋、人身、财产进行无理扣押和搜查；法官只有在搜查主体搜查理由正当，而且有宣誓或者宣誓的支持，且能够详细描述搜查地点或所需扣留之人与物时才能签发搜查证。"不符合这一规定的，法官有权拒绝将警察违法搜查所得作为证据。

美国的搜查同样分为有证搜查与无证搜查。警察必须将能够证明搜查合理性的证据附于搜查申请书中，治安法官会通过判断申请书中的证据，做出是否签发搜查证和扣押证的决定。美国的无证搜查是有证搜查的一个例外，其实施条件相当苛刻，而且格外谨慎。警察事后必须能够出示证明搜查必要性的证据，且"法官需要判断控方所提交通过无证搜查而获得的证据是否合理，以及其能否被纳入证据体系中"。在限制美国警察侦查权方面，其非法证据排除规则起到了至关重要的作用，一旦被告人向法官提出排除非法证据的诉求，法官就需要立即对相关证据进行审查，因此，警察很可能会因自己通过非法搜查而取得的材料无法成为证据而使其搜查失去意义。为避免此种情形，警察会尽可能规范其搜查行为，严格按照刑法的规定开展搜查活动，非法证据排除规则对美国警察非法搜查的限制作用不言而喻。①

第三，法国法律对物强制处分措施的相关规定。法国的刑事诉讼法律规定"合理根据"并非侦查机关开展搜查活动的必要条件，这一规定与英美法系国家的相关规定相去甚远。在法国，无论是预审法官自行开展搜查活动，抑或是司法警察受预审法官之托开展搜查活动，即使被搜查人不允许，只要侦查人员认为有搜查的必要就可以开展搜查活动。而且法国1991年修订的《刑事诉讼法典》第94条进一步规定："侦查机关有权进入任何能够证明案件事实，存在犯罪证据的场所进行搜查，搜查场所内是否为搜查人住所或第三

---

① 李学军. 美国刑事诉讼规则 [M]. 北京：中国检察出版社，2003：53-54.

人住所并不影响此搜查活动的进行。"

在法国刑事诉讼活动过程中，预审法官在审判前的主要职责是判断办案人员递交的证据是否可以纳入证据体系中，还有在公正裁判的预审过程中可能发生的争议。如果预审法官判定侦查活动的确侵害了被告人财产权，被告人便能依据该判决，在审判前直接向法院提起相关审查请求，以维护自身合法权利。

预审法官主要负责在开庭之前审查侦查机关提出的搜查申请是否合理，并在审查过程中，预审法官的判断确保不受第三方、被追诉方、侦控方的干预和影响，其独立性有所保障。如果搜查决定的结果无法让被告人或被搜查者信服，出于维护自身合法权利的需要，其可以直接向上一级法院提出上诉。笔者通过解读德国法律规定，解析诉讼案件发现，德国的预审法官拥有微弱的自由裁量权，这一点完全不同于法国的预审法官，后者拥有较大的自由裁量权。而且由于德国预审法官在整个审查活动中处于相对中立的地位，兼具专业性和独立性，可避免法官过度干预侦查活动。

第四，德国法律对物强制措施适用的规定。为避免公民权利尤其是其财产权因违法的侦查活动而遭受侵害，德国相当重视限制侦查权的行使。德国法律在"强制措施"一章中统一做出了关于物的强制和人的强制的规定，这不仅有利于保护被告人的财产，也有力地限制了国家公权力的行使。相比之下，我国仅在"侦查行为"一章中对强制措施进行了规定，如扣押、搜查等，而且通常属于不公开的侦查行为，外界也往往无法知晓公民的合法权利是否受到了追诉机关的侵害。笔者通过研究发现，公开对人以及对物的强制措施，提升其透明度十分必要，但我国的取保候审、拘留、逮捕等强制措施的对象一般都是公民人身权，公开难度较大。

在侦查模式层面，为保证被告人财产权免受侵害，德国与法国均投入了大量的人力、物力、财力对本国侦查模式进行改革，并参考、借鉴了英美法系部分国家的做法，确立了与本国国情相适应的侦查模式。在此种模式下，律师可以通过行使在场权等权利参与到刑事侦查活动中，也即当侦查机关对人或者物采取强制措施时，律师可以在场。通过改革本国的侦查模式，德国与法国的对抗式诉讼模式也成了职权主义诉讼模式的重要组成部分，被告人的诉讼地位逐渐与控诉方地位相当。

上述法治国家较多重视对物强制处分措施适用的合规性和必要性，这也是其长期以来尊重公民人权和财产权的必要体现。我国刑事诉讼中强制措施的适用，已经逐步规范，但在全面保障被告人的财产权方面仍需积极学习域外的先进经验，尽早确立与我国国情相适应的对物强制措施适用机制与模式。

4.2　我国对物强制措施制度适用中的问题

我国刑事诉讼法的对物强制主要是针对搜查、扣押等侦查行为。由于这种行为往往具有一定的隐蔽性，所以办案人员在侦查过程中因为不当的搜查行为极易造成扣押行为的违法，可能不同程度地侵犯到行为相对人的人身权与财产权。究其根源，还是归结于侦查权的无限膨胀所致，包括搜查与扣押的批准、执行，甚至财产的处置等均由其独揽，基本由侦查机关自己说了算，缺乏其他部门的监督，从而可能使被告人、案外人及其他人讨厌或仇视这些办案人员，甚至藐视当下的刑事法律制度。这种结果的发生不仅没有达到惩治犯罪的目的，还可能对公民个人财产及整个社会秩序起到破坏作用。故此，我们建议最高立法机关及司法实务部门形成联动，加强调查与研究，及时有针对性地修改或制定相关法律制度，规范办案人员在侦查过程中的不当行为势在必行。

在具体的制度中，我国《刑事诉讼法》将对物强制处分措施规定在第二编，该章节中对"查封、扣押、冻结"以及"搜查"等进行了较详细的规定。搜查、扣押、冻结等是查明案件真相的重要途径和方式，一旦疏于规制，则难免会侵犯到行为相对人的财产权利。而我国对物强制处分措施制度在立法层面恰恰存在上述"疏于规制"的问题，由此导致该制度在司法实践中出现大量的问题。

4.2.1　缺乏必要的司法控制

行政程序与司法程序的不同之处在于，司法程序乃由与无利害关系的中立第三方，即司法权，来决定程序的结果。之所以认为我国对物强制措施在行使过程中带有浓厚的行政色彩，就是因为侦查机关在该程序中集申请权、决定权、执行权等于一身，整个过程不受中立第三方的监督和审查，这很明显符合行政权的运作特点，而非司法权。我国现行刑事诉讼法将查询、冻结、查封、扣押、搜查都归为侦查行为，侦查机关可以视具体情况决定适用何种侦查行为，而无须在事前或事后受司法审查。基于刑事诉讼活动中办案人员的侦查行为具有强制性，且这种强制性容易随意扩张，基本不受第三方的限制。故此，必须对其采取司法控制，防止侦查权恣意行使，确保侦查活动顺利进行。结合域外法治国家的发展现状与成功经验，很多国家一般都会通过司法审查机制的诉讼模式进一步控制侦查权。因此，为避免侦查主体滥用侦查权，必须予以监督。之所以一些域外国家对强制处分措施普遍采行司法令状主义，其目的在于通过一中立第三方在事前及事后对强制处分的实施进行审查。即司法官根据某一标准判断侦查机关搜查、扣押理由的合法性与合理性，并据此做出签发扣押和搜查司法搜查令的决定。比如，日本规定法院要对侦查机关搜查、查封证物的合法性和合理性进行审查，并以之为依据，决定是否签发查封证以及搜查证。若搜查、扣押决定未能让被告人信服，那么被告人可以向法院提起诉讼，以维护自身的合法权利。

4.2.2　适用标准和适用对象模糊

我国《刑事诉讼法》中有十余条关于扣押、搜查的条款，但这些条文规定总体都较为粗疏，对物强制措施的适用标准和适用对象较为模糊而且缺乏必要规制。首先，对适用标准而言。以搜查为例，《刑事诉讼法》第134条赋予了侦查机关在认为"可能隐藏罪犯或者犯罪证据"时实施搜查的权力。但无论是《刑事诉讼法》还是相关司法解释都未能明确规定上述条款中"可能"的标准。由此可以认为，即使侦查机关没有足够证据作为支撑，理论上也可实施搜查行为。其次，对适用对象而言。虽然《刑事诉讼法》第139条第一款规定，与案件无关的财物、文件不得查封扣押，但是在搜查与勘验活动中，除明显与案件无关的物品外，侦查人员有权扣押任何涉案以及能够证明被告人有罪或无罪的物品。由于实践中很难准确判断哪些财物与案件相关，因此，侦查人员可以简单地以物品涉案为由进行查扣。这种查扣具有较大的随意性，往往属于侵犯被告人财产权利的行为。另外，在查询、冻结被告人的汇款、存款活动中，《刑事诉讼法》第142条第1款规定："人民检察院、公安机关根据侦查活动的需要，可以依照规定查询、冻结犯罪嫌疑人的存款、汇款、债券、股票、基金份额等财产。有关单位和个人应当配合。"由此可知，追诉机关对被告人的存款、汇款的冻结不需要任何第三方批准与监督，只需要自行决定即可强制处分，并且只要追诉机关主观认为有必要即可对被告人的财物实施查询、冻结。正如我国台湾地区学者王兆鹏对大陆的搜查证所做的描述："搜查时无须有详细之清单描述所欲搜索之物为何，只要有搜查证即可，如此等于空白搜索票之搜索，对人民隐私及财产权的保障有欠周详。"①

4.2.3　缺乏有效救济机制

当发生刑事案件时，侦查机关的职责在于第一时间收集证据、控制犯罪嫌疑人，尽快侦破案件。一旦延误时机，往往会扩大犯罪影响。因此，效率是侦查活动的首要目标。为避免侦查活动效率所导致的错误扣押、冻结等

---

① 王兆鹏. 搜索扣押与刑事被告的宪法权利［M］. 台北：元照出版有限公司，2003：400.

侵犯公民财产权的行为，域外法治国家普遍建立了相应的救济程序作为对物强制处分措施的事后救济。然而，我国有关对物强制处分措施救济机制的不完善往往导致被告人权利受到侵害后无法获得有效救济。首先，我国没有建立有效的强制措施事后审查机制。所谓事后审查机制是指在强制措施的执行中或执行后，由中立机关对强制措施的执行状况进行审查，以决定其合法性和必要性。比如，对紧急状况下的无令状逮捕、紧急搜索等的补发令状、抗告制度等。以抗告制度为例，大陆法系国家或者地区普遍建立了抗告制度以开通当事人及案外人对搜查、扣押等的救济途径。根据我国《刑事诉讼法》第 115 条的规定："当事人、辩护人、诉讼代理人或者利害关系人对于司法机关的查封、扣押、冻结的某些行为不服，有权向该司法机关申诉或控告，对处理结果不服的，可以向同级人民检察院申诉。"但是司法实践经验表明，这种软性的约束无法真正对被告人财产权形成有效的救济。另外，我国《刑事诉讼法》第 143 条中规定："对于查封、扣押、冻结的财物、文件、邮件、电报或者冻结的存款、汇款、债券、股票基金份额等财产，经查明确实与案件无关的，应当在三日以内解除查封、扣押、冻结，并予以退还。"然而，若侦查机关未按时退还，或退还超过时限时会面临怎样的处罚，《刑事诉讼法》并未给出明确的规定。这就导致被告人只能在处分违法且对自己财产权造成侵害时通过上访、申诉等方式请求救济，救济效果往往并不理想。

4.2.4　搜查侵权行为的赔付难以实现

我国《国家赔偿法》规定："司法机关及其工作人员在行使职权时，违法对被告人的财产采取查封、扣押、冻结、追缴等强制措施的，被害人有权要求赔偿。"但是根据该法第 17—18 条的规定，司法机关及其工作人员侵犯人身权利，不包括违法搜查的赔偿，仅针对扣押行为。《最高人民法院关于执行〈中华人民共和国行政诉讼法〉若干问题的解释》第 1 条第二款第二项规定：

"人民法院行政诉讼受案范围不包括公安、国家安全等机关依照刑事诉讼法的明确授权实施的行为。"所以，当追诉机关存在非法搜查和扣押行为时，被告人只能向法院提起刑事赔偿的请求和申诉，而不能提起行政诉讼，这种模式显然不利于维护和保障被告人的合法权利。在被告人财产权救济方面，由于侵权机关在刑事赔偿案件中占据主导地位，拥有程序启动权的赔偿与否的决定权，因此其可能会对申请人的赔偿进行不当干预。[①]

另外，我国《刑事诉讼法》第 143 条规定："对查封、扣押的财产，经查明确实与案件无关的，应当在三日以内解除查封、扣押、冻结，予以退还。"但是，在我国所有法条中并未规定在追诉机关不退还被扣押人的物品时如何处理，并且只能由追诉机关决定是否退还涉案财物，即使在被告人认为侦查行为违法时，也只能向侦查机关提出违法申请。这种解除与退还给相对人的行为属于典型的自检自纠行为。因此，被告人的财产可能随时面临被侵害的危险。

4.3 对物强制措施适用之构建

从立法与司法现状来看，我国刑事诉讼中对物强制措施的适用仍与域外法治国家存在一定的差距。对物强制措施的适用程序和适用规范性，对被告人财产权保障具有重要意义。为有效协调打击犯罪与公民财产权保障之间的关系，应梳理强制措施的适用，规范权力运行程序，确保被告人财产权得到有效维护。

4.3.1 完善强制措施制度的种类

根据我国现行刑事诉讼法规定，侦查活动中侦查机关对物的强制措施的实施属于侦查行为而非强制措施，强制措施仅指对人的强制措施。这种规定

---

① 龙建明. 刑事被追诉人财产权救济问题研究［J］. 时代法学，2015（01）.

与域外对财产权和人身权"一视同仁"的做法完全不同，而且导致被告人的财产权面临巨大威胁。

学界对是否应当完善我国强制措施种类这一问题持肯定态度，但是对具体应当如何完善，即我国未来之强制措施体系应包含哪些内容，还未达成共识。比如有学者认为，我国强制措施的理想模式应当包括对人身、对物和对隐私权三种，对人身的强制措施基本包含现行《刑事诉讼法》规定的五种措施，对物强制措施包含搜查、扣押、强制检查等，对隐私权强制措施监听、电子监控、秘拍秘录、电子追踪等。[1][2] 再比如有学者认为，完整的刑事强制措施体系除人身保全措施与证据保全措施之外，"将暂时处分措施纳入强制措施的概念和体系，在法理上似乎并无太大不妥，反而更有利于揭示暂时处分措施的本质"[3]。由此看出，学界的研究分歧主要在于对人与对物强制措施之外还应包含侦查行为，但仅仅以物强制措施应属于强制措施体系这一观点来看，可认为已基本成定论。故此，我国立法机关应当借鉴域外国家的通行做法，先将已达成共识之措施——对物强制措施，纳入强制措施体系。至于对人与对物强制措施之外还应当包含何种侦查行为，如执业禁止、营业禁止等，不宜操之过急。

具体来讲，应将我国《刑事诉讼法》第二编第六章中的第四节、第五节、第六节、第七节、第八节、第九节等相关措施，如勘验、检查、搜查、扣押、鉴定、技术侦查、通缉等分别纳入到我国《刑事诉讼法》第一编第六章"强制措施"一章，并可大致分为对人强制措施与对物强制措施两大类。

① 郭烁. 论中国刑事强制措施体系的理想模式［J］. 苏州大学学报（哲学社会科学版），2015（05）.
② 阮志勇. 我国刑事强制措施概念之再推敲［J］. 湖北社会科学，2008（11）.
③ 万毅. 论强制措施概念之修正［J］. 清华法学，2012（3）.

4.3.2 探索建立司法审查制度

笔者在上一节已经将搜查、扣押、冻结等对物强制措施纳入强制措施体系的基础上，我国还应借鉴域外国家的通行做法，建立相应的司法审查制度，即对物强制措施的启动和执行必须接受代表司法权之司法官的审查。具体到制度内部，可以按照事前和事后审查两方面进行构建，并对二者给予不同对待。

首先，就事前审查机制而言，是由司法权来决定对物强制措施的启动与否，其作用主要在于以司法权制约侦查权，进而保障被告人的财产权。对于应由何种主体来行使对物强制措施的决定权这一问题，学界主要有以下两种观点：其一，采取检察机关和法官共同审查的二元模式，该学说下又有两种观点：一是审前程序由检察机关审查，审判程序由法官审查[①]；二是原则上由法官来决定，紧急状态下由检察官来决定[②]；其二，采取由检察机关来进行审查的一元模式[③④]。且上述第二种观点为主流观点，之所以如此的原因在于对当前我国立法现状和司法文化的考虑，认为一步到位的建立法官保留原则，由法官对侦查机关的强制措施进行审查就我国当前状况来说不切实际。至于最终是否将审查和批准实施强制措施的权力交由检察机关行使，笔者建议可以暂时由检察机关来对对物强制措施的适用进行事前司法审查。理由很简单：第一，就当前立法来看，检察机关仍是我国法定司法机关，可以行使侦查权，并且随着监察体制改革的完成已经很大程度上减轻了检察机关的工作量。因此，由其负责审查和批准对物强制措施，不失为一个可以接受的选择。第二，我国检察机关的宪法定位不同于其他国家。《宪法》赋予了我国检察机关法律

---

① 郭烁. 论中国刑事强制措施体系的理想模式［J］. 苏州大学学报（哲学社会科学版），2015（05）.
② 张栋. 刑事诉讼法中对物的强制措施之构建［J］. 政治与法律，2012（01）.
③ 温小洁. 我国刑事涉案财物处理之完善——以公民财产权保障为视角［J］. 法律适用，2017（13）.
④ 田圣斌，李阳曦，汪为. 完善我国财产性强制措施立法的思考［J］. 理论月刊，2014（04）.

监督者的法律地位，这就意味着由其来对对物强制措施进行司法审查，具备宪法层面的合理性，但是考虑到检察机关仍然保留了侦查主体身份，应当在机关内部区分侦查部门与强制措施决定部门，具体可以由侦监部门设立审查小组行使司法审查权，而对于检察机关的少量自侦案件，建议与逮捕材料报请上一级检察机关进行审查。

其次，就事后审查机制而言，可以在人民法院设立专庭来负责对所有强制措施案件的事后审查。即强制措施实施后，无论决定主体为公安机关还是检察机关，都应当统一上报至法院相应专庭接受事后审查。就申请主体而言，可以将其限定为我国《刑事诉讼法》第115条所规定的主体，即包括当事人、辩护人、诉讼代理人和利害关系人。专庭可以由1~3名法官组成，分别办理审查业务。若审查法官对相关强制措施实施的必要性存疑，或者认为强制措施执行中存在程序违法，则可以要求相关侦查人员说明理由，侦查机关未说明理由或者说明的理由不充分，则审查法官可以用裁定的形式撤销原强制措施，解除查封、扣押、冻结的对象。笔者将事后审查机关设置于法院的理由在于，首先，由法院作为事后审查主体就当前来说，可以兼顾侦查的效率性和强制措施的公正性，既可以减少来自侦查机关的改革阻力，又可以推进强制措施制度的完善。其次，法院负责强制措施的事后审查有其法理基础。强制措施的决定权本为侦查权之一部分，自从检察官制创设以来，侦查与起诉之权便从法院彻底抽离，唯有强制措施的决定权仍保留于法院行使。其原因在于强制措施并非单纯的诉讼程序行为，而是兼具程序与实体处分的双重功能。对实体权利义务关系的处分本就应当属于法院审判权的辐射范围。因此，虽然强制措施决定权的本质在于侦查权，而不告不理又为法院的基本原则，但是由法官掌握强制措施的决定权，在大陆法系国家仍然不存在任何法理障碍。

4.3.3 明确对物强制措施的适用条件

第一，明确搜查与扣押的适用标准。在刑事案件中，特定对象的人身与物品会因为侦查人员对物的强制措施（如搜查、扣押等）而受到不同程度的影响。能否将该影响控制在最小范围内，使涉案人员的人身权、财产权免受侵害，关键在于搜查与扣押侦查程序成熟与否，因此，国家有必要对强制措施的运用加以限制。现阶段，我国主要由公安机关与人民检察院及其他授权部门负责开展刑事诉讼活动中的搜查与扣押活动，这些机关和部门可以根据自己的判断，做出是否采取强制措施的决定，并就此向相关负责人申请搜查令。如遇特殊情况，侦查机关即便没有获得搜查许可证，也可直接开展搜查活动。由此可见，有必要通过司法解释来对我国《刑事诉讼法》中涉及搜查、扣押、冻结等对物强制措施的启动和解除标准予以适当明确化。以扣押为例，我国《刑事诉讼法》第139条规定，在侦查中发现的可用以证明犯罪嫌疑人有罪或无罪的各种财物、文件，应当查封、扣押；与案件无关的财物、文件，不得查封、扣押。由此可见，现行立法对于查封、扣押启动标准为其可"用以证明犯罪嫌疑人有罪或无罪"，但是立法并未明确上述标准应作如何理解，司法实践中也并未形成统一标准，由此造成侦查机关认为与犯罪有关便可以直接予以查封、扣押。因此，笔者建议通过司法解释明确侦查机关在扣押申请中应提出可以证明被扣押财产与案件有罪、无罪的合理根据。

第二，建立审慎审查实施强制措施的必要性与合法性。侦查人员必须严格按照执行令状的内容实施搜查、扣押等强制措施，既不能超越权限，也不能采取非令状要求之手段。若侦查人员无视令状内容，那么其所实施的搜查和扣押行为便是违法的，应该承担相应的责任，后果严重的，应接受刑罚制裁。不仅如此，侦查人员必须要出具扣押财物的清单，注明扣押期限，并与现场见证人员和被告人核对签字之后才能搜查与扣押其认为能够作为证据或证明被告人有罪或无罪的财物、文件。

在美国刑事立法中，侦查机关需在搜查证上写明搜查的地址，且地址必须细化到搜查地所在城市、具体坐标、门牌号等。不符合该要求，均属不合理搜查。因此，在完善对物的强制措施体系时，笔者建议不妨参照美国的以上做法，对搜查证及扣押证的内容进行细化。不仅如此，我国刑事诉讼法还需要明确搜查证的有效期限，如可以规定禁止侦查机关在 06：00—21：00 之外的时段采取搜查和扣押手段，除非遇到特殊情况。

4.3.4　增加权利救济制度的内容

司法权力的健康运行离不开配套救济机制的支撑，这也是社会秩序得以保障的必由之路。[①] 对物强制措施的适用，关涉到被告人财产权的保障问题。如缺乏必要的权利救济路径，权利保障也将成为无源之水。为此，笔者建议在被告人因强制措施适用不当而导致财产权受到侵害时，应当享有充分的救济渠道。例如，将非法搜查行为纳入诉讼范围。虽然我国《刑事诉讼法》第 115 条有相关规定，但并没有包括公安、检察、国家安全等机关的非法搜查行为。笔者通过研读西方法治国家有关权利救济的规定，并分析其司法实务之后发现：如果侦查机关实施的查封、扣押、冻结等强制措施侵害了被告人的合法权利，被告人有权依法向人民法院提起诉讼，法院经过审查后认为强制措施不当的，应当立即解除查封、扣押和冻结措施。如此，被告人的合法权利才能得到应有的保障。当侦查机关采取的强制措施经过人民法院审查后的确存在不合法、不合理之处时，侦查机关需将与案件无关的财物退还给物主，并要求就自己所采取的不当强制措施承担相应的责任。

如前文所述，我国将搜查定性为一种侦查行为，而且搜查会在一定程度上影响被搜查者的人身权和财产权。比如，在搜查过程中邻居的非

---

① 叶巍. 刑事诉讼中的私有财产权保障［M］. 北京：法律出版社，2009：97.

议会对被搜查者往后的生活造成困扰，还有搜查过程会导致财物遗失等现象。

在司法实践中，搜查行为具有强制性。这一特点决定了被告人的财产权总会不可避免地受到侵害和影响，如果国家不对被告人受到的侵害予以相应的赔偿，显然会违背立法的宗旨和精神。因此，笔者建议，我国的《刑事诉讼法》应当在刑事赔偿范围中增加非法搜查对被告人造成财产损失的部分。

第5章 涉案财物的管理和处置与 被告人财产权保障

中国共产党第十八届中央委员会第四次全体会议以来,《中共中央关于全面推进依法治国若干重大问题的决定》明确强调要规范查封、扣押、冻结、处置涉案财物的诉讼程序,2014 年中央深改组审议了《关于进一步规范刑事诉讼涉案财物处置工作的意见》,2014 年最高人民法院与最高人民检察院及其他机关分别印发实施了《最高人民法院关于刑事裁判涉案财产部分执行的若干规定》《人民检察院刑事诉讼涉案财物管理规定》(以下简称《检察规定》),《最高人民检察院公安部关于公安机关办理经济犯罪案件的若干规定》,同年,中共中央办公厅、国务院办公厅联合制定《关于进一步规范刑事诉讼涉案财物处置工作的意见》(以下简称两办《意见》)。由此可见,刑事诉讼涉案财物的处置制度在立法层面正在逐步改革创新与完善,在司法层面日渐于法有据。为完善刑事涉案财物的处置程序、制度和机制提供了契机,以此确保刑事涉案财物处置内容的明确、具体、统一,对保障刑事案件中被告人的合法财产权、保障刑事诉讼活动的顺利进行具有重要意义。

5.1 涉案财物的基本理论

在前两章,笔者以对物强制措施制度和取保候审保证金制度作为切入

点，探讨了涉案财物在流入刑事诉讼程序这一环节的被告人权利保障问题。在本章中，笔者将进一步以流入之后的管理和处置环节为中心，研究涉案财物的管理、处置机制中出现的问题，多维度开展对被告人财产权的保障研究。

5.1.1 涉案财物的内涵界定

所谓财物，《新华字典》将其界定为金钱和物品的总称。在当今经济高速发展的背景下，财物的内涵应予以适当的扩充，将基金份额、期货、股票、债券等无形资产也应列入财产权的范围之内。财物即能够兑换成为货币具有一定经济价值和使用价值的有形或无形资产。关于涉案财物的概念，《人民检察院刑事诉讼涉案财物管理规定》第 2 条以及《公安机关涉案财物管理若干规定》第 2 条给出了具体的解释："人民检察院、公安机关在刑事诉讼过程中查封、扣押、冻结的与案件有关的财物及其孳息以及从其他办案机关接收到的财物及其孳息，包括犯罪嫌疑人的违法所得及其孳息、供犯罪所用的财物、非法持有的违禁品以及其他与案件有关的财物及其孳息。"由此可知，确实对涉案财物的范围做了基本界定，也是研究涉案财物管理与被告人财产权保障的概念基础，但这种概念尚不具有立法上的效力，这也是在此文中需要继续讨论和检视的内容。在此，笔者针对刑事诉讼中涉案财物的概念提出自己的看法：一类是涉案财物，是指公安司法机关在办理刑事案件过程中依法查封、扣押、冻结、追缴、收缴等方式获得的与案件有关联的财物。主要包括提取、查扣的作案工具或违禁品、取保候审保证金、扣押或查缴的现金以及司法实践中依法保存的与案件有关的其他财物。另一类是非涉案财物，即代为保管之物，是指公安司法机关在日常工作中除涉案财物之外，出于维护犯罪嫌疑人、被告人合法权益、安全等因素考虑，由公安司法机关代为保管的与案件事实无关联的财物，包括现场弃置的财物、群众拾遗的财物、无主财物以及违法犯罪嫌疑人随身携带的其他合法财物。

5.1.2　涉案财物的类型与特性

结合国外立法经验，笔者认为，涉案财物的范围应当以刑事实体法与程序法为依据，并结合司法实践来确定。根据我国《刑事诉讼法》第 64 条的规定，涉案财产的范围大致包括供犯罪所用的本人财物、违法所得与违禁品。现行《刑事诉讼法》中的违法所得没收程序将犯罪嫌疑人、被告人的违法所得和犯罪工具作为没收对象。总的来说，分为以下几类：

第一，犯罪之物。其是指刑事实体法意义上的涉案财物。具体包括违法所得、犯罪工具和违禁品。违法所得，指犯罪分子主观上恶意占有、客观上通过违法犯罪行为等违法手段，而直接获得或者间接获得的财物。不仅包括通过违法犯罪行为直接取得的他人财物、犯罪所生之物（指该物在违法犯罪行为实施之前并不存在，而在实施违法犯罪行为之后才产生的财物，比如伪造假币罪中的假币）、涉案财物处分后的所得，还包括犯罪所得的孳息、用于违法活动产生的收益、"射幸"活动产生的收益和投资或置业产生的收益。犯罪工具，指犯罪分子专门用于或者主要用于违法犯罪行为，以期实现违法犯罪目的的财物或者器具。该财物或者器具与违法犯罪行为之间具有密切联系、为犯罪分子实施违法犯罪行为提供了便利条件。违禁品是指国家规定限制生产、购买、运输和持有的枪支弹药、刀具、爆炸物品、淫秽物品、假币、毒品等财物、器具。既可能是犯罪分子的犯罪所得（如非法窃取的违禁品），也可能是犯罪所生之物，还有可能属犯罪人本人非法所有的违禁品（如管制刀具）。①

第二，证据之物。其是指与该刑事案件有关联、且能作为定罪量刑之证据的财物，包括物证、书证、视听资料和电子证据。可从不同角度对证据之物的内涵作更加透彻的理解：①从法定类型而言，作为证据的涉案财物可分

---

① 王君祥. 违法所得没收特别程序问题研究［M］. 北京：法律出版社，2015：236.

为物证、书证、视听资料和电子证据；②从证据的获取角度而言，根据对不同类型涉案财物所采用的差别化强制措施，可将涉案财物分为人身检查提取之物、查封之物、扣押之物、冻结之物。对不同的证据之物可采用不同强制措施，便于工作人员依照涉案财物的不同特性采取有针对性的、专门化的科学管理。不可否认，部分犯罪之物同证据之物的范围有所重合，但是在这里依然如此划分，旨在通过这种方式将应当予以保障的被告人涉案财物尽可能涵盖在内，避免有些应当保障的财物因未被纳入到涉案财物范围内而被随意处置。

第三，保全之物。其是指为确保刑事诉讼程序的顺利进行，或者为将来判决中的有关财产部分得以顺利执行，公安机关、人民检察院和法院在诉讼过程中采取保全措施所控制的财物。可分为取保候审保证金和财产保全两类。前者是指公检法机关对符合我国《刑事诉讼法》第66条取保候审条件的犯罪嫌疑人，被告人为确保其在取保候审期间能够遵守及时到庭等相关要求，从而为不妨碍诉讼程序的顺利进行而采取的交纳一定现金的措施。该部分保证金为保证案件顺利进行才与刑事案件发生联系，且在符合特定条件下需要归还，因此必须妥善保管。①后者是2012年新刑诉法修改时新增加的内容，指为了防止犯罪嫌疑人在执行前将自己的合法财产隐匿、转移、出卖或毁损，为了保证将来法院做出的有关财产部分的判决能够得到顺利执行，进而将被告人的合法财产提前予以保全的、与案件相关的部分财物。因该部分财物需要在法院做出最终判决后被用于执行，因此必须同其他涉案财物一样严格管理，以防止因丢失、贬值造成财产损失。②

涉案财物的特性主要体现在以下几方面：

（1）法定性。从侦查阶段开始一直到审判执行阶段，有权对刑事诉讼涉案财物采取查封、扣押、冻结等强制措施的权力机关是公安、检察院和法院，

---

① 吴光升. 刑事诉讼财产保全制度论要［J］. 中国刑事法杂志，2016（04）.

② 刘向东. 刑事诉讼法修改决定理论探析［M］. 北京：中国法制出版社，2012：212.

而三机关都有权采取强制措施，并处理涉案财物。上述权力均由法律赋予，公检法三机关也不得越权处理。另外，对刑事诉讼涉案财物概念和范围的界定必须依据刑事实体法和刑事程序法确定，这里的刑事实体法指刑法典、单行的刑事法规，其他行政经济法律中有关犯罪和刑罚的法律规定。因此，从有权管理刑事诉讼涉案财物的法定权力主体和概念范围确定的法定依据角度来讲，刑事诉讼涉案财物具有法定性。[①]

（2）关联性。在刑事诉讼活动中，追诉机关会根据自己的经验，通过扣押、收缴、提取与案件相关的财物来尽快查明案件真相，但如果这些财物最终被证实与案件没有任何关联性，那么就不属于涉案财物。这些财物通常是指被告人随身携带的合法财物、弃置于犯罪现场的财物、他人在犯罪现场遗失的财物、犯罪现场无主财物等。虽与案件无关，但办案人员仍需根据相关规定进行暂时性保管，以维护当事人的合法权益。

（3）财产性。涉案财物是与案件有直接关系的物品，而且能为被犯罪嫌疑人支配或利用，为犯罪行为服务的财物，尽管部分涉案物品，比如脚印、指纹、血迹等并不具有财产属性，但因其具有特殊属性，因此尚存争议。但总的来说，大部分涉案财物都在财物范畴内，具有明显的财产性。

（4）被强制性。在刑事诉讼活动中，只要某一财物能够证明案件事实，那么追诉机关就会对之采取一些临时性的限制措施，如查封、提取、冻结、扣押等。这样一来，就会暂时性地剥夺被告人及其相关人员对财物的使用权、占有权、处分权和收益权。也就是说，在刑事诉讼活动期间，被告人无法支配这些财物。所以，被强制性是涉案财物的另一显著特征。

---

① 杨胜荣. 刑事诉讼中涉案财物的认定与处理［J］. 湘潭大学学报（哲学社会科学版），2015（03）.

5.2 涉案财物管理与处置的问题及成因

5.2.1 涉案财物范围的界定

从理论界的研究成果来看，有学者认为，所谓涉案财物是指"同案件的发生以及案件侦查、处理存在联系，同时依照相关规定应当由公安司法机关进行处理（如扣押、收取、收缴、追缴、保全、处置等行为）的财物"，这些财物具体包括货币、有价证券、实物等。然而这一概念的界定具有一定的局限性，单纯地将涉案财物圈定在公安机关所处理的财物范畴内，使得主体范围圈定过小，定义过于狭隘。也有部分研究者表示，所谓涉案财物，主要是指"刑事案件中同犯罪相关的财产，依照刑事实体法，可以认定这里同犯罪有关的财物定义为下述内容：一是同犯罪工具相关的财物；二是违法所得；三是违禁品；四是同犯罪有关的其余财物"[①]。这种定义同之前部分学者的定义恰恰相反，其对涉案财物的圈定过于宽泛，进而导致在司法实践中很难贯彻落实。从司法实践来看，"涉案财物"这一名词的概念大多同赃款赃物混淆。举例来说，《最高人民法院关于严格执行有关走私案件涉案财物处理规定的通知》中只是单纯地对如何处理"扣押、冻结在案财物"加以规定，不仅如此，在该解释中也对赃款赃物等一系列语词进行了混用。由此可见，在我国司法实践中，涉案财物并没有被赋予严格的法律意义，同时也没有被纳入法律专业术语中。在 2010 年制定的《公安机关涉案财物管理若干规定》中明确了什么是涉案财物。所谓涉案财物，主要是指公安机关在办理刑事案件和行政案件的过程中，依法采取查封、扣押、冻结、扣留、调取、现行登记保存、抽样取证、追缴、收缴等措施提取或固定，以及其他与案件有关的文件、款项

---

① 栾平平. 论刑事案件中涉案财产的产权归属［J］. 云南大学学报（法学版），2007（06）.

等物品。该文件虽然对涉案财物的概念加以明确，但此处所提及的涉案财物主要是指公安机关办理刑事案件以及行政案件的范畴，所涉及的财物均可利用司法手段加以控制，由此认为，其并不是一个具有终局性以及程序性的法律概念。依照笔者的观点，所谓涉案财物，主要是指司法机关依照自身所具有的职权加以确认的，同刑事案件具有关联的，在案件审理中能够作为证据使用，并依照相关法律规定通过扣押、查封等一系列方式进行处置（如追缴、收缴、退赔等）的财物。依照涉案财物在刑事案件中所起到作用的差别，将财物分为以下几类。

首先是具有证据性意义的财物。这些财物主要指的是依照国家法律规定予以扣押、查封、冻结、扣留、调取、先行登记保存、抽样取证处置，并且能够起到证据作用的财物。依照我国现行《刑事诉讼法》的相关规定，所谓证据主要指的是能够对案件真实情况予以说明的各类物件的统称，包括以下类型："一是书证；二是物证；三是证人证言；四是被害人陈述；五是犯罪嫌疑人、被告人供述以及辩解；六是鉴定意见；七是勘验、检查、辨认、侦查实验等笔录；八是视听资料、电子数据。"《公安机关办理刑事案件程序规定》规定，但凡在勘查以及搜查过程中找寻出来的能够被用于证明当事人是否有罪的物品以及文件均应予以扣押处理，倘若物品以及文件的持有人存在着拒交的状况，公安机关有权采取强行扣押行为。据此，司法实践中的证据性财物主要应涵盖下述内容：一是行为实施人在做出犯罪行为时所运用到的财物。这里所说的"供犯罪所用"，并不意味着这一物品在实施犯罪行为中必不可少，而是指但凡行为实施人做出犯罪行为时用到这一物品，不管是已经用到的还是即将用到的，均应属于这一范畴。如无论是凶杀案件中运用到的枪支弹药还是走私运用的船只，或是为了非法行医而准备的药物，均是供犯罪所用的财物。二是构成犯罪行为的物品。这一物品在构成犯罪的过程中起到不可或缺的作用。如在走私淫秽物品罪的案件中，淫秽物品就属于这一范畴。三是能够对犯罪行为起到证明作用的一系列物品，具体包括书证、物证以及视听资料等。

其次是依照法律规定应予以收缴、追缴以及没收处置的财物。依照我国《刑事诉讼法》的相关规定，基于违法行为所获得的所有财物，一律追缴或责令退赔；其中属于被害人的合法财产应予以及时返还；财物若属于违禁品或是供犯罪所用的范畴，而且属于犯罪分子本人的，应没收处理。因而在司法实践中，根据法律规定予以收缴、追缴以及没收处置的财物大多指的是违反刑法规定所取得的财物以及违禁品，主要涵盖下述内容：一是利用犯罪行为的实施而非法取得的财物。这也就意味着，这些财物是在犯罪行为实施人做出犯罪行为时便客观存在。如犯罪行为实施人通过盗窃所获取的财物等。二是基于犯罪行为的做出而产生的财物。如犯罪行为实施人基于伪造货币而构成了伪造货币罪，其中，伪造的货币便属于这一范畴。三是基于犯罪行为实施而取得的报酬。如雇凶杀人时，杀手所获取的酬劳；四是违禁品。常见的违禁品有以下类型：①毒品；②枪支；③管制刀具。

最后是具有信用属性的款项。这里主要针对的是那些犯罪情节相对较轻，没有对其施以拘捕处置，同时其犯罪行为的实施不足以对社会造成危害的犯罪嫌疑人。对于这一类型的犯罪嫌疑人，司法机关能够依法对其处以取保候审处置，通过收取一定的款项作为取保候审保证金，对这些人员的行为加以有效规制，确保其能够按照规定时间到案，并依法接受调查，以此将刑罚落到实处。

5.2.2　涉案财物管理与处置机制的现状与不足

第一，办案与管理混同。办案与管理分离是保管刑事诉讼涉案财物必须坚守的原则。《人民检察院刑事诉讼涉案财物管理规定》第 7 条规定，办案部门、案件管理部门、计划财物装备部门要保持独立，实现对物强制措施与涉案财物管理分离，而且要做到职责明确、相互配合。可见，办案和管理应各自独立，不能混为一谈。又如《公安机关涉案财物管理若干规定》中规定：
"管理涉案财物必须'主动接受监督''依法及时处理''来源去向明确''办
案与管理相独立'等。"就制度层面而言，管理和处理涉案财物时必须要求做
到规范、标准、透明，但就司法实践现状而言，办案机关与上述目标的差距
还相差甚远。具体表现为以下几点：

（1）办案机关目前没有完全做到办案与管理分离。通过解读《公安机关
涉案财物管理若干规定》第8条可知，公安机关要做到内部各个部门及其成
员之间的相互制衡，就要成立专门的办案部门和保管部门，使之各司其职，
只有这样才能达到涉案财物搜查，扣押与管理、处置相分离的目标。但当前
公安机关内部尚未建立相关机制。

（2）同一机关内的监督和制约效果微弱。就现行司法体制而言，同一机
关内部监督机制形同虚设，部门之间基本上不存在相互制衡和约束。尽管各
部门主动接受监督已成为明确要求，但刚性监督制度的缺失也使之成为摆设。
如某犯罪嫌疑人偷盗而得的汽车被某公安局刑侦大队扣押，后由该公安局物
证保管部门负责保存此车辆。扣押清单上注明该车钥匙一共两套，物证保管
部门与侦查人员交接时只拿到了其中一套钥匙。另外一套钥匙被侦查人员保
留，且用于驾驶被扣押的车辆，物证保管部门工作人员鉴于侦查人员是公安
机关内部同事的关系，没有及时上报和制止这种行为。这就是涉案财物未能
做到案管分离的典型表现，从侧面也反映出了由同一个机关办案和管理涉案
财物的不妥之处。同一机关两个部门之间的监督属于典型的内部监督，内部
监督效果微弱。

第二，涉案财物流转不畅，缺乏统一管理机制。从司法实践来看，刑事
案件中的涉案财物处理主要经过以下四个阶段：一是侦查机关的侦查阶段；
二是检察院审查起诉阶段；三是法院审判阶段；四是最后执行阶段。从案件
进入立案程序到最终法院执行阶段，均需要由公安、检察院以及法院三个机
关相互配合、相互协同做好涉案财物处置工作，单纯的依靠法院或是检察院

开展所有工作确实难以实现。然而从实践来看，这三大机关彼此之间的协同也并没有想象中那么顺畅，原因在于我国有关涉案财物处置的有关规定尚不明确，在司法实践中只能以《刑事诉讼法》的原则性规定作为参考，而不同机关在处理实际问题时，往往会依照自身对有关规则的理解开展对应程序，因而会不可避免地导致利益冲突的发生，使不同机关彼此之间为取得涉案财物保管的权利，发生利益争夺。由于目前立法没有明确统一的保管机关，所有机关均有权对涉案财物予以管理，进而引发管理混乱的状况发生。加之办案时所涉及案件的财产类别多种多样，不仅在体积上存在着差异，同时在保管期限上也存在着差别。再者案件处理时间依照案件复杂情况会进行延长处置，少则几月，多则几年，一些机关存在着没有足够空间对涉案财物进行存储的状况。而且在案件尚未审判或是进行移交之前，涉案财物尚不能处置，直接导致管理不当现象的发生。

我国对涉案财物从保管到处置的相关立法苍白无力。各机关都是依照自身在司法实践中的惯常做法或是基于实际需要加以处置。特别在部分机关办案经费缺乏的状况下，为弥补办案经费的不足，对涉案财物予以挪用。如果涉案当事人被做出羁押或者是拘留处理的，其随身物品也会被侦查机关进行暂时扣留处理，这些物品并不会因为其同案件无关而不被扣押。最后无论当事人是依旧羁押，抑或当即释放，绝大多数当事人都难以要求其将被扣留的物品予以返还。如此一来，不仅使刑事机关肆意扣押财物的违法行为难以有效遏制，也使司法公信力遭到严重的损害。如果对尚未被认定的涉案财物做出销毁的处理，不但会影响到侦查机关以后对于证据的搜集，同时也会对执行造成一定影响，甚至会发生无物执行的状况，而这些问题会直接引发各类新的矛盾和纠纷。究其原因，便是对涉案财物保管信息公开透明度不够、缺乏统一的管理机制所造成的。

第三，涉案财物返还制度缺位。涉案财物的返还是涉案财物处置的最终出口之一。如上文所述，涉案财物如不属于应当罚没的范畴，理应返还权利人。这也是涉案财物管理过程中对被告人财产权保障的必然要求。然而由于司法实践中，各个机关彼此间没有达成统一的返还标准，进而导致实践中多个机关在财物返还过程中难以衔接。返还的主体单位存在多种理解，究竟是实际保管单位还是有权做出最终法律处分的机关承担涉案财物返还职责，尚有待更进一步明晰。

5.2.3　涉案财物管理与处置不当的成因

第一，缺乏专门保管机关。虽然办案部门和管理部门分属两个部门，但同时处于同一机关之中，彼此往往无法进行有效的监督。即便最高人民检察院出台了相关司法解释，公安部也对此下发了规章，然而办案部门同保管部门在同一个机关中的体制弊端始终存在，进而导致办案同保管无法真正做到分离。因而，在当前司法环境下，保管手续不到位、涉案财物基于保管不力而导致损毁、遗失等现象屡见不鲜。不过所幸的是，我国在极少数地区已经或正在由警方、检方或公检法联合尝试设立涉案财物管理中心。如武汉市公安局、重庆涪陵区检察院、西宁市公检法等。这些试点将为涉案财物管理制度的专业化和统一化积累有益的经验。

第二，缺乏有效的责任追究制度。从当前国内涉案财物保管以及处置的现状和制度来看，尽管已经明确办案机关对涉案财物进行保管以及处置的方式，然而无论是立法还是相关规定均没有提及倘若违反保管处置制度，责任应当如何承担。相关追责程序、追责主体均没有明确。部门规定即使提及违反规定且构成犯罪的，应当对相关责任人追究必要的刑事责任。然而这一规定过于宽泛，缺乏可操作性，而且即便存在着部分程序违法的状况，或是对他人财产权予以侵犯的情形，但由于情节严重度不够，追责主体往往是利益相同的系统，因而追责大多无法落实。

第三，缺乏涉案财物处置的监督。当前对涉案财物管理的监督主要来自机构内部，属于工作纪律的范畴。最高人民检察院和公安部规定均明确了监督主体为检察院或是公安内部的某个部门，而没有提到外部监督机构。这就意味着，在缺乏外部监督的状况下，不存在中立机构对其行为予以监督制约，导致内部监督的公正、客观无法得到保障。在错案追究机制和办案责任制均不完善的状况下，办案机关本身自我监督力度不够，同时也没有来自系统外部的监督，使得面对司法实践中办案人员涉案财物保管、处置不当的违法情形暂时缺乏有效规制。

第四，罚没财物与地方财政混同。结合司法实践，法检公处置涉案财物一般都是通过上缴地方财政的方式进行，但是很多公安机关因办案经费不够用，因而往往实行扩张性查封、扣押、冻结被告人的财物。然后，地方财政会按照罚没财物的比例分批返还给办案单位作为补充性的办案经费。基于这一现状，很多办案单位受经济利益的驱动，使审前的人保与财保措施与刑事没收措施有扩大化的趋势。这一行为直接导致办案机关为获得更多经济，故意扩大罚没范围，对涉案财物进行任意处置。不仅难以有效遏制侦查机关肆意扣押财物的违法行为，反而有变本加厉之势，司法公信力遭到严重损害，所以不完善的财政制度不但是诸多弊端的祸根，而且也是刑事司法无权威的硬伤。①

5.3　涉案财物管理与处置制度的构建

5.3.1　厘清涉案财物的范围

第一，厘清涉案财物的学理分类。规范涉案财物认定及处置程序的主要目的，在于对被告人的财产权进行必要的保障。当前规范性文件主要采取概括式和列举式的没收规范涉案财物的范围，但其主要基于司法实践与方便办案的需要，未能从学理上对其做出有效界定。笔者建议可将之归纳为下述四

---

① 刘璐. 涉案财物司法处置的优化路径［J］. 信阳农林学院学报. 2019.（4）：11–12.

个方面：

（1）犯罪所得及其孳息。首先，被告人利用犯罪行为的实施而取得的财物属于犯罪所得物的范畴。如抢劫所得。其次，犯罪行为实施人基于犯罪行为的实施而获得的财物，如伪造货币所得。再次，基于犯罪行为的实施取得的收益，如杀手基于雇凶杀人取得的报酬。

（2）行为人实施犯罪所用物品。简单来说就是预备在实施犯罪过程中运用的物品。如用于贩毒的车辆等。故而，司法实践中所指的犯罪工具主要指的是违法犯罪行为实施人运用到犯罪中的各类物品。

（3）违禁品或者其余危害社会的财物。对于什么类型的物品属于违禁品范畴，不同国家都有着不同规定。就拿持有的枪支来说，在我国持有枪支属于犯罪，然而在美国却是合法的。故而，对违禁品种类予以明确，必须根据各国情况具体问题具体分析。

（4）犯罪所得之物产生的孳息以及收益。简单来说，就是经犯罪所得到的财物利用经营等方式取得的财产性收益。如行为人挪用公款炒股获得的收益，或是行为人利用犯罪行为的实施所取得财物的天然孳息、法定孳息等。

第二，合理确定涉案财物的范围。刑事案件中，除有现场监控系统的记录外，犯罪真实情景无法重现，所以对被告人的财产进行合法性判定需要运用多种证据。为此，追诉机关就必须收集更多的直接或间接证据来还原犯罪事实。犯罪嫌疑人的财物往往是通过搜查、扣押、冻结等对物强制措施成为涉案财物。我国《刑事诉讼法》规定，追诉机关在侦查过程中，对于扣押嫌疑人的财产应当对其财产予以区分，只能对可以证明其有罪或者无罪的财产实施扣押。然而，这项规定在实践中却有相当大的难度，一方面扣押令状的签发由侦查机关自己负责，这本身就易于导致侦查机关偏重侦查犯罪而忽视人权保障的立法任务，易于出现扩大扣押财产范围的情况。另一方面，我国立法尚未建立对物强制措施中的适用证据标准，因此不同侦查机关、同一侦查机关的不同工作人员在办案中对立法相关用语的解释也会有所相同。如我国《刑事诉讼法》第139条规定"可用以证明犯罪嫌疑人有罪或无罪"的解释。实践中发生扣押或查封被告人较大数量财产的情形也屡见不鲜。关于这一问题的把握，在司法实践中也常常是敏感度较高的执法事项，在办案机关和被告人之间常常形成较深矛盾，也不时出现对被告人合法财产利益造成侵害的情形。办案人员在案件办理过程中的观念往往是查扣被告人的财产"多多益善"，这与法律中保护被告人合法财产的原则是相违背的。笔者的观点是办案人员对于在现场发现的被告人的财物可以查封、扣押，但对于无法确切判定财物的合法性的情形，应以谨慎的态度对待，可以要求被告人为该等财物提供适当担保，也可以通过录像、照相等技术手段进行记录和确认。如涉案的被告人财物过于繁复，为避免后续的纠纷，也可以申请由公证机构对整个过程和扣押的财物进行公证，这样通过第三方见证的方式来减少办案人员和被告人之间的矛盾以及之后可能发生的财产纠纷。

5.3.2 构建涉案财物司法审查制度

第一，人民法院对涉案财物进行最终审查。相较于控诉机关而言，审判机关在诉讼中处于中立地位。追诉机关只能是对犯罪行为进行惩治，但在惩治犯罪的同时也同样应当注重保障被告人财产权。然而，由于办案机关在实践中多基于侦查犯罪的需要，对于嫌疑人的财产往往不论其合法与否，即现行查扣。于是造成现实中不合法查扣被告人财产的情形多有发生。譬如顾雏军一案中，就是因为办案人员对其单位的合法财产进行了大量和长时间的查扣，造成单位无足够的资金进行企业运营，最终不得不破产解散，这不仅对被告人及其单位造成了不利影响，对单位的利害关系人也会产生负面效应。广东某司法机关负责人在接受采访中曾表示，广东省非公有制经济的比重较高，检察机关在履行司法职能时必须对市场主体给予充分的尊重和保护，要在办案方式和理念上不断革新，对于因为不恰当办理案件造成企业经营困境的情况要坚决予以防范。因此，在控诉机关和被告人这组天然的对抗性的关系中，需要有一个中立的第三方来判定财产的处置问题。即由法院对涉案财物进行最终司法审查权，并根据审判后的结果来相应地处理查扣的财物，通过独立公正的程序设计，保障被告人的合法权益。

（1）明确"无赃推定"原则。该原则的来源是刑法体系中对嫌疑人无罪推定的基本原则。无罪推定的要求是在没有经人民法院依法审理判决有罪的，不能确定为犯罪人。该原则也是国际上公认的对公民实施人权保护的一项基本原则。笔者的观点是在对被告人的非法财物的认定上也应遵循此原则，即未经人民法院依法审理，并判决认定为非法财物的，不得以非法财物论处。就该种观点而言，笔者期待有进一步的立法或解释来明确在案件判决前，不能对被告人的涉案财物以赃物论处，应明确其物权仍属于被告人。在侦查起诉阶段的办案机关对涉案财物的认定与扣押只是暂时性的，人民法院审理后的审判与认定的结果才具有终局的法律效力，被告人应当对保护自己的合法财产拥有充分的救济权利。

（2）加强涉案财物审判程序和证明标准的构建。人民法院是涉案财物审理和性质认定的最终机关，法院的裁判是目前涉案财物执行和处置的唯一依据。由于侦查机关与审判机关对涉案财物定性不完全一致，侦查机关认为不属于涉案财物的，审判机关认为是涉案财物，或者出现相反的态势。笔者认为，要明确涉案财物的性质和处置方式，最权威的主体只能是人民法院。即未经人民法院审判不得对任何人定罪，因此财物是否与案件相关只能由人民法院进行审理，人民法院不仅担负有查清罪犯事实的责任，也担负着对涉案财物的审理、认定的重任。但是当前刑事诉讼涉案财物的审理，既没有针对涉案财物单独设置审理程序，也没有一套独立适用于涉案财物的证明标准。正因为缺乏相应的程序和机构保障，法官在庭审过程中针对涉案财物的审理往往心有余而力不足，自然也无法对涉案财物做出处理，而只能忽略或模糊化。因此，我们认为应当在审判环节重点加强涉案财物审判程序和证明标准的建构。①

5.3.3　建立涉案财物保管中心

公安司法机关基于保障刑事诉讼活动顺利进行的需要，对被告人个人财产采取强制措施，由此也面临另一项问题，即涉案财物的科学管理。在法院依法做出最终判决之前，这些涉案财物的处置权仍归属被告人，只是在当前诉讼阶段被限制而已。有学者指出："所有权谓以全面的物之支配权能为内容之权利，所有权以永久存续为其本质，然无碍于所有权处分时之法律行为。"可见，追溯机关在最终司法裁判做出之前，不得随意处置涉案财物，而且应当予以妥善保管。然而，在具体的司法实践中，追诉机关任意处置涉案财物、随意堆放、擅自保管这些涉案财物的乱象还是频繁发生。为此，需要把涉案财物的强制和保管实现绝对分离，分离之后才可以进行互相监督。如果出现涉案财物被毁损灭失的情况，则需要依法追究相关人员的责任。这是因为在人民法院还没有进行依法判决之前，被告人的这些财物在定性上只算涉案财物，任何主体不得随意对其进行分离。最高人民检察院出台的《人民检察院扣押、冻结涉案款物管理规定》第 7 条规定："实行扣押、冻结款物，与保管款物相分离原则，账册与款物必须实现相符。"然而，该规定只适用检察机关，对公安机关并不适用。为此，笔者呼吁最高人民法院、最高人民检察院、公安部以及司法部联合出台关于建立涉案财物保管中心的官方文件，甚至由全国人大以立法的形式建立涉案财物保管中心制度。此项举措意义如下：

（1）保障当事人的合法财产权。从司法实务层面考量，财产权在刑事诉讼中的保障力度，显然无法与人身权保障相提并论，这不仅造成刑事诉讼中"重人轻物"的观念长期盛行，更与《刑事诉讼法》的基本任务与目标不

---

① 孟建柱. 深化司法体制改革［N］. 人民日报，2013-11-25.

甚相称。在涉案财物保管方面，由于大多数基层办案单位缺少专门的涉案财物保管中心，导致涉案财物的管理存在严重不规范、不统一、安全性不足的现象。比如，部分地区由于缺少涉案财物保管中心，将涉案财物长期置于露天环境之下，致使涉案财物毁损、贬值、灭失，严重侵犯其所有人的财产权。既然涉案财物的妥善保管是对宪法赋予公民财产权保障的一种体现，那么就有必要尽快通过涉案财物保管中心的司法制度改革，建立专门的涉案财物保管场所、制定统一的保管标准来对涉案财物进行标准化、规范化管理，从而有效地避免涉案财物的价值贬损和灭失，最大限度地保障被告人的合法权益。

（2）实现涉案财物统一管理，提高办案效率。刑事诉讼的主要办案单位为公检法三机关，且三机关都属于刑事诉讼中的重要办案单位，互不隶属，这也直接导致三机关之间缺乏有效的沟通协商机制和超脱于部门利益的统一协调机制。在司法实务中，公检法机关大多未建立属于自己的涉案财物保管中心，办案人员和办案部门分散保管涉案财物也是引发涉案财物的毁损、灭失现象的主要原因。即使部分司法机关建立起了涉案财物保管中心，也仅限于本机关内部使用，未能使涉案财物的妥善保管工作贯穿案件办理的全过程，涉案财物的随案流转反而为各机关案件的办理增加负担。除此之外，由于部分案件牵扯到跨区域办理，涉案财物的调取、移送、流转更为复杂，在缺少专门保管部门的情况下，更是降低了办案机关的效率。如今，案多人少、司法资源紧缺的状况愈发严重，涉案财物管理改革的目的即是构建专业化、标准化的保管中心，努力实现涉案财物的统一管理，进而衔接各部门工作，提高办案效率。

（3）实现管办分离，优化司法资源配置。刑事诉讼中的涉案财物种类繁多，管理难度较大，且有些物品属于贵重财物，一旦毁损灭失，管理主体难辞其咎。针对涉案财物的毁损灭失，各机关内部也制定了相应的惩戒措施，在督促涉案财物妥善保管工作的同时，也给办案人员增加了心理压力，但由于现有的配套措施不完善，各项管理制度未能形成统一的标准，也给办案人员增加了风险。此外，因部分物品本身具有证据属性，诸如生物样本、提取物等对管理条件和管理环境具有极高的要求，在缺少规范化保护措施和管理场所的情况下，一旦出现问题，将严重影响诉讼进程，甚至使办案人员面临被追究刑事责任的风险。再者，涉案财物由各机关，甚至办案人员个人保管也为侵占与贪污涉案财物提供了便利，滋生了腐败温床。

统筹管理涉案财物并确定专门的财物管理场所、制定规范化的管理制度，能够实现案管分离，从制度设计上释明涉案财物保管责任，并切断办案人员管理涉案财物的便利条件，不仅可以保护司法机关办案人员避免因涉案财物管理不当而受到惩戒，减轻办案机关的压力，提高办案效率，同时还能够预防涉案财物腐败现象的发生，促进司法机关司法行政事务管理权和司法权相分离。①

鉴于涉案财物保管中心的诸多优越性，笔者认为，在当前法律构架下设立相应的涉案财物保管中心显得尤为必要。在具体设置层面，可从以下几个角度出发：

（1）涉案财物保管中心的设置构想。保管中心在归属上，隶属于人民法院较好，受人民法院审判监督庭指导，同时还应接受同级检察院的监督。其一，保管中心在管辖范围方面，一般情况下采取就近管辖原则。这是根据保管机关在保管设施与人员方面的配置情况、不同案件、不同的管辖范围来决定的。其二，保管机关在涉案财物的保管方面，应配置专业保管人员，诸如对易燃易爆之类的危险物品，则要求具有这方面专业知识的人员负责保管。其三，构建专门化的涉案财物管理信息系统。要求该信息系统的管理人员应把收到的涉案财物进行登记造册，并输入电脑进行归类整理，同时还要清楚注明涉案财物的具体情况，如持有人的身份证号码以及案件编号等内容，确保电子文档的内容与实际财物状况相符合。其四，对于公检法三机关需要临

---

① 李玉华. 论独立统一涉案财物管理中心的建立［J］. 法制与社会发展，2016（03）.

时调用涉案财物时，则需要严格履行相关的手续，如司法机关因案件需要而调用相应的涉案财物。只有完成这些方面的程序，保管人员才会进行涉案财物的移交，并且在归还涉案财物时管理人员同样需要严格落实相应的手续，免受涉案财物因保管失误造成严重的后果。在这方面，要求涉案财物管理中心的工作人员均严格依法进行涉案财物保管，如出现保管物遭到毁损灭失现象时，需照价赔偿。其五，考虑到涉案财物保管中心属于司法部门的范畴，所实施的各项管理工作均应当是依据相关法律授权行使。为此，当出现保管人员因故意或者重大过失而导致涉案财物出现损害的，则财物所有人等主体具有依法对其提起国家赔偿的权利。而保管机关在承担相应的赔偿责任之后，应根据具体情况向保管人员追究其过错责任，包括行政责任与经济责任，甚至刑事责任。

（2）涉案财物保管中心具体运用程序的构想。侦控机关工作人员，其应在实施扣押后的 3 天之内将涉案财物移交涉案财物保管中心。保管机关专业人员负责审查并接受涉案财物，同时均要求履行验收与登记方面的相应程序，做到科学保管。此外，还要求保管人员做到不定期检查涉案财物，便于防止出现被损毁或丢失等方面的现象。具体的细节分为以下八个方面：第一，要对涉案财物进行验收。对于接收涉案财物的单位，其应该当场查点、逐件登记涉案财物，同时还要注明移交涉案财物所具有的主要特征情况，最后开列一式三份的清单，并在上面加盖公章，还要由这些相应机构与相关人员负责签名或盖章，其中包括保管机关审查人员、司法机关移交人员、被告人或其信任的亲属等。签字后人手一份。第二，对涉案财物的保管方式的要求。要求原地存封这些查封的不动产或者其他不宜提取物，同时要求保管机关办理相应的保管手续。第三，在保管动产及其他财务方面，则由保管机关进行内部保管，一般无须外单位的介入，同时尽量做到物尽其用。第四，针对汇款或存款的冻结保管方面则要与金融机构联合起来落实管理，且确保财物价值最大化。第五，针对必须要拍卖的涉案财物。拍卖所得价金的保管则应由相关机关与保管机关以最大固定获利的方式放入银行内进行保管，所得的利息收益，需要交由保管机关代为被告人保管。第六，涉案财物的实体处分方面。人民法院在未进行最后的裁决之前，不能实体性处分这些扣押的款物。对此，笔者还有两个方面的建议：一是对于追诉机关做出撤销处理或是不起诉处理的案件，则应由人民法院的刑事监督法庭负责裁决；二是对于法院正式开庭审理的案件涉及的这些涉案财物，则由受理案件的法庭依法做出处理决定，处理结果均应达到各方当事人较为满意的结果。第七，关于涉案财物的处理程序方面。在处理涉案财物时，要求保管机关制作相应的处理清单，之后和决定机关进行对接，同时将相关法律裁判文书科学归档。第八，涉案财物在法院保管阶段，建议通过电子滚动屏的形式，或者其他能查阅的形式对外进行公开，以便供当事人及其他利害关系人进行查阅。采用该措施能有助于提高透明度，便于社会监督进而确保被告人的财产能获得有效保护。

（3）涉案财物保管中心的主管机构。如前文所述，可以探讨由人民法院审判监督庭负责，可在各级地方人民法院增加一个刑事审判监督法庭，其业务主要是涉案财物的监督与管理工作，同时对追诉机关对人与物采取强制性措施时进行审查与批准工作，逐步实现由中立的第三方主体对追诉机关的强制性措施进行司法审查的伟大构想，以此促进司法权的权威性与独立性。

5.3.4　构建涉案财物管理与处置的社会监督机制

许多法治国家建立了一系列"社会监督团体"，旨在对政府言行举止等进行监督，防止政府滥用权力侵害公民权利。对此，我国也可以在涉案财物管理领域充分发挥"社会监督组织"的作用。

所谓社会监督主要是指建议、批评、纠正、揭露真相等形式来履行监督的职能，因此，具有"刚性监督"的特点。相比之下，社会监督组织在特点上则体现为"柔性"，其所进行的监督效能虽然没有直接的强制性和制裁性，但却能产生强大的震慑力。这是由于社会监督组织在实施监督的过程中，可向其他监督形式的机关或者部门进行相应转换。比如，可向主管机关进行检举等，这个时候的社会监督，就转化为了法律监督，同时社会监督组织成员可以通过发表评论的方式形成较大的社会舆论压力，产生较大的影响力，引起国家相关部门的重视，进而推动问题及时解决，最终实现保障被告人财产权的目的。

在涉案财物管理制度框架中，设置一定的社会监督组织具有一定的现实意义，此类组织至少需要包括以下几类人员：①法律专业人员，即泛指律师、教授与研究员等。对于被告人而言，其救济性权利要获得充分行使，则需通过专业律师来进行。因此律师参与监督，更能够从保障被告人权利需要角度出发。此外，法学研究人员处于相对中立的科研角度，提供的监督建议更加中肯。②新闻媒体充分发挥其舆论监督作用。舆论监督作为中国特色社会主义监督体系的重要组成部分，有着其他监督形式无法比拟的优势，在推动改革发展、推进依法治国、维护公平正义等方面发挥着重要作用。③公民代表。就当前我国公民的层面来说，不管对行政权的监督上，还是对司法权的监督上，相应的保障体系均较为完善，尤其是在宪法及其他诉讼法为公民参与监督司法权方面，更是提供了有力的法律保障。同时，随着人民监督员制度和人民陪审员制度的完善与实施，更是为公民监督司法权公正行使提供直接有效的法律支持。然而，从具体的司法实践来看，现阶段我国公民司法监督的行使，在整体效果上并不理想。因此，合理扩大公民参与监督司法的广度及深度仍有必要。在社会监督组织中，确保广大民众参与司法活动的人数占到一定的比例。至于社会监督组织的组建，具体可由全国各地各级政法委负责牵头，在人员的组成上，除上述人员外，还可以引入其他领域的人员。具体可以由各个社区进行，以各机关单位为代表的公民参与制定细节，在这基础上形成一种制度形式并固化下来。

在社会监督组织的具体监督举措上,笔者建议主要从以下几个方面开展监督工作。①个案监督权。社会监督组织是时代发展的产物,是一种新生事物,相较于传统的司法监督与行政监督而言,其在力量方面显然更为薄弱,当前还未有具体及配套的法律法规作为支持,在这种情况下,实施系统性监督难度非常大。因此,在目前阶段启动针对性与典型性的个案监督更具有可行性,相应的监督效果也更为理想。②提出建议权。社会监督组织具有对被告人及其家属的举报、控告方面进行必要问询的权利,同时可通过调查的方式来对这些问询内容进行核实。此外,还可对相关部门处理程序是否合法等问题进行质疑询问。只要在此过程中发现问题,如出现错误或存在违法等,则社会监督组织可以向办案部门提出整改意见或建议,以及向有关部门直接举报。社会监督组织还可以接受当事人的咨询并进行解答。对于存在异议问题,且有必要进行调查核实,由社会监督组织依托于自身优势落实调查与核实工作,便于为采取下一步措施提供事实依据方面的支持。③构建公示与公告制度。社会监督组织在实施监督的过程中,需要及时向社会公布刑事案件涉案财物监督的进展情况。在选择公布平台方面,可借助网络平台,方便刑事被告人及其他利害关系人就不同意见提出异议,为社会组织参与监督涉案财物的保障提供必要支持。在出现严重侵犯被告人财产权的行为时,可以动员社会监督组织代表被告人提出异议。如向有关国家机关进行控诉或者直接向人民法院提起诉讼等。

最后,笔者需要说明,在司法实践中,公安司法机关对于涉案财物的认定、保管与处置问题,除了上述列举的几个方面以外,当然还存在很多不足,有待我们立法机关及司法实务部门进一步完善。例如:①由于公安机关没有及时根据法院的判决结果处置涉案财物,不仅会影响到当事人的生产、生活,而且也可能因为追诉机关没有及时返还涉案财物而引起国家赔偿。因此,在以后再修改的刑事诉讼法或颁布司法解释的时候,笔者建议,追诉机关的工作人员应当根据法院的判决结果及时清结涉案财物,避免或减少彼此之间争议的发生。②由于现行刑事诉讼法以及针对涉案财物的其他规定过于原则或者灵活，可能直接导致公安司法机关在司法实践中出现更多错误扣押涉案财物的现象。基于此，笔者建议在以后的刑事诉讼立法中加大重视被告人财产权保障的关注力度。

概而言之，有关我国涉案财物保管与处置的现状和制度，确实已有相关法律法规明确了办案机关对涉案财物予以认定、保管与处置的措施，并取得了巨大的成效，但无论是在立法层面还是在司法实践层面均未提及违反保管与处置制度时应由检察机关问责的问题。我们认为，在主管人员与直接责任人员违纪违法行为出现时，应由具体的法律监督机关（人民检察院）发出检察建议，责令其纠正违纪违法行为，并且有关单位要将其处分的结果报送检察机关备案。对违纪违法人员的处理结果不当的，人民检察院有权通知主管机关依法纠正。构成犯罪的，应当对直接责任人及其主管人员追究其必要的刑事责任，所以我们呼吁有关当局尽早出台相关的法律文件，并建议在以后的刑事诉讼立法中加大对被告人财产权全面保障的力度。

第6章 取保候审保证金制度与
被告人财产权保障

取保候审保证金制度与被告人财产权保障具有重要关联。保证金是被适用取保候审措施的当事人，基于保障刑事诉讼活动顺利进行的需要，而被迫向国家提供的一种物的担保。这种担保与民事领域的担保具有根本性区别，即此项法律关系的形成并非基于被告人的自由意志表达，而是受国家强制力限制。从涉案财物的角度，取保候审保证金也是其重要来源之一，被告人在此环节中对保证金所享有的财产权很容易受到强大的刑事侦查权侵犯。因此，构建规范化的取保候审保证金制度，对于保障被告人财产权具有重要意义。

6.1 取保候审保证金制度法理检视

6.1.1 取保候审保证金制度的基本内涵

概念在解决法律问题中，是必需的且必不可少的一种工具。如果没有对专门概念进行明确，则无法实现理性地思考法律问题。① 所以科学界确定

---

① ［美］E. 博登海默. 法理学——法律哲学与法律方法［M］. 邓正来，译. 北京：中国政法大学出版社，1999：53.

取保候审保证金制度的基本概念尤为必要。著名学者宋英辉教授认为，取保候审保证金制度是指公安司法机关依据刑事诉讼法的规定，在决定对犯罪嫌疑人、被告人采取取保候审措施时责令其交纳一定数量的金钱，避免其在限制人身自由期间出现逃避或妨碍诉讼程序，进而能实现随传随到的一种法律制度。①

我国刑事诉讼中的取保候审是《刑事诉讼法》第六章所规定的五种强制措施中的一种，即"公安机关、人民检察院和人民法院责令被告人，要求其提出保证人或交纳保证金，便于对其在取保候审期间发生逃避侦查和审判方面进行有效规制，使得实现随传随到的这种强制措施"②。本章对保证金的数额、保证金的交纳、管理、没收等做出了规定。与 1996 年修订的《刑事诉讼法》相比，在关于取保候审保证金制度的基础上实现延伸，可以说取得重大进展，也是强调尊重和保障财产权的具体体现。

6.1.2　取保候审保证金制度的历史沿革

我国在 1979 年出台的《刑事诉讼法》规定了取保候审这一强制措施，但是却并未单独规定，而是将其与拘传、监视居住规定在一起，而且仅仅简单规定了取保候审的适用条件，这说明当时的立法者对取保候审制度这一对人强制措施的认识并不深入。在此基础上，也就可以理解 1979 年《刑事诉讼法》并未在条文中规定保证金保证的原因。1996 年修订的《刑事诉讼法》在立法技术上就大为进步。首先，将取保候审单独规定，为制度内部的进一步细化规定提供了立法空间。因而，本次修法将取保候审的方式明确规定为保证人和保证金两种方式。以保证金保证而言，本次修法对保证金的没收、退还做出了规定，但是仍然停留在原则层面与执行规定得较为原则。此后，"两高"相继出台了司法解释对保证金保证的方式进行了补充完善。主要体现在

---

① 宋英辉. 取保候审适用中的问题与对策研究［M］. 北京：中国人民公安大学出版社，2007：63.
② 何全民. 刑事诉讼法学［M］. 北京：经济科学出版社，2011：128.

以下几点：

一是明确了保证金保证和保证人保证的关系。但由于法律规定不完善，导致司法解释在这一问题上的冲突。1997 年 1 月 1 日起试行的《最高人民法院关于执行〈中华人民共和国刑事诉讼法〉若干问题的解释（试行）》（以下简称《97 刑诉解释》）第 70 条规定，保证人保证与保证金保证对同一被告人不能同时使用。1997 年 1 月 30 日发布并生效的《人民检察院实施〈中华人民共和国刑事诉讼法〉规则（试行）》（以下简称《97 实施规则》）第 32 条规定，必要时也可以责令犯罪嫌疑人同时提出保证人和交纳保证金。虽然此后正式实施的《97 刑诉解释》仍然延续并强调了二者的关系，但是该司法解释并不能对检察机关产生效力。此后，最高人民检察院 1999 年发布的《人民检察院刑事诉讼规则》（以下简称《99 规则》）第 41 条对之前《97 实施规则》进行的修改，规定人民检察院决定对犯罪嫌疑人取保候审，并责令犯罪嫌疑人交纳保证金或者提出保证人。稍早一些的六部委《关于刑事诉讼法实施中若干问题的规定》也在第 21 条明确规定保证人保证与保证金保证对同一被告人不能同时适用。至此，两种保证方式的关系才算在公检法三机关中尘埃落定。

二是补充规定了保证金确定的参考因素。按照《97 刑诉解释》第 71 条的规定，保证金的确定应当参考起诉指控犯罪的性质、情节、被告人的经济状况等因素。《99 规则》第 44 条将保证金确定的参考因素确定为犯罪的性质和情节、个人经济状况、涉嫌犯罪数额，以及犯罪嫌疑人的人身危险性，同时将保证金的数额下限设定为 1000 元。

三是规定了保证金交纳的方式，确立了公安机关收取和保管保证金的制度。我国 1996 年修正的《刑事诉讼法》并未明确规定保证金由执行机关收取并保管，仅仅在第 51 条第二款规定取保候审、监视居住由公安机关执行。应当认为，现行取保候审制度是在 1996 年《刑事诉讼法》以及相关司法解释的不断摸索中建立起来的，整个体系已经较为完整。因此，2012 年修正的《刑事诉讼法》并未对取保候审制度进行过多修改，而是仅仅吸收了相关司法解释一些较成熟的规定。如增加规定了对被取保候审人的行为限制，补充规定了保证金确定的参考因素，细化规定了保证金的退还程序等。

6.2 我国取保候审保证金制度的现状及成因

6.2.1 取保候审保证金制度的实证考察

"依法适用有关强制措施的法律制度，目的是确保刑事诉讼活动的顺利进行，取保候审制度最大限度上保证被取保候审人的合法权益，这充分体现了人性化的执法。同时，还减轻了国家有关机关的财政负担，缓解了群众的内部矛盾。"取保候审制度是五种强制措施中相对比较缓和的一种，在司法实务中运行情况怎样呢？设计该制度的初衷是否已经实现呢？……笔者带着种种问题于 2016 年下半年到我国南方的一个县城（DB）进行调研，并以该县公安局为调研对象。我们将 DB 公安局五年来的取保候审情况（2011 年—2015年）集中起来进行分析比较，以期通过该数据管窥我国取保候审保证金制度近几年来的司法现状（具体见下面三个表格）。

表 6-1 取保候审数据汇总表

年份	刑事案件立案数量	刑事拘留人数	公安机关决定取保候审人数	采取保证金方式取保人数	取保候审整体占比	保证金占取保比例
2011	346	454	134	109	29.5%	81.34%
2012	355	465	129	107	27.7%	82.95%
2013	388	476	138	112	29.0%	81.16%
2014	454	532	189	138	35.5%	73.02%
2015	467	567	169	143	29.8%	84.62%
		2494	759	609	30.4%	80.24%

表6-2　取保候审保证金没收数据汇总表

年份	采取保证金方式取保人数	全部没收保证金数量	没收保证金占比	常住人口数量	常住人口占比	流动人口数量	流动人口占比
2011	109	88	80.7%	87	79.8%	22	20.2%
2012	107	87	81.3%	82	76.6%	25	23.4%
2013	112	91	81.3%	77	68.8%	35	31.3%
2014	138	98	71.0%	99	71.7%	39	28.3%
2015	143	102	71.3%	108	75.5%	24	16.8%
	609	466	76.5%	453	74.4%	145	23.8%

表6-3　脱保数据及刑事复议、复核数据汇总表

年份	公安机关决定取保候审人数	脱保人数	脱保占比	保证金方式脱保人数	保证金方式脱保占比	受理复议案件数量	复核案件数量
2011	134	24	17.9%	21	15.7%	0	0
2012	129	26	20.2%	25	19.4%	0	0
2013	138	37	26.8%	31	22.5%	0	0
2014	189	42	22.2%	36	19.0%	0	0
2015	169	48	28.4%	39	23.1%	0	0
	759	177	23.3%	152	20.2%	0	0

第一，取保候审保证金方式过于单一。我国取保候审分为保证金担保与保证人担保两种方式，在具体案件中只能选择执行其一而不能同时适用。保证金担保只能通过交纳人民币担保，保证人担保则是一种通过有信誉的人提供的一种信用担保。由表6-1可以看出，DB县公安局基本都是通过保证金方式取保候审，而通过保证人方式取保候审的极少。由此反映出我国诚信机

制不健全或者说信誉度很低。根据我国《刑事诉讼法》的规定，办理取保候审手续的前提是交纳足额的保证金，但是这对于经济条件差或者流动性大的被告人来说似乎不太现实，如侵犯人身权与财产权的犯罪，包括杀人罪、伤害罪、盗窃罪、抢劫罪、诈骗罪等。因而这批人可能因为自己没有收入来源、固定的住处或者缺乏信任的社会关系而被迫放弃取保候审。另外，取保候审的担保形式太窄。如两高两部《关于取保候审若干问题的规定》第 7 条规定："县级以上执行机关应当在其指定的银行设立取保候审保证金专户，委托银行代为收取和保管保证金，并将指定银行的名称通知人民检察院、人民法院。保证金应当以人民币交纳。"为此，在具体的刑事案件中有许多希望被取保候审的人就提出，是否可用自己的金银首饰、有价证券、公司股份或者私家小车等保证金（人民币）作为担保呢？因为很多犯罪嫌疑人在短时间内无法拿出追诉机关规定的现金数额作为担保。故此，办案机关此时只能依法拒绝他们的取保请求。因为制度的原因导致不能成功取保候审，使大量的犯罪嫌疑人被关押，从而浪费了大量的司法资源，这样发展下去，可能要额外增加更多的看守所。可见，仅仅以人民币形式交纳取保候审保证金的做法似乎无法满足当前社会发展的需求。

　　第二，交纳保证金的数额标准模糊。依据《刑事诉讼法》规定，追诉机关为了使刑事诉讼活动顺利进行，应当充分考虑被取保候审人的经济状况、案件性质、社会危险程度、犯罪情节以及可能判处刑罚的轻重等方面综合考虑保证金的具体数额。但是笔者认为，上述法律规定不够清晰，数额标准不够具体，在具体的案件中缺乏可操作性，并且决定机关自由裁量权过大，保证金在全国范围内规定的上下线标准不统一，甚至公检法三机关自己对此问题的解释也不尽相同，难以指导司法实践。如根据 2013 年开始施行的《人民检察院刑事诉讼规则（试行）》第 90 条规定："采取保证金担保方式的，人民检察院可以根据犯罪嫌疑人的社会危险性，案件的性质、情节、危害后果，可能判处刑罚的轻重，犯罪嫌疑人的经济状况等，责令犯罪嫌疑人交纳一千元以上的保证金，对于未成年犯罪嫌疑人可以责令交纳五百元以上的保证金。"但根据2013年开始施行的《公安机关办理刑事案件程序规定》第83条规定，犯罪嫌疑人的保证金起点数额为人民币1000元。其适用标准也是根据犯罪嫌疑人的社会危险性、案件的性质、情节、可能判处刑罚的轻重以及犯罪嫌疑人的经济状况等情况确定。很遗憾的是，保证金数额的确定存在一定的不确定性。因为被告人的经济状况在司法实践中往往较难把握，其人身危险性的考量也只能由办案人员依据自己的经验进行判断，所以在具体案件中，对保证金收取数额以及收取方式等均由追诉机关自行决定，于是就出现了犯罪嫌疑人"讨价还价"的现象，有的犯罪嫌疑人交纳几万、几十万甚至几百万，而在上文中举例提到的侵犯人身权与财产权犯罪的部分犯罪嫌疑人可能才交纳几百元，因为这部分犯罪嫌疑人强调经济确实困难，"宁愿"被羁押。

第三，保证金收取及管理机制有待规范。两高两部《关于取保候审若干问题的规定》第6条、第10条、第11条及第12条规定，保证金由县级以上执行机关统一收取和处置。若被告人违反取保候审的相关规定，县级以上的执行机关有权自主决定没收部分或全部保证金。由于执行机关在没收保证金时权力过大且缺乏监督，致使司法实践中问题重重，具体表现在以下三个方面：一是地方政府部门往往将办案经费补助和罚没收入挂钩的做法来弥补办案经费缺口，所以追诉机关时常将保证金作为罚金没收。通过表2可以看出，全部没收保证金的占比非常高。这不难看出一些地方的执行机关在经济利益驱动下往往以各种理由拒绝退还保证金。如以传唤不到位或未经批准离开住处等。二是保证金被异化为刑罚中的罚金。司法实务中，主要是指一些犯罪证据不足案件、经济犯罪案件以及犯罪情节相对较轻的其他案件的侦查阶段，在犯罪嫌疑人全额退还涉案款物或给被害人适当的经济补偿，并向侦查机关交纳规定数额的取保候审保证金之后，办案人员往往以不作为的方式消极地将案件置诸高阁。另外，由于犯罪嫌疑人往往担心"重启侦查"而被羁押，所以这部分人通常也不敢要求执行机关退还取保候审保证金。其实质是将保证金异化为罚金或者办案经费，以侦查权代替刑事审判权的变相做法。

第四，保证金制度退还机制不畅。我国《刑事诉讼法》第71条规定："犯罪嫌疑人、被告人在取保候审期间未违反本法第69条规定的，取保候审结束的时候，凭解除取保候审通知或有关法律文书到银行领取退还的保证金。"公安部《公安机关办理刑事案件程序规定》第97条规定："被取保候审人在取保候审期间，没有违反本规定第85条、第98条有关规定，也无重新故意犯罪的，或具有本规定第183条规定情形之一的，在变更强制措施、解除取保候审的同时，公安机关应当制作退还保证金决定书，通知银行全额退还保证金。被取保候审人或其法定代理人可以凭退还保证金决定书到银行领取原缴纳的保证金。"在司法实务中，保证金在未被没收的情况下，司法部门对于退还的规定并不畅通。因为办案人员往往把退还保证金决定书存放在案卷中，很多被告人往往迫于威慑，不敢或不知道要求公安机关退回保证金。同时国家也未规定对办案人员不予退还保证金的处罚规定，因此，这笔保证金可能最终被办案机关"合法"占有。

第五，辩护律师受制于取保候审程序。我国《刑事诉讼法》第95条与第97条规定："辩护律师有权为犯罪嫌疑人、被告人申请取保候审和变更强制性措施。"但在司法实践中，辩护律师在取保候审程序中作用甚微。主要表现在以下几个方面：首先，辩护律师在侦查阶段的权利限制过多，地位尴尬，很难准确判断被告人是否符合取保候审的条件。即使律师向办案机关提出申请，也难以得到取保候审的答复，因为追诉机关与律师对于很多案件的犯罪性质、情节、危险程度以及对刑事诉讼理念的看法各有不同。其次，辩护律师无权参与取保候审的审查程序。是否取保候审是由办案机关而不是由被告人或者律师等决定的，他们采取的议事方式都是行政化的、内部封闭的、单方面的，辩护律师很难运用其专业知识介入案情，所以被告人只能被动地接受办案机关决定的结果。再次，对于不批准取保候审的决定，救济渠道明显不畅通，因为辩护律师几乎没有任何话语权。公安部《公安机关办理刑事复议复核案件程序规定》第6条规定："在办理刑事案件过程中，下列相关人员可以依法向做出决定的公安机关提出刑事复议申请……（二）对没收保证金决定不服的，被取保候审人或其法定代理人可以提出……"由此法条可以看出，代理律师无法涉入被告人的没收保证金复议、复核程序。北京市律协宪法指导委员会主任、大禹律师事务所主任张燕生律师告诉记者，在其14年的律师职业生涯中，成功办理取保候审的案件仅仅只有7件。[①]其中，一件案子取保候审后，犯罪嫌疑人脱保跑了；一件案子取保候审后，办案机关不了了之；一件因犯罪嫌疑人罪行轻微不构成犯罪而得以取保候审。三件案子最终被判处缓刑。她认为，造成目前这种状况的主要原因表现在以下三个方面：一是现行取保候审制度法律规定不明确，其实践中显现出的弊端可以用"可做可不做，要做就猜谜，客观条件虚无"三句话概括。[②]虽然在该学术研讨会上，与会专家与学者、律师积极对取保候审程序化改造问题建言献策，但时至今日，受现行行政制度等多重因素影响，辩护律师有效参与取保候审程序问题仍未得到实质性、进步性突破。

今日，受现行行政制度等多重因素影响，辩护律师有效参与取保候审程序这一问题仍未得到实质性、进步性突破。

第六，权利救济形同虚设。《公安机关办理刑事复议复核案件程序规定》规定了决定没收保证金时的救济渠道。但从DB县的司法实践（表6-3）看，刑事复议、复核率几乎为零。笔者后来从DB县公安局法治股了解到，依据《刑事诉讼法》第115条规定申诉或控告的情况仅有一例。故此，笔者通过调研发现，如此低的适用率说明："其实操作规范的因素很小，更多的是被告人

① https://lvshi.sogou.com/article/detail/7PCQTNAP4H14.html?gf=102
② 倪爱静. 取保候审：由非公开决定走向公开——取保候审制度改革与辩护律师作用扩大学术研讨会述要［J］. 人民检察，2008（12）：48.

不了解相关制度，或者即使了解相关制度，被告人也担心提出复议、复核、控告可能又被重新收监等，所以其救济权利无从谈起。"

综上所述，我国目前的取保候审保证金制度在立法方面和司法实践中都存在严重问题。究其根源，一是由于追诉机关的行政色彩根深蒂固，较难改变办案人员的思想观念，所以被告人及其律师的作用甚微；二是缺乏审前司法审查，致使无法通过该项制度降低羁押率，同时也严重侵犯了被告人的多项合法权益。

6.2.2 取保候审保证金制度问题的成因

第一，重打击、轻保护的思想观念作祟。我国从夏王朝开始到清朝末年，长期实行纠问式诉讼。纠问式诉讼模式悉力防止由于过分尊重个人权利而不以确保对犯罪人进行追究的情形发生。[①] 所以司法工作人员对有罪推定的核心思想根深蒂固。其实，我国取保候审制度设计初衷与价值取向是建立在有罪推定和打击犯罪的基础上，使刑事诉讼活动科学合理地进行。因此，公检法三机关在刑事诉讼中均有权独立适用取保候审，保证金数额由承办案件的机关自行决定，并统一向决定机关专门指定的银行账户交纳。在司法实践中，办案机关及其工作人员长期受职权主义诉讼理念的影响、惯性的办案模式以及破案的工作压力，在真正适用取保候审时，办案机关一般只会考虑是否有利于刑事诉讼活动的顺利进行，而对被告人各项合法权利的尊重则很难顾及，尤其是对与保证金制度密切相关的被告人财产权的保障方面更没有给予应有的重视。其实，被告人的财产权包括保证金在内的各项权利在未经人民法院裁决其有罪之前，如果没有确实、充分的证据证明其违反了刑事诉讼法的规定，任何机关、团体和个人均无权以任何形式限制或者剥夺被告人的各项合法权益。因此，修正取保候审保证金制度，首先应当从办案人员的思想观念

---

① 房国宾，邱俊芳，齐玥. 两大法系保释制度比较研究及我国保释制度的立法和构建［J］. 甘肃社会科学，2005（04）：77.

层面挖掘，摒弃重打击、轻保护，以及有罪推定的错误理念，树立打击与保护并重的思想观念。

第二，金钱换取自由的思想影响。有人认为，我国取保候审保证金制度是无钱人的悲哀，有权人的福利。即有钱人可以通过金钱换取人身自由，穷人交不起保证金就只得被羁押，从而不能体现法律面前人人平等的原则。金钱换取自由的思想形成原因不仅在制度层面存在问题，而且确实有少数的办案机关及其领导为了补充办案经费，提高干警积极性，能多收就多收，甚至还有一些欠发达地区的少数办案人员唯利是图、营私舞弊，通过弄虚作假的非法手段侵吞被告人保证金。实质上，无论取保候审保证金制度还是保释制度都不是用金钱取代剥夺人身自由，而是用金钱作为担保，主要考虑被告人是否会妨害刑事诉讼活动的顺利进行。因此，追诉机关在每个案件中会根据具体的案情、犯罪情节、罪行轻重以及证据是否完整等因素决定是否取保候审还是羁押逮捕。笔者认为，在诉讼法学研究层面，制度的不足之处可以进一步完善，不可以用金钱来贬低制度。我们可以借鉴英美法系国家的先进经验，同时不断完善取保候审制度的立法，不断扩大非金钱担保的力度和范围。如通过私人交通工具、金银首饰、有价证券等替代。

第三，保证金制度本身存在制度性缺失。究其根源，笔者发现制度性缺失在以下两个方面比较突出。一是司法行政化有违程序正义。日本学者谷口安平认为："与程序的结果有利害关系或者可能因该结果而蒙受不利影响的人，都有权参加该程序，并得到提出有利于自己的主张和证据以及反驳对方提出之主张及证据的机会，这是程序正义的基本要求。"[①] 在我国，公检法三机关在刑事诉讼活动中对于被告人是否取保候审、保证金的数额等都有权力决定与适用，包括保证金的收取、管理、退还、没收，以及对保证人的罚款等事项。其决定形式采取办案机关内部的行政审批程序加以决定。虽然根据

---

① ［日］谷口安平. 程序的正义与诉讼（增补本）［M］. 王亚新，刘荣军，译. 北京：中国政法大学出版社，2002：11.

《公安机关办理刑事复议复核案件程序规定》貌似解决了救济问题，但是被告人及其律师或者法定代理人却无权参与该程序的处理，此种运行模式不符合程序正义的要求，即使有主管机关设计了关于没收保证金的复议复核程序。二是适用取保候审的风险评估标准模糊。博登海默曾言："从社会学角度看，把愈来愈多的模糊的、极为弹性的、过于宽泛的和不准确的规定引入法律制度之中无异于对法律的否定和放弃……"① 现行法律以及相关的办案规则表明，取保候审适用条件的规定不够明确具体，办案人员根据被告人具体案情的熟悉程度与风险判定标准缺乏精准的依据，致使实践中对取保候审风险的评估难以操作，办案人员往往根据自己的办案惯例与有罪推定规则随意评判。另外，办案人员"重打击、轻保护"的观念一时间难以消除，几乎根深蒂固，这为通过保证金取保方式的实现带来很大的困难。

第四，配套措施不健全。目前由于我国诚信体系不健全，警力资源相对缺乏，影响了取保候审配套措施的实施。首先，社会诚信机制有待进一步完善，被告人在取保期间随意性大，实施效果不理想，从而妨碍了取保候审的适用。其次，地区经济发展不协调。现阶段我国各地区的经济发展严重失衡，人口分布不均，导致人口集中流动到经济发达地区，出现外来人口远超当地人口的畸形现象。因此，外来的犯罪嫌疑人一般因经济能力而无法提供足额的保证金，且在犯罪行为地或者受理地又无可靠的社会关系等原因，致使外来人员的取保候审适用率远远低于本地人（见上表2）。再次，缺失共同监管机制。在司法实务当中最终承担取保候审执行职责的是基层派出所，但是基层派出所往往案件多警力少，没有足够的时间与精力监管被取保人。所以，缺乏执行机关与社会力量之间的共同监管，从而影响取保候审执行的效果。最后，资金缺乏。如果要全面落实取保候审的执行工作，还必须有赖于大量资金的投入，而我国目前在此方面的资金注入明显不足，这也是影响取保候

---

① ［美］E. 博登海默. 法理学——法律哲学与法律方法［M］. 邓正来，译. 北京：中国政法大学出版社，1999：231-232.

审执行工作的主要原因。

6.3 取保候审保证金制度的完善

我国法律体系的完善需要对英美法系和大陆法系的具体内容进行适当借鉴。虽然取保候审制度和保释制度在本质上都保障人权，但是无论是制度建立背景、国家文化传统、经济发展、政治制度、立法体制等都存在较大的差异，所以不能将保释制度与我国的取保候审制度混为一谈。因为我国的取保候审制度需要充分结合我国的立法和政治制度，结合我国国情将其补充和完善，确定具体的完善方向、改革内容、机制革新等，出台严谨的法律制度保障被告人的财产安全。

6.3.1 确立取保候审保证金制度的指导原则

只有在明确取保候审保证金制度价值导向的基础上，才能确保制度设计获得不断完善和优化。因此，我国取保候审保证金制度的设计原则应当重点体现以下几方面：

（1）保障和尊重公民自由权。诉讼理念的核心既在于打击犯罪，也在于尊重和保障人权，而这也是现代刑事诉讼法的文明之处。众多学者专家都充分肯定人类自由权利的重要性，斯宾诺莎指出自由是人类最为珍贵的财富。人类在理性约束下会引导自己的各种行为，这种自然状态让人类尊重他人的生命财产与自由安全，同时自身的生命财产安全也受到保障，所以自由是自然法的基础，也是人类最基本、最天然的权利，自由权因无法转移和剥夺而天生存在。法律是以社会契约理论为基础的、用于保障人类自由权的，在政治社会中用于治理国家的工具。在当代法治社会下，法律是公民权利得以保障的重要工具，公民的自由权和人身自由都受到法律保护。我国《刑事诉讼法》规定只有经过人民法院判决才能对公民进行定罪。这表明在我国现行的法律体系中，在诉讼案件处理过程中，没有任何国家机关有权剥夺人民的自由权和财产权。刑事诉讼过程中被告人拥有人身自由，只有获得法律授权后，相应机关才能暂时限制或剥夺他们的自由权利。

（2）确保司法资源的合理配置，提高诉讼案件的解决效率。司法机关在处理诉讼案件时需要用最少的司法资源处理最多的刑事案件。目前，我国社会的不稳定因素较多，社会上依然有众多违法犯罪的现象，犯罪率持续增加，诉讼案件越来越多，刑事司法系统具备的司法资源无法满足当下的治安需求。取保候审制度能够缓解我国刑事司法系统的案件压力，在不确定是否进行羁押时可以采用取保候审制度作为临时措施，在某种程度上可以减少羁押时花费的国家财政资源以及警力的投入，将国家的财政资源和警力投入到社会危险性较大的案件中去，尽可能缩短解决各种恶性暴力犯罪事件的时间，实现我国司法资源合理配置和最优化利用。

（3）合理配置保证金和保证人的适用比例。取保候审制度是我国现行法律为了保障公民权利采取的刑事强制措施，能够完善我国诉讼制度的不足，保障公民的人身财产安全，在我国当前的司法系统中发挥着重要作用。但我国目前的法律法规规定保证人只能够通过个人信用进行担保，无法以各种物质财产进行担保抵押。如果仅仅依靠个人诚信来保证职责履行，无论是在社会实践还是在司法实践中，其可操作性较差。因为我国目前诚信体系还存在缺陷，所以很多司法部门无法确定保证人的信用情况，一旦被取保人"脱保"，司法实务部门难以依靠现行的法律法规进行事后处理和补救。如果不惩罚则难以维持法律的权威性，如果惩罚则有悖于建立取保候审制度的目的，所以很多办案机关为了避免这种情况发生，很少采用保证人保证。笔者在调研不同省份的取保候审情况时发现，浙江省 2015 年至 2016 年取保候审人数分别为 361 人和 389 人，其中超过 85% 的人采用财产保障方式，只有不到 15% 的人采用保证人保证方式。除此之外，笔者在调查某市 Q 县的取保候审情况时，只有不到 3% 的人采用保证人方式，而剩下的 519 人均采用了保证金方式，这表明目前在我国保证人保证方式的实践范围较小。

6.3.2　构建保证金适用制度基本体系

结合现有保证人与保证金制度在司法实践中长期存在的弊端，笔者建议借鉴域外法治国家在此方面的成功经验，建立多层次的保证金适用种类，借以提高取保候审制度在司法实践中的适用率，扩大取保候审的适用范围，增强保证金取保方式的灵活性。例如，在现有全额保证的基础上，增加定金保证、具结保证与保证人保证金三种保证相结合的形式。与原有的保证方式相比，具结保证与定金保证更能满足被告人的实际承受能力，对于那些因经济能力而难以提供适格保证人且风险较低的被告人特别适用。基于保证人选任标准的严格化，在保留保证人信用担保的基础上，增加保证人的保证金担保则有利于拓展保证人担保的适用面。① 至于保证金的担保形式，若立法规定过于单一，同样难以实现取保候审制度的应有功效。故此，笔者建议借鉴域外实施保释制度的成功经验，大量推送包括现金、支票及各种产权凭证等多种保释金的适用形式，从而拓宽保释金的适用范围。所以，在确定取保候审保证金的适用形式时，应当结合本国的实际情况，规定多元化的保证金适用形式。除人民币及可兑换的外币外，其他如支票、股票及各种产权凭证等均可作为保证金的适用形式加以规定。②

（1）扩大取保候审适用范围。首先，我们应当维护被告人的合法权益，确定社会危险性概念的具体范围，从而明确取保候审制度的适用范围；其次，我们需要适当打破公检法三机关对我国取保候审制度的约束和禁止规定，保证被告人的人身财产安全，保障我国现行机关不滥用法律。

（2）扩大财产保全范围，规定保证金限额。根据我国目前刑事诉讼法的

---

① 宋英辉. 关于取保候审适用具体问题的调研分析［J］. 法学，2008（06）.
② 房国宾. 刑事保证金制度的反思与重构——基于取保候审保证金视角的分析［J］. 人民司法，2012（09）.

相关规定，扩大财产保证方式的保证财产范围，除了保证金外还可以采用各种无形资产和有形资产进行保证，包括房地产、股票、债券、古董、机械设备等，同时还可以依靠明确的条款了解不同级别保证金的具体数额。保证金的数额规定和收取情况还应当考虑被告人的违法犯罪行为，被告人的社会地位、违法犯罪情况、以往犯罪记录、社会公共关系等都会影响保证金的数额和是否收取。

（3）规范取保候审决定程序。为了保证我国取保候审制度的顺利实施和功能的正常发挥，应当完善取保候审听证制度，保证取保候审制度环节的透明性和公正性，被告人可以聘请律师或自行发表意见，通过听证会决定被告人是否满足取保候审要求。

（4）强化被告人履行相关义务。首先需要明确被告人的义务，保障被告人报告制度功能的正常发挥，明确罚款和拘留的条件，扩大财产保全的适用范围等。另外，为了保障我国取保候审制度能够发挥正常功能，需要公安机关同教育部门、民政部门和社会团体共同努力，其他单位可以通过取保候审帮教机制帮助公安机关正常执行取保候审程序，结合当代的先进技术和多个参与主体监督被告人的义务履行情况。

6.3.3　探索取保候审职业保证人制度

目前我国的刑事诉讼法更加偏向于打击违法犯罪行为，而相应的诉讼程序也只是为了加快犯罪处理流程。为实现维护人权和控制犯罪率之间的平衡，我国需要充分借鉴美国的私人参与制度的经验。在私人救济理论基础上，商业性私人参与制度更加注重追问的正当性以及平衡公力救济和私力救济之间的关系。良性私力救济措施的其中一种就是职业保释人制度，它属于美国刑事诉讼程序中的重要制度之一，探讨我国适用职业保证人制度，能够有效地增加我国适用取保候审制度的可行性，有效地避免公民财产权保护与保证金制度之间的冲突。

（1）确立参与主体。职业保证人制度的参与主体较多，除了执行与决定机关外，还有职业保证人、扭送人等。整个制度的源头即为被告人，在采用取保候审流程之后被告人就变为被取保人，其根据以是否履行取保候审义务来决定。

职业保证人具有商业营利性质，它可以通过提供服务和收取一定金钱为被保证人提供保证服务，是一种具有商业营利性质的、可以承担出资责任和扭送责任的社会组织。它的原型是赏金猎人，但是赏金猎人的称谓并不适合他的职业范围，笔者在此建议称呼为"职业扭送人"更为合适。职业扭送人可以让被保证人依法履行相应职责，这是根据我国现行的悬赏制度和扭送制度而产生的一种职业，其不仅需要经过国家认证登记管理，同时还必须具备相关资格证书。

（2）明确法律关系。职业保证活动中的两个参与主体需要签订合同，根据双方的诚信等级，明确双方的权利与义务关系。只要被告人交纳给职业保证人一定的酬劳，职业保证人即可帮助被告人避免强制性审前羁押。然后，被告人应当根据取保候审程序积极履行自己的义务，职业保证人除了为被告人提供担保服务外，还可以与决定机关一起共同履行监管职责。被告人获得保释后没有积极履行相关义务，职业担保人有权与决定机关一起共同抓捕被告人，同时可以支付报酬让职业扭送人进行抓捕。一般来说被取保人或者职业保证人二者中需要有人提供连带保证人，或者被取保人直接要求职业保证人提供连带保证人，职业保证人和连带保证人承担的责任一致。执行机关也拥有控制和抓捕被取保人的权力，简单地来说职业保证人和执法机关都能够依法享有监管和抓捕权力。决定机关不仅可以决定是否采用取保候审，而且还可以审查执业保证人的资格。决定机关可以保证代理合同的公信力和权威性。执行机关负责保证金的处理流程，同时可以依法抓捕和监管被取保人。

（3）设置相关组织准入机制，建立健全相关组织管理规定。首先，职业保证人，只有经过准入机制的验证和考核并获得从业资格后，才能够参与到取保候审程序之中，一般来说大多数保险公司都可以提供职业保证人服务，保险公司首先要获得司法行政部门的同意，再由工商行政部门授权经营，根据审批制度依法建立和开展职业保证人业务。其次，职业保证人制度的现实可操作性就在于它的行为主体拥有抓捕权或扭送权，因此，职业保证人可以发挥监督和抓捕被告人的功能，职业扭送人可以抓捕和扭送被告人。但是一旦被告人脱保也会造成职业保证人的工作风险变大。只有经过公安部批准，才能够保证职业扭送人能够依法行使扭送权和抓捕权，其从业资格需要经过公安部批准和认可，同时需要遵守相应的法律法规和行业行规。职业扭送人和职业保证人需要遵守同一行业行规的约束，同时需要在职业保证人的带领下发挥职业扭送人的职能。再次，协会性组织建设。协会的组织协调、有效管理、缓解矛盾冲突，才能保证整个行业的兴旺发达和快速发展。所以在司法行政机关的管理监督下，职业保证人协会需要不断完善本行业协会的规章制度、行规规则、考核管理方式、行为规范准则、责任划分原则等，如明确责任准备金的责任分配。从业人员在开展职业保证人业务时，需要事先交纳一定金额的基金，用于保证整个行业资金链的完整，减少保证金对经营的风险影响。

（4）建立行业标准化业务流程。职业保证人参考和遵守的行业行规，需要专门的协会组织和司法行政部门共同制定，让职业保证人可名正言顺地参与诉讼案件处理过程。在获得资格认证（全国法律职业证书），实现人员分配和做好组织规划后，职业保证人按照业务处理流程参与相关工作。

6.3.4　确立相应的监管机制

缺乏监管，权力就会被滥用，这是亘古不变的真理。在司法实践中，由于办案机关取保候审的决定与执行权全部掌握在自己手里，再加上案件压力大、警力与经费的不足，一些办案人员积极性消减，从而导致部分办案机关对被告人交纳保证金堪称是漫天要价，甚至讨价还价、违法没收或者不予退还保证金等现象经常出现，对社会、对人民群众造成了极坏的影响。为改进与完善这种制度的不足，笔者就保证金的收取、保管、没收与退还问题提出几点可供参考的想法。首先，保证金的收取。我们应当改变以往保证金的决定与收取为一体的做法。在公安司法机关认为符合取保候审的条件，需要交纳保证金时，建议由各级法院的监督法庭决定是否予以取保候审，以及收取保证金的具体数额，从而避免侦查机关随意收取或者支配保证金的不正常现象。其次，保证金的管理。在收取被告人的取保候审保证金后，直接指定银行通过理财的方式代管，以实现被告人保证金的利润最大化。在该案件未经过人民法院审结前，任何机关与个人无权随意支配该项保证金。最后，保证金的没收与退还。为了充分保障被告人保证金的安全，保证金的处理只能在法院将案件审理终结后才能根据判决书决定退还或没收。在决定没收保证金时，因为有被告人一方的参与而使他们心服口服；在决定退还保证金时，我们应当告知被告人或法定代理人及其亲属凭法院生效的判决书到原指定的或者交纳保证金的银行退还原有保证金。由于被告人取保候审期间时间较长，所以银行在退还被告人的保证金时，应当加算银行代管期间的理财分红及其利息，这样既能安抚被告人一方的相关人员，而且还可以促进其他被告人日后交纳保证金的积极性，为保证金制度建立奠定坚实基础，同时提高司法的权威性，维护程序正义。

第7章 违法所得没收程序与
被告人财产权保障

7.1 违法所得没收程序的立法背景与研究意义

7.1.1 立法的国内背景

我国 1996 年颁布的《刑事诉讼法》对于犯罪嫌疑人或被告人死亡后其违法所得应如何处理的问题找不到明确的规定。在当时的最高人民法院（法释〔1998〕23 号）与（高检发释字〔1999〕1 号）的相关条款中曾提及如犯罪嫌疑人死亡，对依法应当予以没收或返还被害人的存款、汇款，如果已经采取冻结措施的，人民检察院和公安机关可以向人民法院提出申请，请求法院做出裁定，金融机构依据法院的生效文书将死亡犯罪嫌疑人在银行中的存款、汇款直接上缴国库或者返还被害人。①但是在上述司法解释中，人民检察院或公安机关只是"可以"并不是"应当"向法院提出此项申请，并且没收适用的对象颇有限，即在犯罪嫌疑人死亡的特定时间方可对已冻结的存款、汇款采取强制措施，而对于犯罪嫌疑人逃匿的情形却并不在此规定之内。

---

① 最高人民法院关于执行《中华人民共和国刑事诉讼法》若干问题的解释（已失效）第二百九十四条；最高人民检察院《人民检察院刑事诉讼规则》（已失效）第二百七十七条.

在过去一段时间中，贪污腐败犯罪、恐怖活动犯罪在我国呈现出严峻的形势。据美国一家调查机构发布的报告显示，"发展中国家的非法资金外逃情况严重，在过去 10 年，中国的非法离境资本居于首位，达 25 万亿美元"①。在没有明确法律依据的情况下，贪污腐败犯罪中的被告人逃逸或死亡后，司法机关无法对其违法所得采取相应的措施，甚至在个别案件上出现"贪污贿赂案中的犯罪嫌疑人、被告人往往选择自杀或者潜逃的方式，使巨额的违法所得无法被法院处理，从而留给家人大量的财产，形成'牺牲自己、幸福全家'的结果"②。在恐怖活动犯罪中，"恐怖主义融资、洗钱犯罪，在整个恐怖主义犯罪链条中显现着越来越重要的作用，其对各国及国际经济秩序破坏作用也越来越大"③。如果司法机关不能有效地对恐怖活动犯罪、贪污腐败犯罪中的被告人的违法所得采取措施，不但不能有效打击犯罪、挽回国家和人民的财产损失，还不利于有效预防该类型犯罪。

7.1.2 立法的国际背景

贪污腐败犯罪、恐怖活动犯罪带来的严重问题同样成为世界各国关注的焦点。在全球经济一体化的影响下，贪污腐败、恐怖活动犯罪正呈现出全球化蔓延态势，实施贪污腐败、恐怖活动犯罪后将违法所得转移至国外，然后犯罪嫌疑人、被告外逃，这样的犯罪模式并不罕见。为打击贪污腐败犯罪、恐怖活动犯罪，各国政府先后积极开展追逃追赃领域的司法合作。2005 年10 月 27 日全国人大常委会通过并批准我国加入《联合国反腐败公约》（The United Nations Anti-Corruption Convention）（以下简称《公约》），这标志着我国正式加入国际反腐败的合作体系中，其中《公约》第 54 条第一款第（三）

---

① 王渠. 10 年超万亿美元非法资金逃离中国流入发达国家［EB/OL］.
http://world.huanqiu.com/exclusive/2014-12/5254578.html, 2014-12-18.
② 陈卫东. 构建中国特色刑事特别程序［J］. 中国法学, 2011（06）.
③ 喻义东, 夏勇. 走向经济犯罪的恐怖主义——经济全球化背景下恐怖主义犯罪的新趋势及其对策分析［J］. 犯罪研究, 2013（05）.

项之规定为我国对追缴腐败外逃资金提供了国际合作依据。

从世界范围看，《公约》的大多数缔约国家都建立起各自的违法所得没收程序及配套制度，允许专门机关不经过刑事定罪而对犯罪嫌疑人、被告人的违法所得及涉案财产进行没收，这种制度设计不但能保证本国依据《公约》向其他缔约国提出司法协助请求，而且可以通过国际合作向其他缔约国提出返还非法离境资金的请求，从而实现追缴。

7.1.3　违法所得没收程序研究与被告人财产权保障的现实意义

违法所得没收程序的本质在于在被告人缺席（逃匿或死亡）的状态下，对涉案财产做出处置。正因该程序的运作缺乏案件重要被告人的参与，所以极易使本就不平等的控辩关系陷入更加不平等的境地。虽然《刑事诉讼法》对没收程序的各项运作都有规定，且最高人民法院、最高人民检察院相继出台的司法解释对此也予以了细化规定，但是从整体立法来看，我国违法所得没收程序仍然强调犯罪追诉，而较少关注对被告人财产权的保障，所以研究违法所得没收程序有着尤其重要的指导意义。

第一，有助于提高被告人财产权保障的观念。对违法所得没收程序性质的研究正是立法者进行制度设计和权力授予与权利分配的基础。从被告人财产权角度而言，一旦将没收程序认定为民事程序并以此为基础进行制度设计，就必然会出现对被告人在刑事诉讼中部分权利的否定。比如，刑诉法仅赋予犯罪嫌疑人、被告人的近亲属和利害关系人委托诉讼代理人的权利；只有与作为追诉标的涉案财物具有直接关系的利害关系人参加诉讼，人民法院才应当开庭审理。以上二者制度设计背后的基础就在于立法者显然是将没收程序视为民事程序。由此可见，对违法所得没收程序性质的不同认定对被告人在特别程序中的法律地位以及被告人财产权的保障有莫大的干系。

第二，在前者的基础上继续探讨违法所得没收程序中公权力的规正与被告人诉讼权利有了更加具体的含义。一方面对公权力进行平抑和规正，使公权力的授予与行使符合其应有程序性质，从而杜绝该程序演变为一场"合法的掠夺被告人财产权"活动的可能性；另一方面，构建的另一条脉络在于如何加强被告人在没收程序中的诉讼权利，而当前对没收程序存在的若干质疑的本质就是程序中被告人的失权。因此，诉讼权利的加强必然会提升被告人对抗公权力的能力，进而有助于保障自身的财产权。

7.2　我国违法所得没收程序的立法和司法现状

结合国际立法背景与我国依法治国的需要，我国新修订的《刑事诉讼法》于 2013 年 1 月 1 日起正式施行。新《刑事诉讼法》的亮点之一就是在第五编"特别程序"中新增加了一章"犯罪嫌疑人、被告人逃匿、死亡案件违法所得的没收程序"作为第五编第三章，专门用于规定在贪污腐败犯罪、恐怖活动犯罪等重大犯罪案件中，对于逃逸或死亡的被告人，其违法所得和其他涉案财物的处理程序。2013 年 1 月 1 日起施行的《最高人民法院关于适用〈中华人民共和国刑事诉讼法〉的解释》（以下简称《刑诉法解释》），其中第二十二章"犯罪嫌疑人、被告人逃匿、死亡案件违法所得的没收程序"，对《新刑事诉讼法》中关于违法所得没收程序的原则性规定又进行了具体的细化，最高院的这个司法解释对违法所得没收程序的实施起到了良好的促进作用。尤其我国在 2017 年公布的《最高人民法院、最高人民检察院关于适用犯罪嫌疑人、被告人逃匿、死亡案件违法所得没收程序若干问题的规定》又对没收程序的证明标准、适用范围以及逃匿、通缉和违法所得的具体认定等进行了细化。当然，由于违法所得没收程序直接针对被告人的财产（权），该程序设计上的现有缺陷可能直接导致被告人财产权受损。故此，从保障被告人财产权这一基本人权的角度考虑，有必要探讨违法所得没收程序改革完善的合理方案与路径。

7.2.1 我国违法所得没收程序的立法现状

（一）违法所得没收程序的适用范围

关于特别没收程序的适用案件范围，是该程序适用的前提问题之一，也直接关系到被告人财产权的保障，因为该程序本为特别程序，系针对特殊案件而适用，是一种在特殊情况下使用的特殊救济手段。若其适用的对象范围过于宽泛，入口较大，则可能造成特别程序演变为普通程序，违背立法宗旨和目的。根据《刑事诉讼法》第 280 条的规定，有两种情况的案件适用"违法所得没收程序"："一是贪污贿赂犯罪、恐怖活动犯罪等重大犯罪案件，犯罪嫌疑人、被告人逃匿，在通缉一年后不能到案的；二是犯罪嫌疑人、被告人死亡的。"根据规定该程序必须适用于贪污贿赂犯罪、恐怖活动犯罪等重大犯罪案件。然而，何为"等重大犯罪案件"，立法用语语焉不详，实务中一直以来争议较大。从法律解释学原理上讲，"等"字在汉语中的用法和语义，"等"之后的重大犯罪案件，应当与"等"之前的贪污贿赂犯罪、恐怖活动犯罪具有同质性和等效性，属于社会危害性重大的犯罪案件，而不宜扩张到所有侵财类犯罪，否则就可能出现一些情节并不严重但涉案财物金额较大的犯罪案件被错误地纳入该程序的适用范围。笔者希望这种担心会随着现行《刑事诉讼法》的再度修改迎刃而解。

2017 年《最高人民法院、最高人民检察院关于适用犯罪嫌疑人、被告人逃匿、死亡案件违法所得没收程序若干问题的规定》第 1 条列出的犯罪案件，应当认定为《刑事诉讼法》第 280 条第一款规定的"犯罪案件"："（1）贪污、挪用公款、巨额财产来源不明、隐瞒境外存款、私分国有资产、私分罚没财物犯罪案件；（2）受贿、单位受贿、利用影响力受贿、行贿、对有影响力的人行贿、对单位行贿、介绍贿赂、单位行贿犯罪案件；（3）组织、领导、参加恐怖组织，帮助恐怖活动，准备实施恐怖活动，宣扬恐怖主义、极端主义、煽动实施恐怖活动，利用极端主义破坏法律实施，强制穿戴宣扬恐怖主义、极端主义服饰、标志，非法持有宣扬恐怖主义、极端主义物品犯罪案件；（4）危害国家安全、走私、洗钱、金融诈骗、黑社会性质的组织、毒品犯罪案件。电信诈骗、网络诈骗犯罪案件，依照前款规定的犯罪案件处理。"第2条规定在省、自治区、直辖市或全国范围内具有较大影响，或犯罪嫌疑人、被告人逃匿境外的，应认定为《刑事诉讼法》第280条第一款规定的"重大"。

上述司法解释采取了对重大和犯罪案件分别解释的方法，从而将该程序的适用范围分解为两个部分：一是特定类型的犯罪；二是影响较大的、逃匿境外的犯罪。而后者是不受前者约束的，这就使得一些普通侵财类犯罪案件，只要影响较大或嫌疑人、被告人逃匿境外，都有可能适用该程序。

（二）违法所得没收程序的启动

根据《刑事诉讼法》第280条的规定，只要符合"犯罪嫌疑人、被告人逃匿，通缉一年后不能到案或者是犯罪嫌疑人、被告人死亡"即可启动违法所得没收程序。

第一，对于"犯罪嫌疑人、被告人逃匿，通缉一年后不能到案"的理解。逃匿行为是一个主观认定的问题。逃匿行为是行为人主观上知道犯罪而为了逃避承担法律责任而故意为之，逃匿与失踪具有很大的区别，失踪行为具有一定的客观性，客观上脱离其惯常居所地或工作地，从行为人的行为上并不能判断其主观上有逃避法律处罚的故意，也就是说，公安机关需要初步调查认定犯罪嫌疑人、被告人的行为是否构成逃匿。

第二，对"死亡"的认定。一般而言，只要取得医院、公安机关等有权机构出具的死亡证明，即可认定被告人死亡，但是，在未找到尸体的情况下，怎么认定其死亡呢？有观点主张，可借鉴民事程序中的宣告死亡制度，但因其证明标准较刑事证明标准而言明显偏低，在违法所得没收程序中适用民事宣告死亡应当特别慎重。

（三）没收违法所得案件的管辖

第一，第一审地域管辖。《刑事诉讼法》第 281 条第一款规定："没收违法所得的申请由犯罪地或犯罪嫌疑人、被告人居住地的中级人民法院组成合议庭进行审理。"该条规定了没收违法所得案件的管辖法院为犯罪地或被告人居住地的人民法院。确定地域管辖的原则有两个，一个是以犯罪地（犯罪行为发生地）人民法院管辖为主，被告人居住地人民法院管辖为辅的原则。另一个是当犯罪地与犯罪嫌疑人、被告人居住地发生冲突时，实际操作中遵循管辖便利来处理。

第二，管辖权异议。《刑事诉讼法》及其司法解释中都没有在违法所得没收程序的管辖权方面做出具体的规定。然而在生活中，由于犯罪嫌疑人、被告人的近亲属以及利害关系人和涉案财产都有着直接的关系，故此，大多时候是他们对没收程序的管辖权进行相关申诉，而人民法院是以被告人的近亲属和其他利害关系人的申诉为基础，在公告期满且开庭审理前可以提出对管辖权异议及理由。针对利害关系人的管辖权异议，人民法院要在开庭审理前依法进行全面审查，模糊的部分在庭前会议时再进一步商讨，同时听取利害关系人与人民检察院的建议。

第三，级别管辖。《刑事诉讼法》第 281 条规定："没收违法所得的申请，由犯罪地或者犯罪嫌疑人、被告人居住地的中级人民法院组成合议庭进行审理。"由于违法所得没收程序的犯罪嫌疑人、被告人都不在案，故此让中级人民法院管辖可以更加慎重地处置当事人和利害关系人的合法财产权益，并且由于中级人民法院在对这种案件进行管理的过程中，也能表现出国家十分重视违法所得没收程序这方面的问题。另外一种情况是，基层人民法院对普通刑事案件进行审理的时候，如果出现被告人突发死亡的情况，是否还要接着由中级人民法院管辖，有待进一步商议。

第四，上诉与再审的管辖。《刑事诉讼法》第 282 条规定，被告人的近亲属、利害关系人和检察院若对人民法院的裁决有疑问，有权继续向上一级人民法院上诉、抗诉。由此可见，向中级人民法院提起上诉、抗诉的案件可以由更高级人民法院管辖。

（四）公告程序

根据《刑事诉讼法》第 281 条规定，人民法院在接受人民检察院的没收违法所得申请之后要发布为期六个月的公告。《刑诉法解释》第 5 条还对公告的时期、内容和形式进行了详细要求，在接受人民检察院的没收违法所得申请的 15 天内就要发布公告；公布的内容有案件发生的缘由和被告人的基本情况，还有被告人的近亲属和其他利害关系人诉讼的时期、途径等。这些内容一定要在人民法院的官网上或是国内公开发行的报纸、刊物上登出来，而且在人民法院公告栏上也应当有所公示。如果有需要的话，也要在犯罪地、申请没收的不动产所在地或是控告人的居住地进行相关的公示。这种规定表现出违法所得没收程序即使出现被告人无法到场的情况，也能最大限度地追寻诉讼效率，并且在这个诉讼过程中，也考虑到了违法所得没收申请里面也许会出现对被告人的其他利益有损害的行为，故此，应尽力帮助其获得其他的机会参加诉讼，进一步对被告人的近亲属和其他利害关系人的损失进行补救。

（五）没收违法所得案件的审判

第一，审理。在法院审理案件时都要组成合议庭，根据《刑事诉讼法》第 281 条第一款和第三款规定：一是开庭审理。如果在出现利害关系人进行诉讼或者托付给诉讼代理人进行诉讼的情况，法院应当组成合议庭开庭审理案件；二是书面审理。如果利害关系人没有办法进行诉讼并且也没有托付给诉讼代理人进行诉讼，法院要组成合议庭进行书面审理。若出现《刑诉法解释》第 515 条规定的拒不到庭和没有经过许可中途退庭的情况，法院可转为不开庭审理，但根据《刑诉法解释》第 515 条对于开庭审理的没收违法所得案件的规定：一是法庭调查时期。审判长要让检察官在读完申请书之后才允许利害关系人和诉讼代理人提出自己的建议；二是质证时期。法庭组织检察官在与利害关系人调查核实相关证据后更全面地了解整个案件；三是法庭辩论时期。检察官和利害关系人逐个发表言论并互相辩论，然后，法庭根据对案件的审理情况依法判定。

第二，裁决。依照《刑事诉讼法》第 282 条规定："人民法院经审理，对经查证属于违法所得及其他涉案财产，除依法返还被害人的以外，应当裁定予以没收；对不属于应当追缴的财产的，应当裁定驳回申请，解除查封、扣押、冻结措施。"在规定中表明，人民法院在形成合议庭后进行书面审查，并且在开庭审理之后不论情况怎么样，都需要做出肯定性或否定性的裁定，并不是判决。

（六）没收违法所得案件的二审和再审程序

第一，二审程序。人民检察院、被控告人的近亲属和其他利害关系人如果对案件裁定有异议，可以通过上一级人民法院抗诉、上诉。第二审人民法院经过对该类案件的再次审查，根据具体案情做出不同的裁定：第一种情况是在审查之后认为原裁定无误的，判定驳回上诉、抗诉请求，维持原判；第二种情况是在审查之后发现原裁定确有错误，包括事实不清，证据不足等。第二审人民法院既可以在调查清楚事实情况的基础上直接更改原裁定，也可以撤销原判，发回原审法院再次审理；第三种情况是在审查之后发现原审案件在程序上有错误，而且对审判的结果造成了一定的影响，那么应当撤销原判，发回原审法院重审。

第二，再审程序。在没收违法所得案件的判决发生效力以后，假如被控告人对法院的判决有异议，在检察院提起公诉的时候，建议法院应当以《刑诉法解释》第 522 条的规定为基础分别做出不同的处理结果：①假如原裁定没有错误的，就要维持，并对涉案财物进行裁定；②假如原裁定有错误的话，就应当把原裁定撤销，而且依法重新处理涉案财物。若案件的判决结果已经生效，但又发现没收裁定不正确，如果不是第一款规定的情况，应当依照审判监督程序做出相应的改正。

7.2.2 违法所得没收程序的司法现状

针对我国目前的司法状况来看，2013 年施行的《刑事诉讼法》增加了对犯罪嫌疑人、被告人隐匿、死亡案件违法所得的没收程序。违法所得没收程序大多是针对在被告人逃匿、死亡的情况下，如何在合法程序下没收涉案财物。我国《刑事诉讼法》解释第 507 条至第 523 条、《人民检察院刑事诉讼规则（试行）》第 523 条至第 538 条以及修订后的《公安机关办理刑事案件程序规定》第 328 条至第 330 条均对违法所得没收程序进行了详细的规定，然而在新《刑事诉讼法》实施之后的状况来看，司法机关以违法所得没收程序为基础进行追赃活动，但是在司法实践中并没有达到想要的效果，因为检察机关针对犯罪嫌疑人逃逸超过一年的重大贪污贿赂等案件，基本上大部分的案件都没办法动用该程序进行追赃。由此看出，在司法实践中出现这样尴尬局面的原因，基本是由于这个程序在立法设计上存在着严重的不足，这直接导致在司法实践中运用起来困难重重。

网上有一个广为人知的案例：2013 年 12 月 28 日，南通市房产管理局原局长陈某由于贿赂问题，检察机关对此立案审查，同时为陈某办理了取保候审手续，其妻子代替陈某退还赃款 700 余万，后来陈某死于家中，南通市人民检察院遂向法院申请没收陈某受贿违法所得。据悉，这是江苏省首例因犯罪嫌疑人死亡而依照违法所得没收程序处理的案件。南通市中级人民法院在一审中判定没收犯罪嫌疑人陈某受贿所得 711.25 万元，上缴国库。陈某的两个利害关系人对此判决不服，提出上诉，江苏高院二审维持原判。①

从这个案例来看，自从陈某被立案以后，他的家人主动退还了 700 多万

① 黄竹岩，张鑫. 江苏现首例犯罪嫌疑人自杀后违法所得被没收案［EB/OL］. http://js.people.com.cn/n/2015/0121/c360305-23639929.html.

赃款，虽然陈某的两个近亲属对这个情况提出了异议，认为被检察院没收的700多万元属于合法收入，并提出驳回检察院申请的请求。在当地法院依法裁定后，认为没收其财产就会结束。然而，如果在当时陈某之妻未主动归还700多万元，当地检察院还会向人民法院提出没收申请吗？由此可以看出：首先是因为利益关系。由于很多办案部门（尤其是侦查机关）不想启动违法所得没收程序。实践中也存在一些潜规则，即办案机关对已经查封、扣押、冻结的涉案财物不愿将在嘴里的"肥肉"分给检察院和法院。其次，新旧没收程序之间更迭交替的适用问题也影响了特别没收程序的启动。毫无疑问，新"违法所得没收程序"增加了程序上的正当性，能与国际条约及国外普遍推行的制度相吻合，但不细分案件的类别、程序的烦琐和未规定涉案金额的大小，用几乎固定的程序模式去处理的做法不受办案机关的欢迎。故此，现实中侦查机关仍趋向于使用旧的没收手段解决问题。

最后，笔者想说说违法所得没收程序的执行问题。有法官坦言，若裁定的执行标的在国外，而国际司法合作渠道又不顺畅时，其裁定可能成为一纸空文。现实中，检察院和法院往往对违法所得没收程序没有侦查机关那么重视，检察官和法官更关注程序适用中的技术性问题。

7.3 违法所得没收程序的问题及其成因

笔者在上文较全面地介绍了违法所得没收程序，旨在探讨如何保障被告人的财产权。违法所得没收程序看似民事诉讼的特别程序，但从本质上来说还是刑事诉讼程序上的没收制度，是比较特殊的刑事诉讼程序，是以民事诉讼制度的主要原则和诉讼途径为基础来施行的。大多数学者认为，这一立法修订活动是中国履行已批准生效的《联合国反腐败公约》等国际公约义务的一个非常重要的行动方案。"违法所得没收程序"的明确，对促进中国反腐败工作必将发挥重要的作用。

7.3.1 没收程序中被告人财产权保障存在的问题

（一）公权力行使与被告人诉讼权利的严重失衡

在刑事诉讼中设立违法所得没收程序，主要问题是当被告人不在场时，如何保障公权力机关的没收行为不会侵犯其合法财产权。虽然刑事诉讼著称"应用之宪法""宪法实行法"，其最大的价值就在于保障人权，其中包括财产权，但也有必要在设计程序时考虑到被告人的财产权保障。在司法实践中，"刑事诉讼中的国家公权力有时必须指向被告人所有或占有的财产，并难以避免地会对被告人的财产造成某种程度的干预，其中最为典型的就是搜查和扣押"①。诚然，公民个人的财产权从公共利益的角度出发，进行一定程度的限制是正当的，被告人也有义务忍受，但应当控制在法律规定的范围之内。由于"公权力"极易扩张，办案人员可能对被告人的财产权带来不同程度的侵害，所以需要特别注重上述公权力扩张与被告人财产权保障之间的紧张关系，尤其应当赋予犯罪嫌疑人、被告人更多的诉讼权利。例如，律师帮助权、财产处分时的在场权等。

既然认为违法所得没收程序本质仍为刑事诉讼程序，那么犯罪嫌疑人、被告人就应当有权获得充分的辩护权，而且这种辩护权并非一种"打折的正义"，而应当享有《刑事诉讼法》第一编第四章之完整的辩护权。之所以将现行违法所得没收程序立法中被告人的辩护权称为"打折的正义"，是因为以下两点：其一，没收程序相关立法仅仅赋予被告人的近亲属，委托诉讼代理人的权利，而诉讼代理人的诉讼权利比诸辩护律师在立法上显然有所克减。其二，没收程序中对公开审理原则的限缩本质上是对被告人辩护权的限缩。被告人辩护权的行使需要以庭审为舞台，而按照《刑事诉讼法》第281条第三款以及《刑诉法解释》第514条第二款的规定显然有违程序正义，即"对于

---

① 万毅. 底限正义论［M］. 北京：中国人民公安大学出版社，2006：186.

没有利害关系人申请参加诉讼的，人民法院可以不开庭审理"。换句话说，此时变为书面审理。如此一来，具体到被告人的辩护权问题，更是使原本就岌岌可危的辩护权利更加"无枝可依"。另外，这种对利害关系人与被告人的近亲属的区别对待还有违平等原则。

（二）举证责任的不同制度设计导致控辩双方严重失衡

我国的刑事诉讼结构较为明显地围绕着职权主义的模式展开，国家司法机关依职权进行侦查、起诉、审判活动，但是被告人进行诉讼的时候没有办法获得公诉机关一样的诉讼权利，仅仅能够在专门机关的职权范围以内做少量的诉讼活动。虽然我国《刑事诉讼法》第 282 条对审查与明确涉案财物有了明确规定，除了补偿给被害人与利害关系人之外，要适当判定没收，但是该条文并没有具体规定谁负责举证责任、证明标准等方面的问题。另外，2012 年最高人民检察院《人民检察院刑事诉讼规则（试行）》第 535 条规定："人民检察院对违法所得的没收申请承担举证责任"，但在司法解释中并未规定证明标准。笔者存在疑问之处是，特别没收程序到底是通过刑事诉讼排除合理怀疑的证明标准，还是使用民事诉讼优势证据的证明标准或要减弱证明标准。

理论界对此有不同观点。有学者认为，"违法所得没收程序是属于刑事诉讼程序，整体上与刑事诉讼程序大体趋同，还是应当按照人民检察院的举证责任规则进行承担，是刑事诉讼排除合理怀疑的证明标准"[①]。还有学者认为，"违法所得没收程序和民事诉讼程序的基本特点相同。故此，这个证明标准也要采用民事诉讼优势证据标准，即双方证据都不能说服对方，若一方证据的证明力比其他一方可能大很多，法院就此确立"[②]。违法所得没收程序是刑事诉讼法中的特别程序，基本目的是没收被告人在特定犯罪中的违法所得。

---

① 何清涟. 现代化的陷阱：当代中国的经济与社会问题［M］. 北京：今日中国出版社，1998：39.

② 张敬博. 特别没收程序：外逃贪官违法所得也可及时追缴——访中国社会科学院法学研究所熊秋红研究员［J］. 人民检察，2012（07）.

若强调遵守效率原则就肯定不利于公平原则的实现，因此，刑事诉讼构造模式在违法所得没收程序中表现出很明显的对抗失衡性，被告人在诉讼中不能很好地维护自己的合法权利，如举证能力的不一样会使得根本性对抗失衡的出现。

（三）涉案财物保全对利害关系人财产权的不利影响

我国《刑事诉讼法》第 280 条对于没收违法所得的申请做了明确的规定，主要内容是要调查清楚财产被查封、扣押、冻结时，对涉案财物的"保全"情况如何处理。由于特别没收程序中的重点是如何处理涉案财物，因此，追诉机关保全犯罪嫌疑人、被告人的涉案财物在特别没收程序中意义重大。而现行《刑事诉讼法》仍然遵循老的做法，仅仅对查封、扣押、冻结等情况做了规定，很明显难以满足违法所得没收程序的案件关于涉案财物保全的正当要求。在司法实践中，被告人可能将违法所得的财物转化为股票、债券、动产、不动产等。对于该类财物，若通过普通的扣押、查封、冻结措施将会面临许多困境。如不动产的处理可能面临被告人近亲属的居住问题；不动产被合法转让之后第三人可能提出善意取得抗辩的问题；动产可能面临着防止毁损灭失、有效保管等问题；股票、债券等有价证券可能在其有效保值的情况上出现问题。由此可知，处理涉案财物不仅可能对违法所得没收程序的执行有影响，并且还会影响到其他利害关系的人财产权益等。故此，如何采取有效的财产保全措施，同时又能够兼顾被告人、利害关系人的权利保障，以及充分发挥财物的效用等方面是我们考虑的重点。

（四）违法所得没收程序缺乏有效救济机制

我国《刑事诉讼法》第 282 条、第 283 条详细规定了特别没收程序的救济机制，包括对被告人的近亲属与其他利害关系人的上诉权与人民检察院的抗诉权方面，以及在逃被告人归案后终止审理，转换普通程序审理的机制、没收财产错误时的返还、赔偿机制等均有详细规定。然而前述救济机制仍有不妥之处。如被告人归案后，原生效裁定是否由法院重新审理，如何审理，在没收裁定错误时又是依何种程序返还与赔偿？……这些问题在立法中都未明确。有学者认为，"犯罪嫌疑人、被告人归案后，还未审理完毕的违法所得没收程序必须要停止审理，如果审理完成的话，它的具体效用还需要进一步的商议。因为犯罪嫌疑人、被告人归案以后，所有的程序都要按照普通刑事诉讼程序审理他的违法所得和犯罪事实。如果在审理中判定原没收裁定没有错误，就不予修改，在刑事判决书中进行确定；如果原没收裁定有误，就要根据审判监督程序撤回，重新审理判决定罪量刑和违法所得"①。有观点还认为，"对于存在错误的没收裁定，无须进行审判监督程序，直接在新的判决中撤销原没收裁定，避免司法资源浪费，更为合理"②。在没收财产存在错误时，有学者认为，"要在执行回转程序下进行归还，一些必要的损失还要给予赔偿"③。

7.3.2　违法所得没收程序缺陷产生的原因

（一）过于保护国家利益，缺乏正当性原则指引

从法理正当性的角度说，检察机关进行的特别没收程序是否能代表所有人的利益？特别没收程序中的犯罪行为侵犯的利益主体在根本上有所不同，贪污贿赂行为侵犯的对象是公共财产，恐怖犯罪侵犯的对象是自然人的人身权利，也会涉及对个人财产利益的侵犯。检察机关不可能代表所有人的利益提起违法所得没收程序之诉讼，其主要的活动空间仍应当是刑事诉讼，不能以公共利益之名代替非公共利益之实。从设立违法所得没收程序的价值取向看，其主要目的是禁止从犯罪中获得利益，犯罪行为人的财产权以及对其构成的刑事处罚不是其关注的重点。

---

① 黄太云. 刑事诉讼法修改释义 [J]. 人民检察, 2012（08）: 70.
② 周加海, 黄应生. 违法所得没收程序适用探讨 [J]. 法律适用, 2012（09）: 15.
③ 陈卫东. 论新《刑事诉讼法》中的判决前财产没收程序 [J]. 法学论坛, 2012（05）: 12.

程序正当性的特点在于，要使涉案财产所有人或利害关系人等受裁判结果影响的人提出权利的主张，并拥有依法做出实质性的诉讼请求、说明、辩解的权利，而这一点，在违法所得没收程序中却没有明确体现，从利害关系人参与的时机、权利救济的途径等方面都可看出程序中的公权力仍相当强势。从违法所得没收程序发展得比较成熟的国家来看，关于利害关系人在整个程序阶段的异议权、拟没收财产的监管措施、拟没收财产的排除制度等。这些情况都表现出权利主张人可能会是公权力的实际挑战者，而我国违法所得没收程序中的参与人则貌似是期待国家公权力恩惠的人。这种具有国家公权力态势强势的制度程序设计不符合违法所得没收程序设立的初衷与价值体现。

（二）控辩双方的地位与实力严重失衡

特别没收程序各方主体的地位与实力差异是设置证明标准的关键因素，要注意在整个程序系统形成良性互动关系的可能性①。违法所得没收程序最需要看重的是要平衡每一方的利益，确立程序的证明标准的时候，虽然形式上是平等的，但实质上双方的地位差距较大，这一点从关于特别没收程序的法律规定可以看出。《刑事诉讼法》第281条第二款规定："人民法院受理没收违法所得的申请后，要进行公告。整个期限是六个月。犯罪嫌疑人、被告人的近亲属和其他利害关系人有权申请诉讼，或者委托给诉讼代理人进行诉讼。"但其进入程序还需申请后得到法院的同意。利害关系人在庭审之前没有参与权，其调查取证的能力也相当有限，并且律师的帮助权在程序中所起的作用也微乎其微，在实力如此不对等的情况下，证明标准不应相同。另外，因为2018年《中华人民共和国监察法》的颁布，需要同步修改《刑事诉讼法》，并增加缺席判决的案件范围。故此，需要对控方设置较高的证明标准以

---

① ［美］米尔伊安·R.达玛什卡.司法和国家权力的多种面孔——比较视野中的法律程序［M］.郑戈，译.北京：中国政法大学出版社，2004：2.

实现实质上的平衡。

在英美法系国家的没收程序中，法律通过各种制度限制公权，扩展个人权利，使各方势力维持均等。在我国，公权对抗的程序中，个人权利大多数是被压制的。依照《刑事诉讼法》解释可知，被告人的近亲属在侦查阶段、审查起诉阶段几乎被排除在外，而检察院在程序开始之前就早已进入角色。这样的规定在很大程度上压抑了他们的诉讼参与权。没有权力的制约和缺乏监督机制是违法所得没收程序中控辩双方权利失衡的重要原因。由此可知，保障被告人及其他人的财产权从何谈起！

（三）立法及司法解释的规定过于简单

特别没收程序调整的对象是在逃的和死亡的被告人，即使没有明确的定罪，然而又要肯定其是一种犯罪的情形。由于关系到被告人及其他人的基本人身权利和合法财产权利，故此，对建立保全程序的必要性应持慎重态度。虽然特别没收程序有力地打击了犯罪，但也很容易将被告人及其他人个人的合法财产置于连带危险之中，尤其是在具体的司法实务中往往会面临被告人及其他人的个人财产权益被具有国家强制力的公权力所侵犯的问题。如果保全措施的配套机制不够完善，被告人及其他人的诉讼权利、财产保障等将大打折扣。故此，适用违法所得没收程序应当慎重为之。

由于我国的刑事司法程序行政化的治罪方式较为突出，特别没收程序的配套保全措施存在根本性的问题。这不仅是因为国内传统文化对犯罪嫌疑人、被告人的诉讼权利中的保障机制不够完善，而且在制定保全措施的配套制度时也未格外地保障犯罪嫌疑人、被告人及利害关系人所享有的诉讼权利，故此，国家有权机关在违法诉讼过程中，涉案财物的所有人权利很难得到保障。除此之外，国内违法所得没收程序的司法机关，尤其是财产保全措施的执行机关无法在整个特别程序中发挥全部作用。因为被告人逃跑或死亡会导致特别没收程序无法完全调查清楚事实和证明标准，使得本来在刑事司法程

序中已经将被告人的权利放低，且被告人不在现场，由此可能出现权利的丧失。

（四）对被告人财产权的轻视导致没收程序的设置向追诉职能倾斜

对财产权的轻视实际上贯穿于违法所得没收程序的始终，而且此后的司法解释也较多地关注如何更加有效地认定涉案财物，而非以保障被告人财产为视角。如前所述，没收程序中对被告人辩护权进行了限制，其背后就体现了这种重犯罪追诉而轻财产权保障的立法观念。虽然《刑事诉讼法》中对人身权与财产权还是应当有所区别——大陆法系国家的刑事法治即是如此，但是财产权作为现代法治社会的一项基本人权，理应得到重视。其实就特别没收程序的制度价值而言，如果回到刑事诉讼法的立法目的，其对于被告人基本权利的保障本身也包括财产权保障。刑事诉讼程序的目的不仅在于发现真实，追诉犯罪，同时也在于保障被告人的基本权利。因此，具体的程序设置应当同时对以上两大目的一体关照，而不应有所偏废。

根据我国《刑事诉讼法》的规定，特别没收程序中的被告人及其他人在侦查阶段根本没有进行异议和抗辩的权利。若只能在法庭审判时进入程序，其合法权利根本得不到有效保障，特别是在我国当前司法环境下，常常会发生将错就错的现象，即使纠正程序中发生的错误困难重重。被采取保全措施的财产几乎会被认定为违法所得及其他涉案财产而处理，因此，只有在财产实施保全措施之前设置权力制约机制，犯罪嫌疑人、被告人及利害关系人的救济机制才有可能实现。

我们回头再看看英国、美国的民事没收程序："他们对于财产接管制度、担保制度、申请排除制度和国家赔偿制度等规定相对比较完善，能在最大限度保证没收的客观与公正，加之法院的中立与权威，对没收的救济制度是相当重视的。"又如美国宪法规定："私人财产权利的保护是一个自由社会的中心……如果没有正当程序的话，任何人的生命、自由和财产不得被剥夺。"联邦最高院："个体的自由权与财产权之间相互依存，因为缺少任何一个，另一个都变得毫无意义。"[①] 而我国特别没收程序的规定与之不同。由于我国立法不够严谨，使得被告人的权利救济制度还不够完善，假如当事人的财产被不合理地没收，将导致十分不利的后果发生。另外，整个当下的刑事司法环境也不重视犯罪嫌疑人、被告人的权利，也是造成对其救济不力的重要因素。由于当事人的救济措施不健全，导致财产被接管后，整个财产状态将长期处于查封、扣押的状态，造成财产被迫贬值、减损，同样也得不到保护和增值。故此，任何程序的诞生都一定要注重对当事人及其他人财产权的保护。

7.4 被告人财产权保障下违法所得没收程序之完善

笔者结合特别没收程序的现有立法及其司法实践，重点关注如何在此程序中充分保障被告人的财产权益，并通过上文查找与分析当下制度及其司法实践存在的问题发现，除了在法院阶段审判前按照笔者的上文思路妥善保管违法所得的涉案财物之外，还可从以下几个方面继续努力完善该项制度，确保维护被追诉人财产权。

7.4.1 完善人权保障理念

随着社会的进步，中国法制化进程的加快，刑事诉讼法不能再仅仅强调保障犯罪嫌疑人、被告人的人身权，而更需要重点保护他们的财产权利，尤其在司法实务活动中。中国长期受职权主义理念的影响，重打击、轻保护的思想在办案人员脑海里根深蒂固，虽然最近一次修改刑事诉讼法增加了关于违法所得没收程序一章，但从某种意义上说，也主要是为了打击犯罪的法制化，否则国家对这一类型的犯罪在国内或者国外均缺乏法律依据，而在保障被告人的权利方面貌似略为兼顾，对维护被告人人身自由权与财产权方面的

---

① Interpretation of the Lynch v. Household Fin. Corp, 405 U.S. 1972: 538–549.

条款并不多见。从另一个层面来说，国家在保护被告人的人身权的同时，也应当充分考虑被告人的财产权，并在法条中充分体现。追诉机关打击犯罪本身就是为了更好地保障人权，但保障人权并不简单地等同于保护被告人、被害人及公民的合法财产权。笔者之意在于被告人的人身权与财产权免受侵害的权利也应给予同等重视。由此，在没收被告人违法所得，搜查、扣押他们的财产时，我们不仅要考证这些财物是否对证明被告人有罪或无罪起作用，是否可能属于某个人依法享有的"私人财产"。而不能凭借办案人员的惯常思维与办案经验，一概地查封、扣押与犯罪行为无关的财产。因此，完善有效的搜查、扣押制度要求我们办案机关面对个人财产利益与追诉犯罪的同时需要进行价值权衡，不能为了打击犯罪而淡化个人的财产权益，这种做法与目前保障被告人人权理念的理解完全相悖。

随着"公民的合法的私有财产不受侵犯"入宪，涉案财物与"私有财产"之间的联系引起了社会各界的广泛关注。中国有关"人"的权利行使的正当化，以及被告人的权利维护方面的意识日渐增强，但是特别没收程序关于犯罪嫌疑人、被告人财产权这一章与搜查、扣押等强制措施一章相比却暴露出了很多不规范。即使我国目前还未能像域外法治国家那样将个人财产权的保护力度上升至宪法，为刑事诉讼制度的司法实践提供明确的指导，但是至少我们应当在刑事诉讼法中树立这样一种价值取向："被告人及其他人的合法财产权利不受侵犯。如此才能在真正意义上实现从个人权利为中心的模式转变为人身权利和财产权利并重的价值取向模式，唯有如此才能为刑事诉讼制度的程序架构提供明确、清晰、准确的实践指导。"[1]

7.4.2 明确细化受案范围

我国《〈刑事诉讼法〉的解释》第 508 条规定："具有下列情形之一的，应

---

[1] 苟冰皓. 新刑事诉讼法下没收违法所得程序中被追诉人财产权保护［J］. 成都行政学院学报，2015（1）.

当认定为《刑事诉讼法》第 280 条第一款规定的'重大犯罪案件'：（一）犯罪嫌疑人、被告人可能被判处无期徒刑以上刑罚的；（二）案件在本省、自治区、直辖市或者全国范围内有较大影响的；（三）其他重大犯罪案件。"由此看出：①案件类型。违法所得没收程序的受案范围锁定在贪污贿赂犯罪、恐怖活动犯罪等重大犯罪案件，以及犯罪嫌疑人、被告人逃匿，在通缉一年后不能到案或者犯罪嫌疑人、被告人死亡的。②立法者对违法所得没收程序持谨慎态度。但事实上，"其他重大犯罪案件"的表述不便于检察机关在司法实践中办理具体案件，容易出现任意解释或者滥用司法权的可能性。因为该条款貌似口袋条款。有学者预言："概因该程序是一种以'推定被告人自愿放弃诉讼权利的方式'剥夺其辩护权的制度，在此情形下，若不严格限制其适用，有可能导致制度在实践中被滥用，侵犯被告人的合法财产权利。"①

综上，笔者建议，除了"贪污贿赂犯罪"和"恐怖活动犯罪"以外，违法所得没收程序的适用范围不宜扩大到其他各类刑事案件。如果扩大了打击面，可能不仅再一次侵犯被犯罪嫌疑人、被告人及其他人的合法财产权，而且也可能将本应当属于国家、集体和其他公民个人的合法财产，通过违法所得没收程序的诉讼途径据为个人所有。故此，笔者建议现行《刑事诉讼法》对违法所得没收特别程序的适用范围应当进一步规范，从而减少因适用案件不当而造成更多损失。

7.4.3 规范公权力机关的强制处分权

刑事诉讼法中国家公权力扩张的本性与被告人合法财产权的保障之间，存在着激烈的矛盾冲突。根据各国司法实践证明，由于公权力的无限扩张，我们必须采取措施限制公权力，否则无限扩张的公权力容易产生腐败，产生不公，最后这种对被告人不公平、不公正的对待，将导致国家公权力与被告人财产权保障的严重失衡。

---

① 林哲森. 违法所得没收程序的证据问题［N］. 人民法院报，2014–04–30.

在司法实践中,容易对被告人的财产造成侵害最为典型的就是侦查机关实施的强制措施。虽然法律明确规定禁止查封、扣押、冻结与案件无关的物品、文件,但侦查机关在刑事诉讼活动中随意采取查封、扣押和冻结措施的现象屡禁不止,只要侦查机关自己认为有搜查必要即可任意实施。分析其原因主要是侦查机关权力的行使既没有受到公权力的监督,也没有明确的规范形式,又加上自身利益的驱动,从而侦查机关对有关单位、个人的财物不加甄别、不加分析地作为涉案财物查封、扣押或冻结。侦查机关将所谓的涉案财物全部临时限制,这对于被告人来说可能是致命的打击,甚至可能不同程度地影响到他们基本的生活和生产经营活动。故此,公安机关或者检察机关需要对被告人的财产采取强制措施时,可以参照国外"司法令状主义"的程序,即必须由警察或者检察官以书面的形式向法院提出申请,具体应当写明案由、必须搜查和扣押的理由、搜查和扣押物品的范围、扣押的时间、保管机构等具体内容,只有经过法院审批同意后,侦查机关方能按照申请中载明的内容对被告人采取强制措施。

另外,侦查人员在强制措施的执行现场应当告知相关利害关系人有异议的权利,并且侦查人员应当在清单上签字,哪些涉案财物属于被告人、哪些财物属于被害人、哪些财物属于案外第三人,等等,然后在扣押清单上由利害关系人与见证人当场签字并留下一份清单交给利害关系人。同时,我们应当建立涉案财物处理的救济制度,从法律层面赋予犯罪嫌疑人和被告人充分的财产救济权,具体包括被告人的知情权、签字权、参与权、复议权、获得赔偿权等。对于不属于涉案的财物一律不得没收。如果没收错误,司法机关不但要立即返还,造成被告人财产损失的,还应当依法赔偿。

7.4.4　适度扩大被告人有利的举证责任

举证责任分配问题是证据规则的核心内容之一,必须得以明确。根据《刑事诉讼法》以及相关司法解释规定,违法所得没收程序的申请主体是人民检察院。故此，人民检察院应当对提出违法所得没收程序申请的各种事项承担举证责任，具体包括被告人实施犯罪的事实，以及该案件属于违法所得没收范围的证据材料、犯罪嫌疑人逃匿后通缉一年不能到案，或者死亡的事实、已涉案财物存在的事实，以及涉案财物与犯罪行为存在实质性联系的证据，等等。但是在这种刑事诉讼的构造模式下，检察院与被告人的举证能力表现出明显的失衡，被告人不能很好地维护自己的诉讼权利，因为在违法所得没收程序中，被告人很难搜集到有关的证据来证明拟被没收的财产属于其合法财产，或者证明其并未参与犯罪等事实。

另外，在个别疑难复杂的案件中，检察院要完成法定的举证责任难度很大，因为通常情况下侦查机关是通过犯罪嫌疑人、被告人的口供获取案件线索和证据，"顺藤摸瓜"从而打开案件的突破口。如果犯罪嫌疑人、被告人逃匿或者死亡的，这将直接导致案件线索的中断，从而导致侦查工作难以顺利开展，继而司法机关采取的违法所得没收程序可能对被告人的合法财产造成侵害。对此，笔者建议对被告人的举证责任做适度的扩张，即除了法定的应由人民检察院承担主要举证责任外，也可以允许犯罪嫌疑人、被告人及其利害关系人提供证据材料证明其财产的合法性，并在一定条件下予以承认其具有法律上的证明力。从一名社会普通人的常识判断，如果涉案财产确实是犯罪嫌疑人、被告人及其利害关系人所有，出于对自身利益的考量，他们维护自身财产的愿望和主动性将更加迫切和强烈，同时他们也更有可能提供有力证据证明财物的所有权及其合法性。如此，既能节约侦查机关调查取证的成本，也能提升违法所得没收程序实施的精确性，降低因错误采取强制措施导致的对被告人合法财产权益的损害。当然，被告人及其利害关系人的举证责任必须提前严格限制，举证责任并非在任何情况下都可以随意转嫁。在违法所得没收程序中，如涉案财物是否属于违法所得、涉案财物与犯罪是否存在本质联系等"定性"方面的举证责任只能由人民检察院承担，并且只有在被告人及其利害关系人对没收的财物提出合理申请时，才有给予其提出证据证明的必要性。

7.4.5　完善被告人的诉讼权利

前文已述，违法所得没收程序中被告人诉讼权利实际上呈现出一种被克减的状态，首当其冲的就是获得律师辩护的权利，而辩护权作为刑事程序法制的一项重要原则，不应当在没收程序中缺失。因此，应当摆正重人身权而轻财产权保障的错误观念，同时细致研究在具体的制度层面，违法所得没收程序作为一项特别程序与一般诉讼程序在被告人诉讼权利方面的不同之处。但是应当注意，对于一些涉及刑事诉讼原则的诉讼权利，不应当克减，如《刑事诉讼法》第 11 条规定的公开审理原则。根据《刑事诉讼法》第 281 条和《〈刑事诉讼法〉的解释》第 513 条第一款的规定，犯罪嫌疑人、被告人的近亲属只有对申请没收的财产主张所有权并参加诉讼，人民法院才应当开庭审理。

换言之，如果犯罪嫌疑人、被告人的近亲属并未对申请没收的财产主张所有权，即使其申请，人民法院也有权不开庭审理。之所以做出这种程序设计的原因在于立法者仅仅将违法所得没收程序视为一种单纯的"对物之诉"，因此，决定庭审是否公开进行自然就应当以是否有与作为诉讼标的的"涉案财物"有直接的利害关系为认定标准。如前所述，首先，特别没收程序并非民事诉讼，而是特殊的刑事程序。其次，特别没收程序的运行是以对被告人犯罪与否的审判为前提。如果被告人并不构成犯罪，那么没收财产岂不成非法？所以在未来重新修改《刑事诉讼法》时，要特别注重程序正义理论，程序正义要求诉讼各方包括控辩审三方，都要充分地参与庭审活动，并且赋予被告人有效的辩护权，确保各方拥有充分的时间参与庭审。这次"刑事诉讼法"的修改引入了缺席审判制度，这意味着部分案件的审判，被告人无须到庭就可以对其审判，并做出对其影响巨大的裁判结果。此举有违程序参与原则，而且不利于保障被告人的财产权，所以应当慎重修法。按照现行《刑事诉讼法》分析：虽然最终的裁定并不会涉及被告人的罪刑问题，但是一旦法院做出没收违法所得的裁定，在一定程度上就相当于对被告人的罪行也同时做出了认定。故此，即使与"涉案财物"无直接利害关系的被告人近亲属，只要参加诉讼，人民法院都应当开庭审理。

对于被告人逃匿的情况而言，如果被侦查机关第一次讯问或者被采取强制措施后逃匿的，应当有权委托辩护人。但是《刑事诉讼法》第 33 条第 3 款更多的是对司法实践中出现较多的犯罪嫌疑人、被告人"在押"状态下，其近亲属、法定监护人有权为其委托辩护的一种特别强调，而非仅仅是一种授权，否则，岂非只有犯罪嫌疑人、被告人身处"在押"状态，其近亲属、法定监护人方可为其委托辩护？因此，具体在特别没收程序中，被告人逃匿的，如果符合上述第 33 条第 1 款的法定条件，其近亲属仍有权为其委托辩护。对于被告人死亡的情况而言，如前所述，由于没收与否的裁定仍然涉及对被告人的法律评价，因此，建议赋予近亲属委托律师主张被告人的合法权利，并对追诉机关的没收申请进行举证抗辩。即使潜逃境外的被告人因主客观原因不能到案，但如果其委托有诉讼代理人或以其他方式与检察机关进行抗辩，通过提供反证的办法证明追诉机关申请的没收条件不成立时，不仅要求审判机关应当依法全面查清案情，客观、公正地进行审判，同时对被告人的合法财产权保护具有积极的意义，而且通过赋予被告人申辩的机会，也为将来审判机关一旦做出生效的没收裁判，请求有关国家的承认与执行奠定了法律基础。①

7.4.6　增设财产调查和评估程序

我国《刑事诉讼法》中并未规定此种程序，增设财产调查程序是对发生财产没收错误的有效预防。对被告人的违法所得进行没收，前提条件是该财产必须真实存在，故此，我们可以启动财产调查程序。首先对拟没收财产情

---

① 陈雷. 公告是特别没收制度的法定程序和在境外获得执行的关键［N］. 人民法院报，2013-04-17.

况采取基本事实的调查与提前预防措施。因为我国《刑事诉讼法》中并未规定类似的程序。财产调查程序和评估程序是对发生财产没收错误的有效预防，实践中一旦发生财产没收错误，由此导致的相关权利人的财产损失将很难得到补救。其次，采取财产调查程序就是要将拟没收的财产进行有效的区分，哪些是属于家庭或夫妻共同财产、哪些是他人的合法财产、哪些是设立了权利负担的财产等。笔者建议，我们应当通过财产调查程序严格区别利害关系人或共同居住人的个人财产，包括住房等私有财产、合法财产、非法所得，在此基础上再建立一套独立的财产评估程序，为没收财物的拍卖、变卖提供必要的数据支持。

第8章 刑事赔偿制度与被告人财产权保障

刑事赔偿是指国家刑事司法机关及其工作人员在行使职权时对侵犯公民、组织合法权益造成损害，而由国家通过赔偿义务机关依法给予的赔偿。[①] 部分学者认为刑事赔偿是指国家司法机关在行使刑罚权过程中，因刑事司法侵权而应当对受害人承担赔偿责任。[②] 笔者认为，刑事赔偿制度是国家赔偿制度的一种类型，是指公检法机关、看守所与监狱管理机关及其工作人员对其在行使职权时的侵权行为造成损害后果需要承担责任的制度。在刑事诉讼进行中甚至诉讼终结之后，若被告人认为财产权受到侵害时，法律目前尚未提供完善的保障或救济途径。随着刑事赔偿制度的出台，给被告人财产权保障提供了基本路径。若对物强制处分的制度设计主要是基于防范被告人的财产权受到侵害的角度考虑的话，那么国家赔偿制度则是对于刑事诉讼中财产权已遭受侵害并已造成损失的情况下，最现实的可以寻求司法权予以救济的制度。[③]

---

① 皮纯协，冯军. 国家赔偿法释论（第三版）[M]，北京：中国法制出版社，2010：160.

② 薛刚凌. 国家赔偿法 [M]. 北京：中国政法大学出版社，2011：201.

③ 朱拥政. 刑事诉讼中的财产权保障 [D]. 北京：中国政法大学，2006：147.

8.1 我国刑事赔偿制度基本理论

8.1.1 刑事赔偿制度的内涵

在我国现行的赔偿制度中，刑事司法赔偿制度是国家赔偿制度的一种。这种具有国家效力的赔偿制度，只针对国家工作人员对被告人造成经济利益损失的赔偿。如国家工作人员滥用权限、以权谋私，对公民、法人或者其他组织的合法财产造成损失，国家应当负责赔偿相关损失。而司法赔偿又包括以下几种：首先是刑事司法赔偿，国家工作人员和机关单位在处理违法犯罪案件的过程中，从侦查、起诉、审判到监狱执行机关的全过程，如果滥用权力侵犯公民的合法权益，即可向国家提出申请并要求损失赔偿。

刑事司法赔偿的内涵体现如下：第一，虽然是相关的国家机关和司法工作人员侵犯了公民、法人或其他组织的合法权利，但这些公权力机关及其工作人员并非国家赔偿的主体，而是国家，所以国家和这些主体构成了法律赔偿关系。第二，国家承担刑事赔偿要具备三个条件：一是职权要件。特指有权的国家机关及其工作人员在行使国家职权过程中侵犯了公民、法人或其他组织的合法权利时，国家才承担赔偿责任。反之，这些公权力主体实施的行为与国家职权无关时则不承担责任。二是损害后果要件。上述国家机关及其工作人员在行使国家职权中必须对公民、法人或其他组织的合法权利造成了难以挽回的实际损失时，国家才承担赔偿责任。三是因果关系要件。即只有在遭受损害的主体与上述公权力机关在侦查、审查起诉、审判、监狱管理的行为存在因果关系时，国家才承担赔偿责任。换言之，只要公民、法人或其他组织的损失是由国家工作人员造成的。至于这些国家机关及其工作人员在行使职权行为时是否存在主观过错或者是否对上述民事主体实施了违法行为均不是国家承担赔偿责任的必要构成要件。

法官在判案过程中虽然希望保证断案公平，但是世上仍有诸多人民承受着不白之冤。一是因为少数国家公务人员滥用职权或违法犯罪，不同程度地侵犯到人民的各种利益；二是即使少数公务人员有时没有滥用权力或违法犯罪，这些受冤枉的人民仍然受到了不公平的待遇和损失，此时国家都需要根据刑事案件的处理结果依法为其承担赔偿责任。换言之，只要国家机关工作人员的相关行为对权利主体的合法权利造成侵犯，无论国家公务人员是否犯有主观错误，国家都需要对其受到的损失进行赔偿。

8.1.2　我国刑事赔偿制度的内容

我国《国家赔偿法》制定很晚，直到 1990 年，全国人民代表大会才开始起草，但由于国家机关及其工作人员长期形成的权力本位思想，国家赔偿就涉及各方面的利益冲突。不过，在经过长达四年之久的反复讨论以后，1995 年《国家赔偿法》终于正式实施，标志着我国全面地确立了国家赔偿制度。

随着我国刑事诉讼制度的发展，人权保障理念日渐深入人心，并且各种侵犯被告人财产权的案件日益增多，1995 年开始实施的《国家赔偿法》再也无法适应新时期刑事赔偿的实践需要，全国人民代表大会常务委员先后经历了几次修改。例如，2010 年 12 月 1 日对《国家赔偿法》进行了大幅修改，此次修改增设了精神损害抚慰金、取消了刑事赔偿确认程序、明确了刑事司法不作为侵权理念等。2012 年 12 月 26 日的《国家赔偿法》为了配合《刑事诉讼法》继续修改，并做出相应的修改。例如，保障了赔偿费用的支付、畅通了赔偿请求渠道、完善了办案程序保障请求人及时获赔、明确赔偿请求人和义务机关在赔偿案件中的举证责任等方面。2016 年 1 月 1 日《国家赔偿法》两高解释吸收了刑事赔偿领域最新理论成果，在总结了近年来重大刑事冤假错案的司法实践经验基础上，发现和解决了很多重大冤假错案刑事赔偿过程中碰到的新问题，借鉴和学习了民事赔偿制度，促进刑事赔偿形成统一和较为完善的法律体系，进步明显。对于保障被告人的财产权，纠正冤假错案，以及本法第6条规定的数罪并罚部分罪名不成立时，超期羁押的应当赔偿等方面取得了很大的进步。为了更进一步剖析国家赔偿制度的内容，笔者继续从各种层面解读，具体表现在以下几个方面：

第一，归责原则层面。《国家赔偿法》规定主要采用违法归责原则与结果归责原则来确定刑事赔偿的责任主体。这两种赔偿归责原则结合，可以明确承担赔偿义务的责任主体，同时保证执法中归责原则的确定性和科学性，分清责任主体与不同责任主体承担的赔偿范围，更好地发挥刑事赔偿制度的作用。

第二，赔偿范围层面。赔偿事关国家司法机关的执法水平与受侵犯主体的满意度，所以当前立法首先明确了刑事赔偿的操作空间和责任范围，以及刑事赔偿的具体条件，同时规定了国家免除赔偿责任的情形，以此确定具体的赔偿范围。

第三，赔偿程序层面。为了提高赔偿效率，《国家赔偿法》规定先由赔偿义务机关负责受理，明确赔偿的事实与相关证据，形成赔偿的依据，最终由赔偿委员会决定是否给予赔偿，以及赔偿的具体标准与赔偿数额。

第四，在刑事赔偿范围内引入精神损害赔偿。刑事精神损害赔偿是指在司法机关及其工作人员在刑事诉讼活动中对公民人身自由或生命健康权实施侵害行为，并造成受害人实质性的精神创伤。为此《国家赔偿法》将精神损害的内容纳入刑事赔偿范围之内，使得赔偿请求人的合法权益获得充分保障。

第五，赔偿制度的功能层面。该制度主要解决的是国家司法机关在刑事诉讼活动中侵害被告人合法权益后应当承担赔偿责任的问题。刑事司法赔偿属于侵权赔偿的特殊范畴，前者是后者的一个特殊领域，同样具有救济功能以及相应的预防功能。

8.2　我国刑事赔偿制度的缺陷及成因

8.2.1　我国刑事赔偿制度适用存在的问题

2012 年《国家赔偿法》对刑事赔偿制度进行了修改，立法层面取得了一定的进步。但不管是立法还是司法实践，刑事赔偿均存在诸多问题。比如在立法层面，"精神损害"的标准并没有明确，而且赔偿的标准也与我国目前的司法现状不适应。

第一，公权力机关对刑事赔偿理解存在错误。在过去很长一段时间内，公安司法机关的工作人员，尤其是侦查机关的办案警察，对刑事诉讼过程中发生的错误问题未能正面认识，加上在公安司法机关内部实行的是业绩考评制度。在这种情况下，司法工作人员对于自己的错误更是不愿承认，包括其对公民、法人或其他组织的合法权益造成侵害方面，也没有正面认识，往往采取的是避而不谈的态度。在他们看来，如果承认错误，就意味着相关绩效考核等会受到不良影响。因此，在具体的刑事赔偿司法实践中，普遍存在各机关相互推诿与逃避赔偿责任的现象，各个机关怕影响自己的工作或者名声而不想承担责任，与之相应的刑事赔偿也就无法获得有效落实。

第二，赔偿仅以直接损害赔偿为主。根据《国家赔偿法》第 36 条的规定，对财产权造成损害的，按照直接损失给予赔偿。笔者通过下面两个例子（例 1：最高人民法院受理的北鹏公司申请刑事违法扣押国家赔偿案件。① 例 2：

---

① 在北鹏公司申请刑事违法扣押国家赔偿案中，北鹏公司的请求包括：解除对其财务文件和人民币 2000 万元的扣押、返还上述财物、赔偿自扣押之日起至实际付款之日止 2000 万元的利息等，但最高人民法院赔偿委员会未支持北鹏公司所主张的为交纳 2000 万元而承担的经营损失、合同违约责任。

张高平、张辉叔侄强奸致死案件。①）可以总结出司法实践中赔偿存在的问题："（1）绝大多数申请赔偿者获得的赔偿金，只能是因错拘、错捕等错误羁押而获得赔偿金，并且对于这些赔偿金的计算方式，仅仅根据被限制自由的实际天数进行结算，对于任何其他精神损害的赔偿则未涉及，除非受害人的精神损害达到了'严重后果'时才支付相应的精神损害抚慰金；（2）因超期羁押造成受害人伤残，或是患有其他慢性疾病的，则无法获得相应的赔偿请求；（3）由于长期被羁押或者错误强制措施而导致受害人的企业无人管理而主张财产损失的方面，在目前司法实践中还是无法获得赔偿；（4）受害人申请刑事赔偿的合理支出等均未能获得赔偿。"②由此可见，我国当前刑事赔偿制度的重心并未支持间接损害的赔偿请求。

第三，刑事赔偿标准有待明确。我国《国家赔偿法》明确规定，公安司法机关执行职务给被告人造成损失的，应当承担赔偿责任。这些机关的工作人员在行使职权时往往存在错拘、错捕、超期羁押、再审改判无罪但原判已经执行的、刑讯逼供等非法手段造成公民人身伤亡的，以及违法使用警械、武器造成公民人身伤亡的任何一项或者几项行为，受害人享有获得赔偿的权利。如果造成严重后果，还应当支付精神损害抚慰金。然而，对"严重后果"应依据什么标准，以及如何界定"精神损害"等，这些问题法律均未进行明确。在这种情况下很难确保被告人的精神损害赔偿诉求获得支持。

在现阶段，针对精神损害方面的赔偿，在方式上是"抚慰金"，并不是"赔偿金"。这两者并非同一个概念。赔偿公民精神利益侵害方面，主要是针对精神层面的人格权利给予相应的救济，因此赔偿的对象是公民的人格权利。由于因物质层面的权利受侵害而造成的精神痛苦主要是通过抚

---

① 张高平、张辉叔侄两人用长达十年的时间，终于换回正义与自由，拿到刑事赔偿历史上的最高额赔偿金，但人民法院并未支持张氏叔侄提出的间接损害赔偿请求。张辉对此就说："当初接手经营物流站的人，现在早已身家千万了，而我们却连份稳定的工作都无法找到。"事实上，类似于张氏叔侄这种案件，在刑事赔偿的司法实践中不胜枚举。

② 王继余. 浅析我国刑事赔偿制度之重构 [J]. 法制与社会，2012（25）.

慰金来救济；对于那些因侵权行为导致被害人重伤或死亡的近亲属精神救济，也是通过精神抚慰金的形式进行赔偿。就当前立法而言，刑事赔偿仍然强调物质性损害方面的赔偿，而精神权利层面遭受的损害赔偿仅仅是一种补充。

第四，免予承担赔偿责任的事由宽泛化。我国《国家赔偿法》规定，如果通过审判监督程序发现的冤假错案，受害人希望获得赔偿要具备四个条件：其一，被法院终审判定有罪；其二，改判为无罪；其三，已经执行原错判刑罚；其四，受害人做出真实供述。否则，通过审判监督程序发回重审的案件，或是改判轻罪的案件，以及被告人曾经做过不利于自己供述这种情形下都不会获得相应赔偿。虽然我国《国家赔偿法》针对国家免予承担刑事赔偿的规定用列举形式表现出来，但有个兜底条款，即"法律规定的其他情形"，该规定直接导致当事人能够获得刑事赔偿的范围不够宽泛。如果依据兜底条款的规定进行扩大解释，可以把赔偿的事项变为不赔偿的事项。显然不符合"尊重与保障人权"的立法理念要求，对于保障受害人的合法权利之不利，无法给予受害人提供及时有效的应有救济。

第五，赔偿责任与责任追究机制混同。基于我国《国家赔偿法》旨在对公民、法人或其他组织的合法权益受到国家公权力侵犯时就给予必要的保障和救济，那么，该立法目的只应当考虑对侵权事实的认定，以及是否予以赔偿的问题，而与造成侵权损害发生的原因没有直接联系。如果是由于公安司法机关工作人员自身过失造成的，或者是主观故意造成的，那么国家在承担赔偿责任之后，应向侵权行为的实施者追责，具体包括工作人员承担的侵权责任，以及相应的刑事赔偿责任。可见，在刑事诉讼过程中，无论权利主体的合法权益是因何种侵权行为受到侵害，国家均应承担相应的赔偿责任，该责任的承担方式为无过错责任；根据过错归责原则或称作违法归责原则，国家在承担该赔偿责任后，对于故意或有过错的侵权行为人必须追偿，要求侵权行为人承担侵权责任。

然而，在涉及错误刑事判决而引发的侵权行为方面，《国家赔偿法》承担责任的方式采取无过错原则与过错归责原则两种交叉适用。其判断标准的设定是从侵权行为人的主观方面进行判断，也即当事人在刑事诉讼中，出现错拘、错捕等行为时导致当事人合法权益受到损失。如果行使公权力的主体在主观上没有故意或过失，则就无法获得国家赔偿。该规定容易把国家赔偿责任与侵权行为人赔偿责任相混同，这种责任承担方式极易导致受害人获得赔偿的概率降低。

8.2.2　刑事赔偿制度缺陷的成因

第一，国民心理方面与社会经济环境的客观影响。①国民心理。一个法治国家得以形成，对国民心理模式的确立或多或少会产生一定的影响，而国民心理的这种外化表现，则是一个国家法治程度高低的具体外在体现。构建法治国家对提升广大民众法治意识与塑造国民心理较为有益，力求国家权力与公民个人权利之间达到一定的平衡性。要使权力与权利实现和谐共处，一方面与我国依法治国宗旨要求相符合，另一方面与《国家赔偿法》确立时所追求的基本目标要求也相符合。基于此，对权力进行有效约束，确保公民财产权得以保障，乃是构建法治国家应当考虑的一个根本性问题。通过《国家赔偿法》的制定与司法实践，显然忽视了国民心理预期对法律施行的影响，导致法律制度价值供给不足。②社会经济环境。"社会经济环境指的是一个国家总体经济状况，其包括资源和财富的多寡，以及相应的分配制度，是资源配置和财富产出的非物质性条件的决定因素，属于经济生活中的公共权力等。"① 从社会经济环境的层面来说，其具有能动的作用，良好的社会经济环境能促进刑事立法、司法的有效运行，并且可以为此提供必要的物质环境保障。近十几年来，随着我国对外开放政策的深入，社会发展迅速，经济发展态势一直呈较高发展势头，使得人民生活水平获得较大幅度的提高。当然，就目

---

① 应松年，马怀德. 国家赔偿立法探索［M］. 北京：法律出版社，1992：7.

前而言，还与发达国家存在较大的差距，从另一方面来说，这说明我国仍具有很大的提升空间。基于此，在我国对内对外系列发展机制的推动影响下，我国《国家赔偿法》的刑事赔偿规则体现出一定的滞后性。

　　第二，人权保障观念淡漠与司法权滥用。①人权观念较为淡漠。《国家赔偿法》总则部分指出，在涉及我国国家赔偿制度的目标上主要有两个方面：一是推进刑事司法机关及其工作人员真正能够落实依法行使职权；二是强调要确保权利主体依法享有获得刑事赔偿的权利。两者之间相辅相成且不可分割。有学者认为："这两个目标并非并列关系，而是应当把保障权利主体依法享有取得刑事赔偿的权利放在第一位的位置。"[①]笔者对此表示赞同，因为就《国家赔偿法》本身而言，二者应是兼容并包，并且以后者为重，此举顺应人权入宪的现实背景要求，同时还有助于广大民众尊重与认同刑事赔偿制度。但是从司法实践来看，以人权为代表的当事人合法权益并未得到应有的重视。②司法权滥用现象的存在导致被告人财产权无法获得有效保障。我国《刑事诉讼法》第 114 条明确规定："在勘验、搜查过程中，发现可用以证明犯罪嫌疑人有罪或者无罪的各种物品和文件应当扣押，其他的物品和文件则不得扣押。"该条文规定不够明确，在对各类涉嫌犯罪的物品、文件资料规定上，存在明显的主观随意性，而在对物的强制措施理由方面，也过于简单，容易产生司法权滥用、侵犯被告人合法权益的现象。

　　第三，刑事赔偿范围狭窄。由于在立法规定上没有实现明确化，所以导致赔偿范围受局限的原因主要有以下两个方面：①间接损失无法得到有效赔偿。在我国民事侵权领域，要求遵循的是全面赔偿原则，然而，刑事赔偿范围较为狭窄，即仅限于直接损失，没有涉及间接损失，即便进行这方面的赔偿，也仅仅只涉及法律规定的误工费，以及相应的罚金利息方面。显然，这缺乏合理性。基于此，"在对财产损害的赔偿范围进行确定时，应遵循的是全

① 刘志远. 中国刑事赔偿原理与实务［M］. 北京：中国人民公安大学出版社，2011：14.

额赔偿原则"①。换言之，既要赔偿现有财产直接减少的损失，还要赔偿间接损失。对此，有的观点则认为，"国家只负责直接损失，这与我国当前的国力财力还不雄厚有关"②。事实上，自1994年出台《国家赔偿法》以来，我国的国家赔偿支付能力已经有了显著提升，然而，我国在2012年对《国家赔偿法》进行修改后，仍旧没有将间接损失这部分内容纳入到国家赔偿的范围，从而导致国家赔偿的范围过于狭窄，不利于保障被告人的财产权。②相关法律方面的规定缺失。根据《国家赔偿法》第36条的规定可知，国家损害赔偿的范围根本不负责赔偿间接损失，仅仅针对造成的直接损失给予"恢复原状、返还财产"的赔偿以及"支付必要的经常性费用开支"，等等。总之，我国立法对直接损失的认定标准上可以说简单明了，但是对于与直接损失相伴而生的间接损失赔偿均未给予相应的合理规定。除此之外，在具体的司法实践中，受害人请求国家赔偿的具体数额与实际所获得的国家赔偿数额往往差距大，使得受害人因未获得合理的赔偿金额而导致对国家赔偿制度的权威性呈下降趋势。

第四，列举式立法模式缺乏包容性和扩展性。根据《国家赔偿法》第17条规定，系列国家公权力机关及其工作人员在刑事诉讼中行使职权时有下列侵犯人身权情形之一的，受害人有获得赔偿的权利："（1）违反刑事诉讼法的规定对公民采取拘留措施的，或者依照刑事诉讼法规定的条件和程序对公民采取拘留措施，但是拘留时间超过刑事诉讼法规定的时限，其后决定撤销案件、不起诉或者判决宣告无罪终止追究刑事责任的；（2）对公民采取逮捕措施后，决定撤销案件、不起诉或者判决宣告无罪终止追究刑事责任的；（3）依照审判监督程序再审改判无罪，原判刑罚已经执行的；（4）刑讯逼供或以殴打、虐待等行为或唆使、放纵他人以殴打、虐待等行为造成公民身

---

① 王利明，杨立新. 侵权行为法［M］. 北京：法律出版社，1996：338.
② 江必新，胡仕浩，蔡小雪. 国家赔偿法条文释义与专题讲座［M］. 北京：中国法制出版社，2010：81.

体伤害或者死亡的；（5）违法使用武器、警械造成公民身体伤害或者死亡的。"第18条继续规定："（1）违法对财产采取查封、扣押、冻结、追缴等措施的；（2）依照审判监督程序再审改判无罪，原判罚金、没收财产已经执行的。"

由此可知，如果侵犯受害人财产的行为，不在《国家赔偿法》第17条、第18条规定情形范围之内，国家就不承担相应的赔偿责任。然而，在司法实践中极有可能出现某种侵权行为本应受到否定性评价，却又因国家立法未做相应的规定而逃避法律制裁。为此，国家立法上存在明显的局限性与滞后性，并且立法技术采取列举式的方式使得我国刑事赔偿范围的立法规定与司法实践要求不相适应，需要结合我国具体国情不断完善，并使得《国家赔偿法》在相应规定上更加符合我国的国情需要。

第五，刑事强制措施运用不当过频引发违法现象。通过对《国家赔偿法》第18条第一项规定以及第114条规定进行分析得知，从公检法等机关的层面来说，其办案人员在实施对物的强制措施时，附随着一定的义务，一旦出现违反此义务的现象，并造成一定的损失时，其个人就应承担国家赔偿责任。然而，现实的情况并非如此。在功利驱动下，司法机关的办案人员倾向于对财物采取强制措施，如办案人员在立案之前，或者是在虚假立案后，对被告人的财物进行限制或查清为合法财物之后，并没有予以退还或解除。在法院做出生效判决之后，部分应上缴国库的款物，可能就存在继续查封、不予退还的现象，并因此导致被告人的财产权受到相应侵害。

8.3　完善刑事赔偿制度的构想

救济往往同权利是相伴而行的，即便制度设计再无懈可击，也会有出现纰漏的时候，唯有当被告人的财产权基于惩治犯罪被公权力侵害时，对其予以适当救济，这样有助于被告人合法权益得到有效维护，进而确保公权力的行使始终处于公平、公正的环境下。然而从当前我国所实行的刑事司法赔偿程序来看，其并不可能通过诉讼的渠道加以处理和解决，大多还是需要由赔偿义务机关介入或上一级机关确认，这同"任何人不得成为自己案件的法官"原则相背离。

8.3.1 优化刑事赔偿标准

所谓赔偿标准，在司法实践中又被称作国家赔偿计算标准，主要指的是国家赔偿法所规定的对损害大小以及赔偿金额予以计量的准则或是依据。国家赔偿标准不仅同赔偿数额的计算存在着直接的联系，同时也决定了当事人在受到公权力侵害时是否可以得到救济以及实际得到的救济程度，因而在实体法上具有极其深远的意义。

一般状况下，国家赔偿标准应当遵循以下三个基本原则：一是补偿性原则；二是惩罚性原则；三是抚慰性原则。

所谓补偿性原则，主要指的是将实际损失作为赔偿依据的原则。依照该原则，对合法权益受到侵害的一方当事人所受到的损失加以具体考量，尽可能确保国家赔付合理、到位。故此，这一赔偿原则又被叫作完全赔偿原则抑或是全部赔偿原则。全部赔偿的范围涵盖两个方面，不仅包含直接损失，同时也包括间接损失。所谓直接损失，主要指的是合法权益遭受侵害的当事人已有财产的缩减，其中，财产的损失、人身损害治疗支出等均属直接损失的范畴；间接损失主要是指已预见或可预见的利益，同时能够期待且必然获得的也应当被纳入间接损失的范畴。唯有对直接以及间接损失均进行赔偿，才可确保合法权益遭受侵害的被告人财产权利得到充分的保障。

所谓惩罚性原则，主要是指超过合法权益遭受侵害的当事人所遭受的实际损害范围，加害人对其所给予的额外的财产性赔偿，以此对加害人行为进行惩处。[1]合法权益遭受侵害的当事人所取得的赔偿金额由两部分组成，一部

---

① 张新宝. 侵权责任法原理［M］. 北京：中国人民大学出版社，2005：469.

分为实际财产损失，另一部分为加害人的额外惩罚。这一原则的确立不但让合法权益遭受侵害的当事人能够获得比所侵害财产权益更多数额的赔偿，同时也让加害方得到经济方面的惩处，因此该原则在运用标准上应当更为规范、更加谨慎。

所谓抚慰性原则，主要是指对合法权益遭受侵害的当事人所受到的财产损害加以部分救济，而不是所有损害均进行赔偿，单纯的只是对其起到安抚的作用，故此，这一原则又被叫作合理赔偿原则。在我国当前现行的法律中，《国家赔偿法》在其第二部分明确了国家赔偿的计算标准以及方式方法。根据该说明，国家赔偿的标准以及方式方法应当始终遵循下述三大原则：首先，尽可能确保受害人遭受的损失得到恰当的弥补；其次，必须充分考量国家经济以及财力是否能够负担；第三，能够方便计算，同时简单且容易操作。所以，"适当的弥补"这一描述其实就是指"抚慰性标准"。

依照我国《国家赔偿法》的相关规定，对权利主体的财产权受到侵害的，可以依照八项规定加以处置。在此可以了解到，我国在对国家赔偿制度进行设计的过程中，针对受害人总共出台了八种类型的具体赔付方式，笔者已在前文中提及。不仅如此，立法还明确规定了对公民财产权造成其他损害的，依照直接损失进行赔偿。总的来说，我国刑事赔偿制度所遵循的原则可以用八个字来形容，即"抚慰为主、补偿为辅"。同时我们也发现，立法中并没有任何涉及惩罚性的规定。

当前赔偿标准虽然具有一定合理性，但仍有进一步优化的空间。赔付的标准是以受到的损失作为基础的，对受害人所受到的财产性损害加以明确并给予赔付，理所应当成为建立刑事赔偿制度的出发点和落脚点。如果对这一制度订立的初衷加以违背，不仅会导致赔偿数额无法计量，同时也会引发对受害人二次伤害。但是，当前我国所奉行的赔偿原则及其标准却将这一点忽视，因而存在着人为定性定量的情形。如针对财产已变卖或拍卖的，基于变卖或拍卖行为获得的价款应当予以给付。但从我国的司法实践来看，支付给受害人的价款常常同财物本身价值存在着一定的差距。再举例来说,法条中规定:"吊销许可证和执照、责令停产停业的,赔偿停产停业期间必要的经常性费用开支。"然而在司法实践中,在遭遇停产停业后,受害人不仅损失经常性费用开支,营业额等也会遭受影响。那些间接损失不予赔付,甚至一些实际发生的损失也没有得到应得的赔付,单纯仅获得维持开业必须支出的费用,对受害人来说确有不公。

作为受害人救济的方式之一,刑事赔偿的目的在于对受害人采取行之有效的救济,以此使受害人所蒙受的损失得到有效填补,进而使受害人不会基于刑事赔偿制度的缺失而导致其蒙受第二次的伤害。因此笔者建议,在对刑事赔偿标准进行制定时可确立多重标准,在充分发挥既有标准的基础上,再次进行斟酌后对刑事赔偿制度的综合性适用标准进行确立。具体情况如下:针对司法实践中故意对受害人财产权进行侵害的违法行为,在赔偿的过程中可遵循"惩罚性赔偿为主、补偿性赔偿为辅"的原则,不仅要求加害人"返还财产、恢复原状"以及"给付同等价值的赔偿金",还要对受害人所遭受的间接损失予以惩罚性赔付。

8.3.2 合理界分"直接"与"间接"损失范围

我国《国家赔偿法》第 36 条规定:"侵犯公民、法人或其他组织的财产造成损害的,按照下列规定处理:(1)处罚款、罚金、追缴、没收财产或者违法征收、征用财产的,返还财产;(2)查封、扣押、冻结财产的,解除对财产的查封、扣押、冻结,造成财产损坏或灭失的,依照本条第三项、第四项的规定赔偿;(3)应当返还的财产损坏的,能够恢复原状的恢复原状,不能恢复原状的,应当按照财物损害程度给付相应的赔偿金;(4)应当返还的财产灭失的,给付相应的赔偿金;(5)财产已经拍卖或变卖的,给付拍卖或变卖所得的价款,变卖的价款明显低于财产价值的,应当支付相应的赔偿金;(6)吊销许可证和执照、责令停产停业的,赔偿停产停业期间必要的经常性费用开支；（7）返还执行的罚款或者罚金、追缴或者没收的金钱，解除冻结的存款或者汇款的，应当支付银行同期存款利息；（8）对财产权造成其他损害的，按照直接损失给予赔偿。"在该条款前七项中明确了若干种应当给予赔偿的情况，同时对以何种标准和方式进行赔偿加以明确，再以兜底条款的方式表明我国财产损害赔偿，遵循赔偿直接损失这一重要原则，故而对受害方所遭遇的间接损失不予任何赔偿。最高人民法院《关于民事、行政诉讼中司法赔偿若干问题的解释》中也未对直接损失的范畴加以明确。

从司法实践来看，直接损失这一概念不仅内涵模糊，同时外延也不清晰，进而导致很难对其范围进行划分。无论是理论界还是实务界均对直接损失的范围具有较大争议。不仅如此，立法中也尚未对直接损失的概念进行明确界定。故而对于直接损失以及间接损失的范畴来说，我们只有被动适用而无从考究其合理性。针对这种情况，理论界研究表示，赔偿直接损失是指所赔偿的损失具有明显的两个特点：一是已经发生的；二是确定的。故直接损失并非为受害人应得或是可得收益。在司法实践中，直接损失不仅是一目了然的，同时也是实实在在的。[1] 所谓直接损失，主要是指基于不法侵害的存在而导致当前财产出现直接削减或是灭失的状况。[2] 赔偿间接损失，所赔偿的损失是指可得利益的削减，简单来说，就是受害时还没有发生，但是如果侵害不存在的状况下，受害人往往应得这一利益，或是可得这一利益。间接损失并不直观，无法体现在受害人拥有财产的实际缩减，而是未来应得收益基于侵权行为的发生而无法获得。因此，有观点表示，放弃直接损害的概念，在赔偿标准上参照民法规定执行。也有学者认为，可以站在四个方面对直接损失的判断标准加以重新界定：一是损失的客观性；二是利益的必然性；三是赔偿的公平性；四是现有财产的界分点。[3] 因此，如何对直接损失所包含的范围加

① 江必新，梁凤云，梁清. 国家赔偿法理论与实务（上下卷）[M]. 北京：中国社会科学出版社，2010：871.

② 姜明安，余凌云. 行政法 [M]. 北京：科学出版社，2010：586.

③ 陈希国，国家赔偿法中"直接损失"范畴界定 [N]. 山东法制报，2017-02-24（03）.

以合理划分，切实在当事人所享有的合法权益以及当前立法中寻求到平衡点，这是值得研究和解决的重要问题。

为有效解决上述问题，笔者建议可以借鉴"直接因果关系说"将部分间接损失纳入赔偿范围。《国家赔偿法》在未来修订过程中，建议将精神损害赔偿纳入赔偿的范畴，并通过立法予以确立，这从某种程度上表明，我国立法对部分间接损失赔偿予以了肯定，这同司法实践的需要是一致的。然而，我国刑事赔偿的范围始终将当事人所受到的直接损失作为中心，而不支持国家赔偿中给付当事人受到的间接损失。但在司法实践中，许多当事人遭受的实际损失远远不止直接损失的数额，因而这一赔付方式很难令人信服。举例来说，念斌案中提及的房屋损失费等一系列费用，这些费用是基于公权力机关所实施的侵权行为直接引发的损失，因而属于必须给付的直接损失的范畴。除此之外，受害人基于维权而支出的费用能否得到赔偿，当前也没有明确提法。尽管实际案件中不少当事人在对国家赔偿进行申请时将各类费用都进行了列举，然而绝大多数诉求不能得到法院的支持，比如被告人的交通费、律师费等。

此外，也可以引入"正常情况下必然损失"标准，作为一项辅助性计算原则和依据。财产权遭受国家公权力侵害的当事人寻求救济的过程中，会导致各类费用产生，这些费用以差旅费、误工费等为代表。怎样对这一系列费用的性质加以界定，这一问题事关赔偿机关在圈定赔偿范围时是否科学、合理，同时也同被告人合法权益是否可以获得有效保障具有直接的联系。也有学者表示，最高人民检察院和最高人民法院联合制定的标准中，直接损失主要是指在财产本身未灭失状况下也会生成的费用，常见的有金融机构存贷款利益的损失以及停产停业期间工资、水电等一系列支出。间接损失主要是指在财产并未灭失的状况下并非必然发生的费用，常见的有律师费、交通费等。依照笔者的观点可作如下认定：一是要明确损失是否具有必然性；二是这一必然损失有无法定或是约定的情形。如果有，那么便可将之视为直接损失的范畴，比如说税金等便是其中的典型代表。简单来说，即便财产本身并没有发生任何的损失，但是根据立法的相关规定，这笔费用依旧属于需要支出的范畴。

依照上文中笔者所提出的观点，即"正常情况下必然损失标准"，应当在直接损失范围内追加财产的附随费用以及孳息的必然减损部分，而对于可能存在着损失的部分，不可采取一刀切的方式拒绝赔付。对此，在其财产本身尚未蒙受任何损失的状况下，针对附随部分可能发生的损失，可借鉴"直接因果关系说"以判别是否应当进行赔偿。倘若加害行为导致附随财产损失的发生，同时还不存在其余因素引发因果关系的中断，这应当基于社会公众的一般视角加以判断，如果附随财产的损失同侵权行为发生两者间具有直接因果关系，那么该部分损失理所应当被归为赔偿范畴，这些费用包括律师费、鉴定费等；如果并不存在直接因果关系，则将不被划入赔偿范畴。

如果我们将间接损失划入我国刑事赔偿范畴，不仅具有极其重要的实践价值，同时也有着一定的理论意义。第一，这是对被告人合法权益进行救济和维护的必由之路。在刑事诉讼活动中，侦查机关以及相关人员所实施的侦查行为会给受害人带来直接损失以及间接损失，从司法实践来看，间接损失在很多时候远远要大于直接损失。实际上，依照公共负担平等原则，针对被告人所遭遇财产损失中的间接损失的必要部分可由国家出面予以赔偿，随后通过转嫁的方式由社会公众共同承担，这样更有利于损失的分散。转嫁可以通过财政或是税收的方式进行。第二，把被告人所遭遇的间接损失中一部分纳入刑事赔偿范畴是我国依法治国的实际需要。从司法实践来看，如果一味地只对直接损失部分进行赔付，而不具体情况具体分析，将所有的间接损失都排除在国家赔偿之外，这样非但被告人无法有效维权，同时也会对我国法律的权威性以及公信力产生影响。故此，可将被告人其中一部分所蒙受的间接损失划入我国刑事赔偿范畴，这是我国确保法治国家建成的必要支出。

8.3.3 规范解释立法语词含义

第一，"等"字含义的理论争议。按照我国目前施行的《国家赔偿法》，在刑事司法赔偿中，对受害人的财产损失给予赔偿的只有两种主要的情形。然而，在整个刑事诉讼活动过程中却包含了诸多的财产类强制措施，而不仅是这两类情形就可以完全覆盖，立法中使用的技术性语言"等"字，在此处却无法判断具体的包含范围。赔偿法中有关刑事领域的财产侵害的赔偿范围主要采取列举式，如果在此处的赔偿设置兜底性条款，未免减损法的确定性，对于办案机关工作人员开展工作也会有不利限制。因此，在赔偿法中针对刑事赔偿领域的规定也是适用更为严格的法定情形。

体系解释视角下"等"字含义的规范解读。首先，我们应当通过文义解释对"等"字进行法律解释。"等"可以理解为"等内容"，也就是说该情况内包含的强制措施仅有查封、冻结、扣押以及追缴措施。其次，若将"等"字理解为"等外等"，则包含的内容就不止前述的四类强制措施，而是包括了更大范围的违法行为。此处使用文义解释不能够使法的内容确定下来，故进而使用体系解释法继续对该字进行解释。由于该字是一个立法技术上的用词，并不单一地出现在刑法这一部门法中，而是充斥于各个法学领域。有研究者提出，在进行法的解释时，"体系"一词尤指外在的体系，而不是内在的体系，所以体系解释的方法是根据外部体系的统一性来进行法的解释。也有一些学者的观点是，体系解释要考虑具体条文在法律体系中的具体位置，也就是关注其所处的章节、其前后法律条文的内容，综合确定该条的释义。有些学者进一步主张，体系解释方法是综合性的，在刑法体系，甚至整个法律制度体系中，都应当是符合逻辑合理性的，不会前后矛盾的严谨释义。因此，在进行法的解释时，不能将法律条款单个抽离出来解释，而应当将其作为整部法律的一部分，并考虑前后的规定语言来对其做出整体上的释义。在判断是否属于相关语境时，决定性要素是二者之间是否有同样的属性。在体系解释中，同类解释的规则非常重要。该规则的含义是，在法律条文中有概括性的表述，而其中如有不确定的用词，则解释时应考虑具有确定性的同类用词、同类事项进行其含义的释义。法律本身的缺陷造成其语言不具有较强的周延效果，加之违法情形的表现形式繁复多样，法律很难通过枚举的方式来囊括所有的情形，所以很多情况下都会使用"等"或"其他"类型的字词来表达对该类规定的兜底，以达到周延的效果。如果需要解释的是这类字词，那么就应该首先考虑在法的规定中已通过枚举表达的确定含义；如果属性或情形和枚举所得的事项可归类为相同，那么才符合规则的释义，否则就可能发生类推解释的风险。

综上，笔者的观点是在对此处的"等"字进行解释时应做"等外等"解释，也就是说不仅包括前述的四类强制措施，还应包含其他的具有同一属性的情况。譬如，在侦查阶段的搜查，该行为本身具有强制的属性，如办案人员违反程序破坏房门进入，使被告人的财产遭受毁损的，虽然具有合法的目的但属于非法的行为，就应当被纳入到国家赔偿的范围。如搜查行为本身就是错误的，那受害人因此遭受的财产毁损就更应当被归类于国家赔偿的范围。

由此也引发出另外一个问题，也就是取保候审保证金制度中的国家赔偿问题是否属于"等外等"的研究范畴，如果属于，那么取保候审保证金受到侵犯时，是否也可以申请国家赔偿？根据目前施行的《刑事诉讼法》及有关取保候审适用的最高人民法院、最高人民检察院及公安部规则，该程序中保证金的属性、收取、复核、被取保候审人的申诉以及有关的违法情形都已有了明确。然而在实践中，办案人员收取保证金不恰当、不向支付人出具保证金收据、当还不还等违法事项依然层出不穷。更令人遗憾的是，在目前的《国家赔偿法》中，既没有对这一类违法行为的赔偿做出明确的规定，也没有对此类违法人员的处罚措施落到实处。

由此可知，我们应当将取保候审中的保证金纳入刑事司法赔偿的范围，具体原因是：①我国《国家赔偿法》的立法本意就是保护公民的基本权益，而此处的取保候审保证金本质上依然属于公民的财产。《国家赔偿法》还有一层重要的功能就是督促国家机关工作人员在日常工作中要做到依法行政、合理地行使国家和人民赋予他们的职权。保证金也是公民的合法财产，如因办案人员的违法操作致使保证金被错误收取、使用或没收的，公民应当有权、有途径对其财产损失进行有效救济。②取保候审程序中收取的保证金以及收取后的保管、返还等从法律性质上来看具有刑事司法的属性，符合归入国家赔偿范围的基本规则。根据取保候审的有关规定，明确取保候审保证金制度属于刑事司法行为的范畴。侦查机关及审判机关在刑事诉讼活动中对被告人采取取保候审措施，要求被告人交纳保证金，结果在保管中因为发生违反取保候审规则而决定没收或者不予退还保证金时，从财产利益上看都是属于对相对人产生不利影响的司法行为。以上文中介绍的同类解释规则的依据，这种司法行为与条文中明确列出的查封、冻结等强制措施具有本质上的一致性。故此，笔者将该类项目纳入国家赔偿的范围符合基本的法理要求。

8.3.4 完善刑事赔偿配套机制

第一，完善刑事赔偿立法。新修订的《国家赔偿法》对刑事司法案件中的赔偿依据、标准，需要履行的程序以及基本原则都进行了制度规定，从整体上来看，我国的刑事司法赔偿制度正在往更合理和保护人权的方向发展。虽然如此，在该制度中仍然有不少需要改善的地方：①在适用国家赔偿的范围中没有设立兜底性条款。对于能够适用国家赔偿的刑事司法案件，法律是通过列举式的立法技术来进行规定的，也就是对现实已知的违法刑事进行了枚举。然而，信息科技社会的发展日新月异，对被告人新类型的人身、财产权的侵害情形也在不断变化，如法律仅以枚举的方式规定，会使法的滞后性情况加剧，在适用上无法匹配高速发展的社会状态。解决矛盾的方法是在现有立法中枚举情况之后加上"其他应当给予国家赔偿的情形"，这样在实践中才能在发生新型的刑事司法案件时，法律适用的灵活性更高。②确立符合司法实践需求的刑事案件赔偿适用标准。近些年，不少国家或地区都开始重新审视本国的刑事司法赔偿制度，并对其进行了革新。例如，日本及我国台湾地区都修改了相关法律，将结果归责制作为国家赔偿的基本原则。然而，我国的立法中尚未确立该项原则。笔者的观点是，我国的刑事国家赔偿制度中应转变现有归责模式，确立结果归责或无过错为主、过错为辅的赔偿认定原则，即在认定是否应当给予国家赔偿时应关注办案机关的查扣行为有没有对被告人的财产造成了侵害，考虑该等行为与结果之间的因果关系，而不是考虑查扣行为本身的合法性认定或行为人的过错程度是否严重。也就是说，若被告人的财产发生了毁损灭失的结果，且该等结果的出现是因为办案机关工作人员的行为所导致的，那么就应当属于国家赔偿的范围，被告人即有行使财产权救济的权利。针对案件中的一些事实行为，可以考虑通过过错原则来认定，如被告人或其代理人能够证明办案机关对出现的损害结果存在过错，那么也适用国家赔偿的情形。

第二，加强司法判例的个案引导作用。我国《国家赔偿法》对精神损害赔偿制度的设立是立法上的创新。然而，我国地域广袤，不同地区的经济和文化发展水平不平衡，个案的情况也存在差别，精神损害赔偿的标准原本也是具有较大的自由裁量，这就造成了这一制度在实施中很难有统一的标准。就这一问题，实践中也有人认为，由于现实案件的情况错综复杂，用法律的统一标准去衡量精神损害显然是不恰当的，但可以根据个案的实际情况，由最高人民法院给予一定的应用方面的指引。最高人民法院可以根据不同地方的经济发展情况在进行调研的基础上结合审判实践给予一定的标准设定，同时设定一些影响具体赔偿金额浮动的相关因素，以求在最大限度上实现个案中的正义。鉴于我国确立刑事司法赔偿制度比较晚，实践的经验较少，制度规定还有很多不健全和不合理的地方。因此，相关领域的司法工作人员需要在实践中甄选典型案例，作为刑事司法赔偿的参考案例，对法律的适用进行解释和补充。同时，有了典型案例的指引，对一些处于模糊地带的问题也可以进行有指导性的试行，对于个案是否适用进行推导和论证，为今后的法律完善提供实践经验。

第三，完善赔偿请求人救助制度，建立国家赔偿支付基金。根据我国目前的赔偿法，国家给予赔偿的范围是有严格的规定的，加之实践程序烦琐，短时间内要实现范围的扩展很困难，故而短时间内可以从赔偿请求人救济制度的方面着手来完善我国的刑事司法赔偿制度。总结其他国家目前的刑事赔偿法实践，在被告人救济制度方面有各种不同的适用理论，包括国家责任理论、保险理论、社会福利理论等。不管采用的是哪种理论，其制度的目的都是对被告人的人身、财产损失给予尽可能公平和有效的补偿。如果被告人基于个人知识水平、能力尚不足有效行使赔偿请求权，国家应当确定一定的审查标准和审查原则，及时提供必要的救助制度和措施，确保弱势群体在程序上和实体上都能有效地行使国家赔偿请求权。

此外，基于我国各个地区及不同机关的财政收入一直处于不平衡的状态，可能会出现有些国家机关承担着相当繁重的国家赔偿义务但又没有赔付能力。故此，笔者赞同"各个地方设立专项国家赔偿支付基金。同时将赔偿义务机关设计成为形式意义上和程序意义上的赔付主体，虚化其赔付的实体资格，使之仅仅成为赔偿程序上的参与主体，实际的赔付在法定机关认定后由基金会具体办理"①。这样就可在相当程度上消除司法实践中赔偿义务机关的顾虑，使被告人及其他人的合法财产权得到及时救济，从而解决赔偿法的困境。

---

① 李睿. 国家赔偿法的完善——新国家赔偿法的评析［J］，法制与经济（中旬刊），2011（10）.

结　语

虽然我国《刑事诉讼法》中被告人的人身权与财产权逐渐得到了法学理论界与司法实务界的重视，并且刑诉法通过了几次较大幅度的修改，但与全面依法治国的要求相比仍然存在一定的差距，有的公安司法机关办案人员在刑事诉讼活动中因法律制度的不规范以及传统的法治观念根深蒂固，对被告人的合法权益并没有给到应有的保障，尤其是对被告人财产权的保障方面更是缺乏严谨的规范，侵犯被告人财产权的现象依然没有得到根除。随着我国市场经济的发展、社会的进步，有的案件涉案财产往往动辄几百万、几千万，甚至几个亿或几十个亿不等。若被告人缺乏法律制度保障，很容易被强大的国家公权力机关所侵害。《刑事诉讼法》作为宪法之施行法，一方面担负着惩罚犯罪，另一方面担负着保护人民权利的责任。但该法在保障被告人财产权方面的条款却并不多见，有些相关条款即使存在，也缺乏可操作性，使得司法实践中被告人的财产权时常面临各种威胁，随时有可能遭受公权力的侵害，从而得不到应有的保障。因此，如何避免这些公权力机关及工作人员越过合理的限度，侵犯被告人的合法财产权，是我国司法实践需要解决的一个重大课题，也成为笔者对此课题进行研究的直接动因。笔者认为，在刑事诉讼活动中的每一个阶段，只要司法工作人员严格遵循宪法精神、刑事诉讼基本原则以及刑事政策的规定，遵守与规范国家对被告人财产权保障方面的法律制度，并赋予被告人更多的权利以及防御手段，司法公正一定会得到真正的实现，被告人的财产权才会得到充分保障。

财产权保障的核心内涵是"免受政府和他人的侵犯"。以此衡量政府与国家司法机关的公权力是否遵循了刑事诉讼中的正当法律程序原则、比例原则、司法审查原则等。由于这些原则本身具有普适性和规律性的特征，其辐射范围多包括财产权、人身权、生命权等丰富内涵。在司法实务中采取的查封、扣押、冻结等对物的强制措施制度、取保候审保证金制度、涉案财物的认定与处理制度，以及国家赔偿制度等，就是从财产权保障的视角出发的应然结果。在整个写作过程中，笔者围绕被告人财产权保障这一根主线贯穿全文。一方面，针对我国当前司法实务中被告人财产被公安司法机关非法查封、扣押、冻结过程中存在的问题；取保候审保证金收取、保管与退还的过程之中存在的问题；涉案财物的认定、保管与处置的问题；违法所得没收程序中犯罪嫌疑人、被告人的合法财物如何被保障问题以及国家刑事司法赔偿案件中难以实现或难以弥补被告人损失的问题等进行全面介绍与分析研究，提出了个人的司法改革建言；另一方面，比较国内外人权方面的制度、国内外相关立法以及国内外学者观点的利弊，并结合我国具体国情，对刑诉法中设定的关于被告人财产权保障方面的制度进行有针对性的规划与调整，以期对以后的司法体制改革与学术研究能起到抛砖引玉的作用。

在研究过程中不仅注重被告人财产权保障方面的国内外研究状况与比较，而且也注重研究的创新。第一，本书系统地梳理了刑事诉讼中被告人财产权保障的理论，在已有研究的基础上，更加系统性地对刑事诉讼中被告人财产权保障问题进行研究。第二，本书结合国外有关财产权保障和人权理论，提出应在我国司法实践中引入部分值得借鉴的国外法治理念，并将其融入立法和司法领域中去，从而达到不断平衡公权力和私权利在被告人财产权保障方面的冲突。第三，针对我国强制措施中出现的问题。笔者进一步建议启动司法审查制度，并将对人的五种强制措施与对物的强制措施合并为一章，此举既是彰显国家对人权的重视，也是解决在刑事诉讼过程中因为强制措施的实施出现的各种问题。同时特别强调追诉机关在实施强制措施之前应当接受法院的司法审查，以此确保与控制公权力不会被滥用。第四，笔者结合域外的保释制度的立法及其精神实质，大胆探索美国的商业保释制度，在我国可称之为取保候审职业保证人制度，增加职业保证人制度的目的是改观我国现行取保候审现状，降低取保候审适用的难度，达到当事人财产权保障与有效地遏制取保候审保证金制度弊端之间的一种平衡。具体设计在方案书中均有详述。第五，针对刑事案件中涉案财物的收取与保管问题，笔者建议在地方各级法院设立涉案财物保管中心。具体包括涉案财物的管辖范围、保管机关的保管设施与人员配置、建立专门的涉案财物管理信息系统、临时调用涉案财物的管理办法以及涉案财物的运作程序等。此举不仅有利于涉案财物的扣押机关与保管机关的制衡，充分地保障被告人的财产权，而且有利于实现涉案财物的统一保管与处理，从而促进司法公正与司法的权威性。第六，为了解决国家公权力与公民个人财产权的冲突与平衡。笔者建议发挥社会组织的监督作用，具体包括社会监督组织的形成、主体资格、社会监督组织的途径，以及社会监督组织所享有的问询权、个案监督权等。

在经济社会高速发展的当下，仅有法律制度是远远不够的。我们不仅强调立法的作用、执法的水平、守法的意义，而且还必须要在整个社会中形成与民主法治相适应的观念。这样人们在其权利受到非法侵害时才会积极主张并寻求救济途径。目前，我国刑事诉讼中的被告人在认为国家公权力机关侵犯其合法权利时，就会不再一味忍受，而是要求公权力机关或工作人员赔偿损失，寻求权利救济。此外，国家公权力机关在刑事诉讼活动过程中要把国家利益、社会利益与个人利益与公民的合法利益摆在同等重要的位置。既要防止自己的财产受到国家司法机关的非法侵害，还要针对被告人的财产权安设相应的救济制度，从而落实被告人在宪法或法律中享有的各项权利，使刑事诉讼法能够真正成为宪法之施行法。我国现行《宪法》明确规定："一切法律、行政法规和地方性法规都不得同宪法相抵触……一切违反宪法和法律的行为，必须予以追究。"笔者根据国内外文献关于"合宪性审查"的理解，所谓"合宪性审查"是指有立法权的机关在制定法律、法规、规范性文件以及国家机关履行宪法赋予的职责行为时，必须对其行为进行审查。为了保障法治统一性、维护宪法权威，我们要提供坚实的政策依据和行动指南，有利于解决束缚法治建设的瓶颈问题；为了深入全面推进依法治国提供强大动力，我们要把推动宪法实施、维护宪法权威的目标通过具体的制度予以落实，宪法的价值和功能才能实现。党的十九大首次提出了"合宪性审查"，这意味着，我国刑事司法制度的改革步伐正在不断地向前迈进，倒逼司法机关及其工作人员加强法治理念，严格履行法定职责，维护宪法及法律的权威性，实现依法治国。为此，只要发现违反宪法或法律的行为坚决予以纠正，充分保障被告人及其他人的合法权利。笔者希望这一课题的研究成果，对被告人财产权保障制度的建设有所助益，同时也希望法学理论界与司法实务界会对被告人财产权保障问题的研究予以足够的重视。

当然，虽然刑事诉讼中的财产权及其他权利保障问题是以人权保障为核心的价值理念，并且已经逐渐得到国际社会及域外法治国家的广泛认可。虽然刑事诉讼法作为"应用之宪法"对被告人的财产权的特别保障理应是当然之举，但对被告人财产权的保障研究还需要法学理论界与司法实务界的共同努力。在"财产型社会"到来的大背景下，国家立法机关与司法机关更加应当对被告人的财产权保障问题予以高度重视。从刑事立法方面的完善到司法机关工作人员的依法司法，再到被告人对自身财产权保护意识的提高还需要一个较长的过程。但我坚信，只要全国法律界的所有同人同心协力，我们就一定能逐步建立起符合我国国情的刑事诉讼被告人财产权保障的法治化体系。

由于个人研究能力、时间与精力的限制，全书仍然在资料的引证、理论的挖掘和研究的方法方面存在很多不足之处。虽然笔者在写作期间专门委托国外的朋友收集了关于被告人财产权保障方面的一些资料，但个人仍然感觉对域外一手外文资料的借鉴方面尚有局限，在理论研究的深度与被告人财产权保障的内容方面还有待进一步的理论挖掘与完善。在研究方法上面，笔者还未能全面掌握域外法治国家有关制度的最新研究动态，这方面还有待进一步展开。另外，笔者对与本书有关的伦理学、法哲学、政治学、社会学等领域的研究也相对缺乏。诸如此类的问题，笔者将在今后的学术研究中，对这一课题做更进一步的深入研究，期待学术前辈提出指导意见，共同推进法治的进步。

参 考 文 献

专著类：

［1］［美］路易丝·谢利. 犯罪与现代化［M］. 何秉松，译. 北京：群众出版社，1986.

［2］［英］雷蒙德·瓦克斯. 读懂法理学［M］. 杨天江，译. 桂林：广西师范大学出版社，2016.

［3］［德］魏根特. 德国刑事诉讼程序［M］. 岳礼玲，温小洁，译. 北京：中国政法大学出版社，2004.

［4］［日］田口守一. 刑事诉讼法［M］. 刘迪，等译. 北京：法律出版社，2014.

［5］［美］汉密尔顿，杰伊，麦迪逊. 联邦党人文集［M］. 程逢如，等译. 北京：商务印书馆，1982.

［6］［法］孟德斯鸠. 论法的精神（上册）［M］. 张雁深，译. 北京：商务印刷馆，1961.

［7］［美］罗伯特·达尔. 民主理论的前言［M］. 顾昕，等译. 北京：生活·读书·新知三联书店，1999.

［8］［美］米尔伊安·R. 达玛什卡. 司法和国家权力的多种面孔——比较视野中的法律程序［M］. 郑戈，译. 北京：中国政法大学出版社，2004.

［9］［日］谷口安平. 程序的正义与诉讼（增补本）［M］. 王亚新，刘荣军，

译. 北京：中国政法大学出版社，2002.

[10]［美］E. 博登海默. 法理学——法律哲学与法律方法［M］. 邓正来，译. 北京：中国政法大学出版社，1999.

[11]［美］伯纳德·施瓦茨. 美国法律史［M］. 王军，等译. 北京：中国政法大学出版社，1989.

[12]［德］约阿希姆·赫尔曼. 德国刑事诉讼法典［M］. 李昌珂，译. 北京：中国政法大学出版社，1955.

[13]［美］詹妮弗·内德尔斯基. 美国宪政与私有财产权的悖论［M］. //［美］埃尔斯特宪政与民主：理性与社会变迁的研究［M］. 潘勒，谢鹏程，译. 北京：生活·读书·新知，三联书店，1997.

[14]［英］洛克. 政府论（下篇）［M］. 叶启芳，瞿菊农，译. 北京：商务印书馆，1964.

[15]［古希腊］亚里士多德. 政治学［M］. 吴寿彭，译. 商务印书馆，1996.

[16]［英］彼得·斯坦，约翰·香德. 西方社会的法律价值［M］. 王献平，译. 北京：中国法制出版社，2004.

[17]［美］路易斯·享金，等. 宪政与权利——美国宪法的域外影响［M］. 郑戈，等译. 北京：生活·读书·新知，三联书店，1996.

[18]［英］戴维·M. 沃克. 牛津法律大辞典［M］. 邓正来，等译. 北京：光明日报出版社，1988.

[19]［美］米尔顿. 弗里德曼. 资本主义与自由［M］. 张瑞玉，译. 北京：商务印书馆，1986.

[20]［美］乔治·霍兰·萨拜因. 政治学说史［M］. 盛葵阳，崔妙因，译. 北京：商务印书馆，1986.

[21]［英］卡尔·波普尔. 自由主义的原则. 自由主义与当代世界（公共论丛第9辑）［M］. 纪树立，等译. 北京：生活·读书·新知三联书店，2000.

［22］［法］卡斯东·斯特法尼，等. 法国刑事诉讼法精义［M］. 罗结珍，译. 北京：中国政法大学出版社 1999.

［23］宋英辉，甄贞. 刑事诉讼法学［M］. 北京：中国人民大学出版社，2012.

［24］［美］艾伦·豪切斯泰勒·斯黛丽，南希·弗兰克. 美国刑事法院诉讼程序［M］. 陈卫东，徐美君，译. 北京：中国人民大学出版社，2002.

［25］［法］勒内·达维德. 当代主要法律体系［M］. 漆竹生，等译. 上海：上海译文出版社，1984.

［26］［古希腊］亚里士多德. 政治学［M］. 吴寿彭，译. 北京：商务印书馆，1965.

［27］［澳］斯蒂芬·巴克勒. 自然法与财产权理论：从格劳秀斯到休谟［M］. 周清林，译. 北京：法律出版社，2014.

［28］［加］罗纳德·凯斯，林志秋. 个人的私有财产权和对人的自由的分享［M］. 孙燕君，译. 北京：北京大学出版社，2003.

［29］［俄］列宁. 列宁全集（第 9 卷）［M］. 中共中央马克思恩格斯列宁斯大林著作编译局，编译. 北京：人民出版社，1972.

［30］［美］伯尔曼. 法律与宗教［M］. 梁治平，译. 北京：中国政法大学出版社，2003.

［31］［美］L. 亨金. 权利的时代［M］. 信春鹰，等译. 北京：知识出版社，1997.

［32］［英］洛克. 洛克说自由与人权［M］. 高适，译. 北京：华中科技大学出版社，2012.

［33］［美］比尔德. 美国宪法的经济观［M］. 何希齐，译. 北京：商务印书馆，1984.

［34］［英］M. J. C. 维尔. 宪政与分权［M］. 苏力，译，北京：生活·读书·新知三联书店，1997：147.

［35］林钰雄.刑事诉讼法（上册）（总论编）［M］.北京：中国人民大学出版社，2005.

［36］陈新民.德国公法学基础理论（下册）［M］.济南：山东人民出版社，2001.

［37］叶青.刑事诉讼法学（第二版）［M］.上海：上海人民出版社，2010.

［38］林钰雄.刑事诉讼法（上册）（总论编）［M］.台北：元照出版有限公司，2006.

［39］田文昌.《新刑事诉讼法》热点问题及辩护应对策略［M］.北京：中国法制出版社，2013.

［40］江必新，梁凤云，梁清.国家赔偿法理论与实务（上下卷）［M］.北京：中国社会科学出版社，2010.

［41］姜明安，余凌云.行政法［M］.北京：科学出版社，2010.

［42］钱乘旦，陈晓律.英国文化模式溯源［M］.上海：上海社会科学院出版社，2003.

［43］陈光中，程味秋，郑旭.21世纪域外刑事诉讼立法最新发展［M］.北京：中国政法大学出版社.

［44］刘静仑.私人财产权的宪法保障［J］.公法研究，2004.

［45］夏勇.人权概念起源权利的历史哲学［M］.北京：中国政法大学出版社，2001.

［46］焦洪昌.公民私人财产权法律保护研究——一个宪法学的视角［M］.北京：科学出版社，2005.

［47］钱弘道.经济分析法学［M］.北京：法律出版社，2005.

［48］卞建林，侯建军.深化刑事司法改革的理论与实践：新中国成立60年刑事诉讼法制的回顾与展望［M］.北京：中国人民公安大学出版社，2010.

［49］樊崇义.正当法律程序研究——以刑事诉讼程序为视角［M］.北

京：中国人民公安大学出版社，2005.

［50］［德］马克思恩格斯. 马克思恩格斯选集（第3卷）［M］. 中共中央马克思恩格斯列宁斯大林著作编译局，译. 北京：人民出版社，1972.

［51］北京大学哲学系列外国哲学史教研室编译. 古希腊罗马哲学［M］. 北京：商务印书馆，1961.

［52］叶皓. 西方国家权力制约论［M］. 中国社会科学出版社，2004.

［53］孙谦《人民检察院刑事诉讼规则（试行）》理解与适用［M］. 北京：中国检察出版社，2012.

［54］顾肃. 自由主义基本理念［M］. 北京：中央编译出版社，2003.

［55］毛寿龙. 自由高于一切——自由至上论述评［M］. // 王琰，等. 自由主义与当代世界（公共论丛第9辑）. 北京：生活·读书·新知三联书店，2000.

［56］王名扬. 美国行政法（上）［M］. 北京：中国法制出版社，1995.

［57］樊崇义. 正当法律程序研究——以刑事诉讼程序为视角［M］. 北京：中国人民公安大学出版社，2005.

［58］赵宝云. 西方五国宪法通论［M］. 北京：中国人民公安大学出版社，1994.

［59］季卫东. 法治秩序的建构［M］. 北京：中国政法大学出版社，1999.

［60］陈瑞华. 刑事审判原理论（第2版）［M］. 北京：北京大学出版社，2003.

［61］宋冰. 读本：美国与德国的司法制度及司法程序［M］. 北京：中国政法大学出版社，1998.

［62］宋英辉. 刑事诉讼目的论［M］. 北京：中国人民公安大学出版社，1995.

［63］杨东亮. 刑事诉讼中的司法审查［M］. 北京：法律出版社，2014.

［64］加拿大刑事法典［M］. 卞建林，等译. 北京：中国政法大学出版

社，1999.

［65］陈光中，徐静村. 刑事诉讼法学［M］. 北京：中国政法大学出版社，2002.

［66］程燎原，王人博. 赢得神圣：权利及其救济通论［M］. 济南：山东人民出版社，1998.

［67］徐明显. 人权研究（第五卷）［M］. 济南：山东人民出版社，2005.

［68］江国华. 宪法的形而上之学［M］. 武汉：武汉出版社，2004.

［69］周永坤. 法理学：全球视野［M］. 北京：法律出版社，2004.

［70］邓伟志，等. 变革中的政治稳定［M］. 上海：上海人民出版社，1997.

［71］本书编写组. 美国联邦刑事诉讼规则和证据规则［M］. 卞建林，译. 北京：中国政法大学出版社，2006.

［72］叶巍. 刑事诉讼中的私有财产权保障［M］. 北京：法律出版社，2009.

［73］徐显明. 人权研究（第五卷）［M］. 济南：山东人民出版社，2005.

［74］李龙. 法理学［M］. 武汉：武汉大学出版社，1996.

［75］陈光中. 刑事诉讼法（第二版）［M］. 北京：北京大学出版社，2005.

［76］李学军. 美国刑事诉讼规则［M］. 北京：中国检察出版社，2003.

［77］何全民. 刑事诉讼法学［M］. 北京：经济科学出版社，2011.

［78］宋英辉. 取保候审适用中的问题与对策研究［M］. 北京：中国人民公安大学出版社，2007.

［79］王君祥. 违法所得没收特别程序问题研究［M］. 北京：法律出版社，2015.

［80］刘向东. 刑事诉讼法修改决定理论探析［M］. 北京：中国法制出版社，2012.

［81］史尚宽. 物权法论［M］. 北京：中国政法大学出版社，2000.

［82］万毅. 底限正义论［M］. 北京：中国人民公安大学出版社，2006.

［83］皮纯协，冯军. 国家赔偿法释论（第三版）［M］. 北京：中国法制出版社，2010.

［84］薛刚凌. 国家赔偿法［M］. 北京：中国政法大学出版社，2011.

［85］应松年，马怀德. 国家赔偿立法探索［M］. 北京：法律出版社，1992.

［86］刘志远. 中国刑事赔偿原理与实务［M］. 北京：中国人民公安大学出版社，2011.

［87］王利明，杨立新. 侵权行为法［M］. 北京：法律出版社，1996.

［88］江必新，胡仕浩，蔡小雪. 国家赔偿法条文释义与专题讲座［M］. 北京：中国法制出版社，2010.

［89］张新宝. 侵权责任法原理［M］. 北京：中国人民大学出版社，2005.

［90］何清涟. 现代化的陷阱：当代中国的经济与社会问题［M］. 北京：今日中国出版社，1998.

［91］向燕. 刑事经济性处分研究——以被追诉人财产权保障为视角［M］. 北京：经济管理出版社，2012.

［92］李长坤. 刑事涉案财物处理制度研究［M］. 上海：上海交通大学出版社，2012.

［93］王兆鹏. 搜索扣押与刑事被告的宪法权利［M］. 台北：元照出版有限公司，2003.

［94］伍浩鹏. 刑事诉讼中权利与权力的冲突与平衡——以当事人诉讼权利保护为分析视角［M］. 湖南：湘潭大学出版社，2012.

［95］董和平，韩大元，李树忠. 宪法学［M］. 北京：法律出版社，2000.

［96］张文显. 二十世纪西方法哲学思潮研究［M］. 北京：法律出版社，1996.

［97］张千帆. 宪法学讲义［M］. 北京：北京大学出版社，2011.

［98］张千帆. 宪法学导论：原理与应用［M］. 北京：法律出版社，2004.

［99］［德］马克思，恩格斯. 中共中央马克思恩格斯列宁斯大林著作编译局，译. 马克思恩格斯全集：第46卷（上册）［M］. 北京：人民出版社 1979.

［100］张明楷. 刑法学（第五版）［M］. 北京：法律出版社，2016.

［101］宋伟卫，丁玉玲. 刑罚结构的设置与调整［M］. 保定：河北大学出版社，2014.

［102］陈兴良. 刑种通论（第二版）［M］. 北京：中国人民大学出版社，2007.

［103］周光权. 法定刑研究：罪刑均衡的建构与实现［M］. 北京：中国方正出版社，2000.

期刊论文类：

［1］邓剑光. 论财产权的基本人权属性［J］. 武汉大学学报（哲学社会科学版），2008（05）.

［2］王涌. 财产权谱系、财产权法定主义与民法典《财产法总则》［J］. 政法论坛，2016（01）.

［3］闫永黎. 刑事诉讼中涉案财产的基本范畴［J］. 中国人民公安大学学报（社会科学版），2013（03）.

［4］李亮. 刑事诉讼涉案财物的救济机制［J］. 国家检察官学院学报，2016（03）.

［5］张伟，戴哲宇. 浅析刑事涉案财物的追缴及分配［J］. 法学杂志，2017（05）.

［6］万毅. 论强制措施概念之修正［J］. 清华法学，2012（03）.

［7］龙建明. 对物强制处分中被追诉人财产权保护研究［J］. 内蒙古社会科学（汉文版），2016（01）.

［8］张栋. 刑事诉讼法中对物的强制措施之构建［J］. 政治与法律，2012（1）.

［9］李忠诚. 刑事强制措施体系的选择与完善［J］. 人民检察，2009（21）.

［10］李蓉，邹啸弘. 论刑事扣押的司法控制［J］. 湘潭大学学报（哲学社会科学版），2016（06）.

［11］陈学权. 论刑事诉讼中被追诉人的财产权保护［J］. 学术研究，2005（12）.

［12］涂四益. 财产权的基本原理以及对财产权的宪法限制［J］. 西部法学评论，2010（06）.

［13］杨宏亮，沈东林. 刑事诉讼中涉案财物的移送及监管问题研究［J］. 人民检察，2013（20）.

［14］葛琳. 刑事涉案财物管理制度改革［J］. 国家检察官学院学报，2016（06）.

［15］万毅，谢天. 刑事诉讼涉案财物管理机制研究——以我国 C 市 W 区的改革实践为分析样本［J］. 人民检察，2016（17）.

［16］吴光升. 审前返还刑事涉案财物的若干问题探讨［J］. 中国刑事法报（社会科学版），2013（03）.

［17］孙明泽. 刑事涉案财物的信息化管理［J］. 重庆邮电大学学报（社会科学版），2018（02）.

［18］福建省厦门市中级人民法院刑二庭课题组. 刑事涉案财物处理程序问题研究［J］. 法律适用，2014（09）.

［19］温小洁. 我国刑事涉案财物处理之完善——以公民财产权保障为视角［J］. 法律适用，2017（13）.

［20］张剑峰. 论取保候审适用的基础及其完善［J］. 中国刑事法杂志，2013（05）.

［21］胡学相. 我国赃款赃物处理中存在的问题、原因及处置原则初探［J］. 学术研究，2011（03）.

［22］毛兴勤. 构建证明标准的背景与思路：以违法所得没收程序为中心

［J］．法学论坛，2013（02）．

［23］陈正云，张志强．违法所得没收程序若干问题研究——以任某某违法所得没收案为视角［J］．人民检察，2017（16）．

［24］陈光中，赵琳琳．国家刑事赔偿制度改革若干问题探讨［J］．中国社会科学，2008（02）．

［25］王继余．浅析我国刑事赔偿制度之重构［J］．法制与社会，2012（25）．

［26］李睿．国家赔偿法的完善——新国家赔偿法的评析［J］．法制与经济（中旬刊），2011（10）．

［27］谢维雁．论美国宪政下的正当法律程序［J］．社会科学研究，2003（05）．

［28］汪栋．正当法律程序价值内涵的历史嬗变——以英美普通法为核心的考察［J］．深圳大学学报（人文社会科学版），2016（01）．

［29］周继业．对物的强制措施的规范化分析［J］．人民司法，2009（03）．

［30］蒋薇．域外被追诉人程序参与权保障之比较研究［J］．理论与改革，2015（2）．

［31］徐炳．美国司法审查制度的起源——马伯里诉麦迪逊案述评［J］．外国法译评，1995（01）．

［32］王敏远．中国刑事羁押的司法控制［J］．环球法律评论，2003（04）．

［33］秦策．比例原则在刑事诉讼法中的功能定位——兼评2012年《刑事诉讼法》的比例性特色［J］．金陵法律评论，2015（02）．

［34］徐豪．袁诚家凭什么申请37亿巨额国家赔偿？［J］．中国经济周刊，2017（48）．

［35］唐启迪．我国刑事诉讼取保候审制度的缺陷与对策［J］．湘潭大学学报（哲学社会科学版），2011（06）．

［36］张栋．刑事诉讼中对物的强制措施之构建［J］．政治与法律，2012

（01）．

　　[37] 王孔祥. 国际人权法的里程碑：《维也纳宣言和行动纲领》[J]. 法治研究，2013（02）．

　　[38] 张青松. 我国取保候审制度法律规定若干问题研究 [J]. 河南警察学院学报，2014（02）．

　　[39] 倪爱静. 取保候审：由非公开决定走向公开——取保候审制度改革与辩护律师作用扩大学术研讨会述要 [J]. 人民检察，2008（12）．

　　[40] 房国宾，邱俊芳，齐玥. 两大法系保释制度比较研究及我国保释制度的立法和构建 [J]. 甘肃社会科学，2005（04）．

　　[41] 宋英辉. 关于取保候审适用具体问题的调研分析 [J]. 法学，2008（06）．

　　[42] 房国宾. 刑事保证金制度的反思与重构——基于取保候审保证金视角的分析 [J]. 人民司法，2012（09）．

　　[43] 龙建明. 刑事被追诉人财产权救济问题研究 [J]. 时代法学，2015（01）．

　　[44] 吴光升. 刑事诉讼财产保全制度论要 [J]. 中国刑事法杂志，2016（04）．

　　[45] 陈卫东. 论新《刑事诉讼法》中的判决前财产没收程序 [J]. 法学论坛，2012（03）．

　　[46] 栾平平. 论刑事案件中涉案财产的产权归属 [J]. 云南大学学报法学版，2007（06）．

　　[47] 李玉华. 论独立统一涉案财物管理中心的建立 [J]. 法制与社会发展，2016（03）．

　　[48] 陈卫东. 构建中国特色刑事特别程序 [J]. 中国法学，2011（06）．

　　[49] 喻义东，夏勇. 走向经济犯罪的恐怖主义经济全球化背景下恐怖主义犯罪的新趋势及其对策分析 [J]. 犯罪研究，2013（05）．

［50］张敬博. 特别没收程序：外逃贪官违法所得也可及时追缴——访中国社会科学院法学研究所熊秋红研究员［J］. 人民检察，2012（07）.

［51］黄太云. 刑事诉讼法修改释义［J］. 人民检察，2012（08）.

［52］周加海，黄应生. 违法所得没收程序适用探讨［J］. 法律适用，2012（09）.

［53］陈卫东，论新《刑事诉讼法》中的判决前财产没收程序［J］. 法学论坛，2012（05）.

［54］苟冰皓. 新刑事诉讼法下没收违法所得程序中被追诉人财产权保护［J］. 成都行政学院学报，2015（01）.

［55］杨寅. 我国行政赔偿制度的演变与新近发展［J］. 法学评论，2013（01）.

［56］方柏兴. 论刑事诉讼中的"对物之诉"——一种以涉案财物处置为中心的裁判理论［J］. 华政法大学学报，2017（05）.

［57］郭烁. 论中国刑事强制措施体系的理想模式［J］. 苏州大学学报（哲学社会科学版），2015（05）.

［58］龙宗智. 强制侦查司法审查制度的完善［J］. 中国法学，2011（06）.

［59］左卫民. 刑事诉讼法再修改与被追诉人财产权的保护［J］. 现代法学，2012（01）.

［60］汪建成. 论特定案件违法所得没收程序的建立和完善［J］. 国家检察官学院学报，2012（01）.

［61］闫永黎. 刑事诉讼中的财产权干预与保障——以优位价值目标的选择为视角［J］. 江西警察学院学报，2013（04）.

［62］吴宏耀. 刑事搜查扣押与私有财产权利保障——美国博伊德案的启示［J］. 东方法学，2010（03）.

［63］张峰，孙科浓. 刑事被害人财产权益保护的实证分析［J］. 法学，2012（08）.

［64］蒋娜. 英国刑法现金追缴制度对我国洗钱犯罪收益追缴的启示［J］. 学术交流，2010（02）.

［65］万毅. 论检察监督模式之转型［J］. 法学论坛，2010（01）.

［66］陈瑞华. 论瑕疵证据补正规则［J］. 法学家，2010（02）.

［67］陈瑞华. 非法证据排除规则的中国模式［J］. 中国法学，2010（06）.

［68］马运力. 控审分离原则之法理探析［J］. 政法论丛，2012（01）.

［69］闵春雷. 严格证明与自由证明新探［J］. 中外法学，2010（05）.

［70］马怀德. 国家赔偿制度的一次重要变革［J］. 法学杂志，2010（08）.

［71］陈宏彩. 权利救济与社会和谐：内在逻辑及其制度创新［J］. 中共浙江省委党校学报，2007（01）.

［72］王敏远. 设置刑事程序法律后果的原则［J］. 法学家，2007（04）.

［73］黄风. 我国特别刑事没收程序若干问题探讨［J］. 人民检察，2013（13）.

［74］张明楷. 论刑法中的没收［J］. 法学家，2012（03）.

［75］李煜华. 涉案财产没收程序如何才能经受宪法拷问［J］. 法学，2012（06）.

［76］杨胜荣. 刑事诉讼中涉案财物的认定与处理［J］. 湘潭大学学报（哲学社会科学版），2015（03）.

［77］万毅. 独立没收程序的证据法难题及其破解［J］. 法学，2012（04）.

［78］印波. 犯罪嫌疑人、被告人逃匿、死亡案件违法所得没收程序的定性分析［J］. 中国检察官（司法实务），2012（03）.

［79］熊秋红. 从特别没收程序的性质看制度完善［J］. 法学，2013（09）.

［80］张云平，刘凯湘. 所有权的人性根据［J］中外法学，1999（02）.

［81］冯亚东. 罪刑关系的反思与重构——兼谈罚金刑在中国现阶段之适用［J］. 中国社会科学，2006（05）.

［82］刘璐. 涉案财物司法处置的优化路径［J］. 信阳农林学院学报，

2019（04）.

［83］张明楷. 论刑法中的没收［J］. 法学家，2012（03）.

［84］万毅，唐露露. 刑事涉案财物管理体制改革分析［J］. 人民法治，2019（20）.

［85］陶菁，孙礼华. 公安机关刑事涉案财物管理问题及规范路径［J］中国刑事警察，2020（02）.

［86］田力男. 刑事涉案财物保管与处置新制研究［J］. 法学杂志. 2018.（08）.

［87］袁楠；王晓东. 人民法院刑事涉案财物处置难现状审视与处置机制完善——以 100 件刑事涉案财物为研究样本［C］. //司法体制综合配套改革与刑事审判问题研究——全国法院第 30 届学术讨论会获奖论文集（下）. 2019.

［88］陈瑞华. 审判中心主义改革的理论反思［J］. 苏州大学学报（哲学社会科学版），2017（01）.

［89］满铭安，洪星. 刑事诉讼检察监督与被害人权益保护问题探讨［J］. 河北法学，2006（11）.

外文类：

［1］Feinberg J. The Nature and Value of Rights，The Journal of Value Inquiry 4（1970）.

［2］J. E. Stiglitz. Credit Markets and the Control of Capital［J］Journal of Money，Banking and Credit 1985.

［3］Kamenka and A. Tay（ed）. Human Rights［M］. Australia：Edward Arnold Victoria，1978.

［4］Macfarlane. The Theory and Practice of Human Rights，Maurice Temple Smith Ltd. 1985.

［5］Larry Kramer. The Supreme Court 2000 Term Foreword：We the Court，

Hare. L. Rev. 4, 2000.

[6] Bernard Schwartz. Administrative Law (a casebook), Little [M].
Brown and Company, 1988.

[7] Richard L. Aynes. Unintended Consequences of the Fourteenth
Amendment, Selected from Unintended Consequences of constitutional Amendment,
edited by E. Kyving, by the University of Georgin Press, 2000.

[8] Daniel J. Elazar. Covenant and Commonwealth, New Brunswick,
Transaction Publishers, 2016.

[9] Hugh Collins. Regulating Contracts [M]. Oxford University Press Inc,
2009.

[10] David Garland. Public torture Lynchings in Twentieth-Century America,
Law and Society Review, Law and Society Association, University of Massachusetts,
2005 December.

[11] David J. Bodenhamer. Lost Vision: The Bill of Rights and Criminal
Procedure in American History, Selected from Unintended Consequences of
constitutional Amendment, edited by E. Kyving, by the University of Georgin
Press, 2000.

[12] Charles Whitebread. Christopher Slobogin, Criminal Procedure: An
Analysis of Case and Concepts, New York: Foundation Press, 2000.

[13] Peter Hungerford-Welch Criminal Procedure and Sentencing, Abingdon:
Routledge Cavendish, 2009.

[14] Yale Kamisar, Wayne R. Lafave. Modern Criminal Procedure: Case-
Comments-Questions, Thomson, 2008.

[15] H. Simon. Organizations and Markets [J]. Journal of Economic
Perspectives, 1991.

[16] Guy Miller Struve. The Less-Restrictive-Alternative Principle and

Economic Due Process，80 Harv. L. Rev. 1463（1967）.

［17］Lyuch. v. Household Finance Corp.，405 U. S. 538，552（1972）.

［18］H. C. Black. blacks law dictionary，west publishing co. 1979.

［19］Interpretation of the Lynch v. Household Fin. Corp，405 U. S. 1972.

［20］M. Cranston. What are Human Rights?（second）［M］. London：Bodley Head，1973.

学位论文类：

［1］万毅. 财产权与刑事诉讼法［D］. 成都：四川大学，2005.

［2］朱拥政. 刑事诉讼法中的财产权保障［D］. 北京：中国政法大学，2006.

报纸类：

［1］王宗忆. 谈刑事赔偿确认程序弊端及对策［N］. 检察日报，2007（6）.

［2］林哲森. 违法所得没收程序的证据问题［N］. 人民法院报，2014-04-30.

［3］陈雷. 公告是特别没收制度的法定程序和在境外获得执行的关键［N］. 人民法院报，2013-04-17.

［4］陈希国. 国家赔偿法中"直接损失"范畴界定［N］. 山东法制报，2017-02-24（03）.

［5］孟建柱. 深化司法体制改革［N］. 人民日报，2013-11-25（6）.

电子文献类：

［1］陈光中. 二十一世纪初域外刑事诉讼立法之鸟瞰［EB/OL］. 中国诉讼法律网，2006-02-103.

［2］周琪. 财产权与民主的限度［EB/OL］. 新华网. 2015-08-14.

［3］王渠. 10年超万亿美元非法资金逃离中国流入发达国家［EB/OL］. http://world.huanqiu.com/exclusive/2014-12/5254578.html，2014-12-18.

［4］黄竹岩，张鑫. 江苏现首例犯罪嫌疑人自杀后违法所得被没收案［EB/OL］http：//js.people.com.cn/n/2015/0121/c360305-23639929.html.

［5］游伯钦 . 司法审查之一般理论［EB/OL］. 中国宪政网，2005-01-24.

［6］外交部. 中国已对外缔结39项引渡条约、52项刑事司法协助条约［EB/OL］. http：//news.xinhuanet.com/2014-11/26/c_1113413239.htm，2016-09-25.

［7］数据来源于无讼网：https：//lvshi.sogou.com/article/detail/7PCQTNAP4H14.html?gf=102，访问时间为2020年12月5日。

后　记

夏天，是生长的季节，也是收获的季节。

这本专著是我在原博士论文的基础上加工而成的。无论从专著的体例，还是到后期的打磨都经过了严格与精心的设计，确实融入了我不少的心血，所以值得一读。全书结合新时代依法治国与保障人权并重的理念，充分阐释与论证了司法实践中少数办案人员为了收集证据、侦破案件，随意搜查、扣押、冻结犯罪嫌疑人的涉案财物，以及未能妥善保管与处置涉案财物等方面的问题，并提出了建设性的整改意见与救济措施，从而实现科学有效地惩罚犯罪与保障人权的有机统一。

在全书修改完毕之余，我要衷心感谢我的博士生导师吴建雄教授。吴老师教学繁忙，科研任务繁重，可他无论工作多忙，无论课程有多少，无论科研任务有多重，对我学术研究的指导却不曾有半点的懈怠。从本书选题的确定、实证调研的开展、过程的撰写以及后期的斟酌修改，都对我给予了热情鼓励和耐心询问。这些年来，我的博士生导师不知耗费了多少双休日和节假日攻克其学术难题，取得了一个又一个的进步。他对法学事业的无限忠诚、对法学理论研究的满腔热情、对待本职工作的敬业精神、对待博士们的宽厚平和，都对我产生了巨大影响并将成为我今生最宝贵的精神财富。

另外，针对本书的完成，我还要诚挚地感谢那些默默倾情支持我进步、事业增进的四川大学、中南大学、湖南大学、湖南师范大学等几位校外学术友人，他们对我的无私帮助将铭刻在我心灵深处，他们的满腔情怀和暖暖关爱必将使我在未来的学术道路上奋勇攀登，追求资深学术。

最后，我还要特别感谢我的妻子为家庭、为我所付出的艰辛努力，多年来，为了完成学业，如期取得博士学位，我无暇顾及家庭生活中的琐事、无暇顾及抚儿育女过程中每一个具体琐细的事务、无暇在年迈的父母膝下尽份孝心，是妻子为我解决了这所有的后顾之忧，使我能将全部的身心和精力投入到刑事法与监察法的研究之中，所以在此特意致谢！另外，我还要感谢北京京师律师事务所的刘志民律师、王殿学律师及其他几位好友律师的热心帮助。在此一并鸣谢！

"教诲如春风，师恩似海深。"我将牢记师恩，不忘学术前辈教诲。在习近平新时代中国特色社会主义思想的指引下，坚定理想，坚定信念，努力学习，勤勉工作，在全面推进依法治国的伟大历史征程中，贡献自己的一份力量，发挥属于自己的一片光芒。

本书适合关注犯罪嫌疑人、被告人财产权免受非法侵害的一切公职人员、专家学者、律师及其他有兴趣者阅读。又因作者水平有限，书中不足之处难免，望各位不吝赐教！

玉林师范学院杨胜荣

2020 年 6 月 18 日

部分科研成果

一、专著

1. 《网络犯罪行为的前瞻性思考与刑法规制研究》，副主编，20 万字，山东大学出版社，2020 年版。

2. 《刑事涉案财物处置的法律机制研究》，副主编，20 万字，山东大学出版社，2020 年版。

3. 《法律基础》，副主编，20 万字，中国原子能出版社，2019 年 9 月版。

4. 《中国刑事诉讼法学》，合著，共计 35 万字，暨南大学出版社 2012 年版。

二、近五年论文

1. 《司法改革背景下检察机关公诉案件质量保障机制研究》，载《中国教工》，2020 年总第 569 期。

2. 《职务犯罪调查与刑事诉讼衔接机制探析》，载《山西政法管理干部学院学报》，2020 年第 2 期。

3. 《浅析地方性院校法学实践教学改革的新路径——以广西玉林师范学院·卓越法律人才培养实验班为例》，载《作家天地》，2019 年 11 月总第 532 期。

4. 《如何让黄文秀式村官遍布中华大地》，载《人民网》，2019 年 11 月 5 日。

5. 《论非公有制经济财产刑事法律保护的缺陷及其完善》，载《法制与经济》2019 年第 9 期。

6. 《人工智能时代的刑法问题与应对思路》，载《法制与社会》，2019 年第 9 期。

7.《我国社区法律服务体系有效推进的价值、困境与出路》,载《区域治理》,2019 年总 265 期。

8.《中华人民共和国监察法修改意见稿》,载《中国宪治网》(国家权威网站),2017 年 11 月。

9.《论错误交付案的民刑救济》,载《法学论坛》(CSSCI 刊物),2017 年第 1 期。

10.《刑事诉讼中涉案财物的认定与处理》,载《湘潭大学学报(哲学社会科学版)》(CSSCI 刊物),2015 年第 3 期。

11.《简易程序公诉模式探究》,载《湘潭大学学报(哲学社会科学版)》(CSSCI 刊物),2014 年第 5 期。

三、近五年主持项目

1. 2014 年广西壮族自治区教育厅教改项目“基于卓越法律人才培养的“全学程实践教学体系”建构研究——以玉林师范学院为例”(编号:JGA203),参与结题。

2. 2019 年 1 月玉林师范学院课程思政项目“检察理论与实务”(编号:KCSZ02),主持人。

3. 2019 年 11 月玉林师范学院可层次人才科研启动基金项目“刑事当事人财产权保障研究”(编号:G2019SK20),主持人。

4. 2020 年 5 月玉林师范学院线下一流本科课程项目“检查理论与实务”(编号:19XXKC12),主持人。

5. 2020 年 7 月玉林师范学院民族地区文化建设与社会治理研究中心项目“新时代广西民族社区治理法治化研究”(编号:2020YJJD0021),主持人。

6. 2020 年 7 月最高人民检察院理论研究项目“刑事涉案财物检察监督研究”(编号:GJ2020D36),主持人。

附录：刑事诉讼法及刑事诉讼涉案财物处置有关的法律规定

中共中央办公厅、国务院办公厅印发《关于进一步规范刑事诉讼涉案财物处置工作的意见》的通知

各省、自治区、直辖市党委和人民政府，中央和国家机关各部委，解放军各总部、各大单位，各人民团体：

《关于进一步规范刑事诉讼涉案财物处置工作的意见》已经中央领导同志同意，现印发给你们，请认真贯彻执行。

中共中央办公厅

国务院办公厅

2015 年 1 月 24 日

关于进一步规范刑事诉讼涉案
财物处置工作的意见

为贯彻落实《中共中央关于全面深化改革若干重大问题的决定》有关要求，进一步规范刑事诉讼涉案财物处置工作，根据刑法、刑事诉讼法有关规定，提出如下意见。

一、进一步规范刑事诉讼涉案财物处置工作，应当坚持公正与效率相统一、改革创新与于法有据相统一、保障当事人合法权益与适应司法办案需要相统一的原则，健全处置涉案财物的程序、制度和机制。

二、规范涉案财物查封、扣押、冻结程序。查封、扣押、冻结涉案财物，应当严格依照法定条件和程序进行。严禁在立案之前查封、扣押、冻结财物。不得查封、扣押、冻结与案件无关的财物。凡查封、扣押、冻结的财物，都应当及时进行审查；经查明确实与案件无关的，应当在三日内予以解除、退还，并通知有关当事人。

查封、扣押、冻结涉案财物，应当为犯罪嫌疑人、被告及其所扶养的亲属保留必需的生活费用和物品，减少对涉案单位正常办公、生产、经营等活动的影响。

公安机关、国家安全机关决定撤销案件或者终止侦查、人民检察院决定撤销案件或者不起诉、人民法院作出无罪判决的，涉案财物除依法另行处置外，应当解除查封、扣押、冻结措施，需要返还当事人的应当及时返还。

在查封、扣押、冻结涉案财物时，应当收集固定依法应当追缴的证据材料并随案移送。

三、建立办案部门与保管部门、办案人员与保管人员相互制约制度。涉案财物应当由公安机关、国家安全机关、人民检察院、人民法院指定本机关的一个部门或者专职人员统一保管，严禁由办案部门、办案人员自行保管。办案部门、保管部门截留、坐支、私分或者擅自处理涉案财物的，对其直接负责的主管人员和其他直接责任人员，按滥用职权等依法依纪追究责任；办案人员、保管人员调换、侵吞、窃取、挪用涉案财物的，按贪污等依法依纪追究责任。

四、规范涉案财物保管制度。对查封、扣押、冻结的财物，均应当制作详细清单。对扣押款项应当逐案设立明细账，在扣押后立即存入扣押机关唯一合规账户。对赃物特别是贵重物品实行分类保管，做到一案一账、一物一卡、账实相符。对作为证据使用的实物一般应当随案移送，如实登记，妥善保管，健全交接手续，防止损毁、丢失等。

五、探索建立跨部门的地方涉案财物集中管理信息平台。公安机关、人民检察院和人民法院查封、扣押、冻结、处理涉案财物，应当依照相关规定将财物清单及时录入信息平台，实现信息共享，确保涉案财物管理规范、移送顺畅、处置及时。

六、完善涉案财物审前返还程序。对权属明确的被害人合法财产，凡返还不损害其他被害人或者利害关系人的利益、不影响诉讼正常进行的，公安机关、国家安全机关、人民检察院、人民法院都应当及时返还。权属有争议的，应当在人民法院判决时一并处理。

七、完善涉案财物先行处置程序。对易损毁、灭失、变质等不宜长期保存的物品，易贬值的汽车、船艇等物品，或市场价格波动大的债券、股票、基金份额等财产，有效期即将届满的汇票、本票、支票等，经权利人同意或者申请，并经县级以上公安机关、国家安全机关、人民检察院或者人民法院主要负责人批准，可以依法出售、变现或者先行变实、拍卖。所得款项统一存入各单位唯一合规账户。

涉案财物先行处置应当做到公开、公平。

八、提高查询、冻结、划扣工作效率。办案单位依法需要查询、冻结或者划扣涉案款项的，金融机构等相关单位应当予以协助，并探索建立统一的专门查询机制，建立涉案账户紧急止付制度，完善集中查询、冻结和定期续冻制度。

九、完善违法所得追缴、执行工作机制。对审判时尚未追缴到案或者尚未足额退赔的违法所得，人民法院应当判决继续追缴或者责令退赔，并由人民法院负责执行，人民检察院、公安机关、国家安全机关、司法行政机关等应当予以配合。

十、建立中央政法机关交办案件涉案财物上缴中央国库制度。凡由最高人民检察院、公安部立案或者由其指定地方异地查办的重特大案件，涉案财物应当纳入中央政法机关的涉案财物账户；判决生效后，涉案财物除依法返还被害人外，一律通过中央财政汇缴专户缴入中央国库。

建立中央政法机关交办案件办案经费安排制度。凡中央政法机关指定地方异地查办的重特大案件，办案经费由中央财政保障，必要时提前预拨办案经费。涉案财物上缴中央国库后，由中央政法委员会会同中央政法机关对承办案件单位办案经费提出安排意见，财政部通过转移支付及时核拨地方财政，并由地方财政部门将经费按实际支出拨付承办案件单位。

十一、健全境外追逃追赃工作体制机制。公安部确定专门机构统一负责到境外开展追逃追赃工作。

我国缔结或者参加的国际条约指定履行司法协助职责的最高人民法院、最高人民检察院、公安部、司法部等，应当及时向有关国家（地区）提出司法协助请求，并将有关情况通报公安部专门负责境外追逃追赃的机构。

在案件侦查、审查起诉环节，办案机关应当积极核查境外涉案财物去向；对犯罪嫌疑人、被告人逃匿的，应当继续开展侦查取证工作。需要到境外追逃追赃的，办案机关应当将案件基本情况及调查取证清单，按程序送公安部专门负责境外追逃追赃的机构，并配合公安部专门机构开展境外调查取证工作。

十二、明确利害关系人诉讼权利。善意第三人等案外人涉案财物处理存在利害关系的，公安机关、国家安全机关、人民检察院应当告知其相关诉讼权利，人民法院应当通知其参加诉讼并听取其意见。被告人、自诉人、附带民事诉讼的原告和被告人对涉案财物处理决定不服的，可以就财物处理部分提出上诉，被害人或者其他利害关系人可以请求人民检察院抗诉。

十三、完善权利救济机制。人民法院、人民检察院、公安机关、国家安全机关应当建立有效的权利救济机制，对当事人、利害关系人提出异议、复议、申诉、投诉或者举报的，应当依法及时受理并反馈处理结果。

十四、进一步加强协调配合。人民法院、人民检察院、公安机关、国家安全机关在办理案件过程中，应当共同研究解决涉案财物处置工作中遇到的突出问题，确保执法司法工作顺利进行，切实保障当事人合法权益。

十五、进一步加强监督制约。人民法院、人民检察院、公安机关、国家安全机关应当对涉案财物处置工作进行相互监督。人民检察院应当加强法律监督。上级政法机关发现下级政法机关涉案财物处置工作确有错误的，应当依照法定程序要求限期纠正。

十六、健全责任追究机制。违法违规查封、扣押、冻结和处置涉案财物的，应当依法依纪给予处分；构成犯罪的，应当依法追究刑事责任；导致国家赔偿的，应当依法向有关责任人员追偿。

十七、最高人民法院、最高人民检察院、公安部、国家安全部、财政部、中国人民银行等应当结合工作实际，制定实施办法，细化政策标准，规范工作流程，明确相关责任，完善协作配合机制，确保有关规定落到实处。

公安部关于印发《公安机关涉案财物管理
若干规定》的通知

各省、自治区、直辖市公安厅、局，新疆生产建设兵团公安局：

为贯彻落实中共中央办公厅、国务院办公厅《关于全面深化公安改革若干重大问题的框架意见》（中办发〔2015〕17号）和《关于进一步规范刑事诉讼涉案财物处置工作的意见》（中办发〔2015〕7号），加强公安机关涉案财物管理，保护公民、法人和其他组织的合法财产权益，保障办案工作顺利进行，公安部对《公安机关涉案财物管理若干规定》（公通字〔2010〕57号）进行了修订完善，现印发给你们。请结合本地实际，认真贯彻落实。

各地执行情况和遇到的问题，请及时报部。

公安部

2015年7月22日

公安机关涉案财物管理若干规定

第一章　总　则

第一条　为进一步规范公安机关涉案财物管理工作，保护公民、法人和其他组织的合法财产权益，保障办案工作依法有序进行，根据有关法律、法规和规章，制定本规定。

第二条　本规定所称涉案财物，是指公安机关在办理刑事案件和行政案件过程中，依法采取查封、扣押、冻结、扣留、调取、先行登记保存、抽样取证、追缴、收缴等措施提取或者固定，以及从其他单位和个人接收的与案件有关的物品、文件和款项，包括：

（一）违法犯罪所得及其孳息；

（二）用于实施违法犯罪行为的工具；

（三）非法持有的淫秽物品、毒品等违禁品；

（四）其他可以证明违法犯罪行为发生、违法犯罪行为情节轻重的物品和文件。

第三条 涉案财物管理实行办案与管理相分离、来源去向明晰、依法及时处理、全面接受监督的原则。

第四条 公安机关管理涉案财物，必须严格依法进行。任何单位和个人不得贪污、挪用、私分、调换、截留、坐支、损毁、擅自处理涉案财物。

对于涉及国家秘密、商业秘密、个人隐私的涉案财物，应当保密。

第五条 对涉案财物采取措施，应当严格依照法定条件和程序进行，履行相关法律手续，开具相应法律文书。严禁在刑事案件立案之前或者行政案件受案之前对财物采取查封、扣押、冻结、扣留措施，但有关法律、行政法规另有规定的除外。

第六条 公安机关对涉案财物采取措施后，应当及时进行审查。经查明确实与案件无关的，应当在三日以内予以解除、退还，并通知有关当事人。对与本案无关，但有证据证明涉及其他部门管辖的违纪、违法、犯罪行为的财物，应当依照相关法律规定，连同有关线索移送有管辖权的部门处理。

对涉案财物采取措施，应当为违法犯罪嫌疑人及其所扶养的亲属保留必需的生活费用和物品；根据案件具体情况，在保证侦查活动正常进行的同时，可以允许有关当事人继续合理使用有关涉案财物，并采取必要的保值保管措施，以减少侦查办案对正常办公和合法生产经营的影响。

第七条 公安机关对涉案财物进行保管、鉴定、估价、公告等，不得向当事人收取费用。

第二章　涉案财物的保管

第八条　公安机关应当完善涉案财物管理制度，建立办案部门与保管部门、办案人员与保管人员相互制约制度。

公安机关应当指定一个部门作为涉案财物管理部门，负责对涉案财物实行统一管理，并设立或者指定专门保管场所，对各办案部门经手的全部涉案财物或者价值较大、管理难度较高的涉案财物进行集中保管。涉案财物集中保管的范围，由地方公安机关根据本地区实际情况确定。

对于价值较低、易于保管，或者需要作为证据继续使用，以及需要先行返还被害人、被侵害人的涉案财物，可以由办案部门设置专门的场所进行保管。

办案部门应当指定不承担办案工作的民警负责本部门涉案财物的接收、保管、移交等管理工作；严禁由办案人员自行保管涉案财物。

第九条　公安机关应当设立或者指定账户，作为本机关涉案款项管理的唯一合规账户。

办案部门扣押涉案款项后，应当立即将其移交涉案财物管理部门。涉案财物管理部门应当对涉案款项逐案设立明细账，存入唯一合规账户，并将存款回执交办案部门附卷保存。但是，对于具有特定特征、能够证明某些案件事实而需要作为证据使用的现金，应当交由涉案财物管理部门或者办案部门涉案财物管理人员，作为涉案物品进行管理，不再存入唯一合规账户。

第十条　公安机关应当建立涉案财物集中管理信息系统，对涉案财物信息进行实时、全程录入和管理，并与执法办案信息系统关联。涉案财物管理人员应当对所有涉案财物逐一编号，并将案由、来源、财物基本情况、保管状态、场所和去向等信息录入信息系统。

第十一条　对于不同案件、不同种类的涉案财物，应当分案、分类保管。

涉案财物保管场所和保管措施应当适合被保管财物的特性，符合防火、防盗、防潮、防蛀、防磁、防腐蚀等安全要求。涉案财物保管场所应当安装视频监控设备，并配备必要的储物容器、一次性储物袋、计量工具等物品。有条件的地方，可以会同人民法院、人民检察院等部门，建立多部门共用的涉案财物管理中心，对涉案财物进行统一管理。

对于易燃、易爆、毒害性、放射性等危险物品，鲜活动植物，大宗物品，车辆、船舶、航空器等大型交通工具，以及其他对保管条件、保管场所有特殊要求的涉案财物，应当存放在符合条件的专门场所。公安机关没有具备保管条件的场所的，可以委托具有相应条件、资质或者管理能力的单位代为保管。

依法对文物、金银、珠宝、名贵字画等贵重财物采取查封、扣押、扣留等措施的，应当拍照或者录像，并及时鉴定、估价；必要时，可以实行双人保管。

未经涉案财物管理部门或者管理涉案财物的办案部门负责人批准，除保管人员以外的其他人员不得进入涉案财物保管场所。

第十二条 办案人员依法提取涉案财物后，应当在二十四小时以内按照规定将其移交涉案财物管理部门或者本部门的涉案财物管理人员，并办理移交手续。

对于采取查封、冻结、先行登记保存等措施后不在公安机关保管的涉案财物，办案人员应当在采取有关措施后的二十四小时以内，将相关法律文书和清单的复印件移交涉案财物管理人员予以登记。

第十三条 因情况紧急，需要在提取后的二十四小时以内开展鉴定、辨认、检验、检查等工作的，经办案部门负责人批准，可以在上述工作完成后的二十四小时以内将涉案财物移交涉案财物管理人员，并办理移交手续。

异地办案或者在偏远、交通不便地区办案的，应当在返回办案单位后的二十四小时以内办理移交手续；行政案件在提取后的二十四小时以内已将涉案财物处理完毕的，可以不办理移交手续，但应当将处理涉案财物的相关手续附卷保存。

第十四条 涉案财物管理人员对办案人员移交的涉案财物，应当对照有关法律文书当场查验核对、登记入册，并与办案人员共同签名。

对于缺少法律文书、法律文书对必要事项记载不全或者实物与法律文书记载严重不符的，涉案财物管理人员可以拒绝接收涉案财物，并应当要求办案人员补齐相关法律文书、信息或者财物。

第十五条 因讯问、询问、鉴定、辨认、检验、检查等办案工作需要，经办案部门负责人批准，办案人员可以向涉案财物管理人员调用涉案财物。调用结束后，应当在二十四小时以内将涉案财物归还涉案财物管理人员。

因宣传教育等工作需要调用涉案财物的，应当经公安机关负责人批准。

涉案财物管理人员应当详细登记调用人、审批人、时间、事由、期限、调用的涉案财物状况等事项。

第十六条 调用人应当妥善保管和使用涉案财物。调用人归还涉案财物时，涉案财物管理人员应当进行检查、核对。对于有损毁、短少、调换、灭失等情况的，涉案财物管理人员应当如实记录，并报告调用人所属部门负责人和涉案财物管理部门负责人。因鉴定取样等事由导致涉案财物出现合理损耗的，不需要报告，但调用人应当向涉案财物管理人员提供相应证明材料和书面说明。

调用人未按照登记的调用时间归还涉案财物的，涉案财物管理人员应当报告调用人所属部门负责人；有关负责人应当责令调用人立即归还涉案财物。确需继续调用涉案财物的，调用人应当按照原批准程序办理延期手续，并交由涉案财物管理人员留存。

第十七条 办案部门扣押、扣留涉案车辆时，应当认真查验车辆特征，并在清单或者行政强制措施凭证中详细载明当事人的基本情况、案由、厂牌型号、识别代码、牌照号码、行驶里程、重要装备、车身颜色、车辆状况等情况。

对车辆内的物品，办案部门应当仔细清点。对与案件有关，需要作为证据使用的，应当依法扣押；与案件无关的，通知当事人或者其家属、委托的人领取。

公安机关应当对管理的所有涉案车辆进行专门编号登记，严格管理，妥善保管，非因法定事由并经公安机关负责人批准，不得调用。

对船舶、航空器等交通工具采取措施和进行管理，参照前三款规定办理。

第三章　涉案财物的处理

第十八条　公安机关应当依据有关法律规定，及时办理涉案财物的移送、返还、变卖、拍卖、销毁、上缴国库等工作。

对刑事案件中作为证据使用的涉案财物，应当随案移送；对于危险品、大宗大型物品以及容易腐烂变质等不宜随案移送的物品，应当移送相关清单、照片或者其他证明文件。

第十九条　有关违法犯罪事实查证属实后，对于有证据证明权属明确且无争议的被害人、被侵害人合法财产及其孳息，凡返还不损害其他被害人、被侵害人或者利害关系人的利益，不影响案件正常办理的，应当在登记、拍照或者录像和估价后，报经县级以上公安机关负责人批准，开具发还清单并返还被害人、被侵害人。办案人员应当在案卷材料中注明返还的理由，并将原物照片、发还清单和被害人、被侵害人的领取手续存卷备查。

领取人应当是涉案财物的合法权利人或者其委托的人，办案人员或者公安机关其他工作人员不得代为领取。

第二十条　对于刑事案件依法撤销、行政案件因违法事实不能成立而作出不予行政处罚决定的，除依照法律、行政法规有关规定另行处理的以外，公安机关应当解除对涉案财物采取的相关措施并返还当事人。

人民检察院决定不起诉、人民法院作出无罪判决，涉案财物由公安机关管理的，公安机关应当根据人民检察院的书面通知或者人民法院的生效判决，解除对涉案财物采取的相关措施并返还当事人。

人民法院作出有罪判决，涉案财物由公安机关管理的，公安机关应当根据人民法院的生效判决，对涉案财物作出处理。人民法院的判决没有明确涉案财物如何处理的，公安机关应当征求人民法院意见。

第二十一条 对于因自身材质原因易损毁、灭失、腐烂、变质而不宜长期保存的食品、药品及其原材料等物品，长期不使用容易导致机械性能下降、价值贬损的车辆、船舶等物品，市场价格波动大的债券、股票、基金份额等财产和有效期即将届满的汇票、本票、支票等，权利人明确的，经其本人书面同意或者申请，并经县级以上公安机关主要负责人批准，可以依法变卖、拍卖，所得款项存入本单位唯一一合规账户；其中，对于冻结的债券、股票、基金份额等财产，有对应的银行账户的，应当将变现后的款项继续冻结在对应账户中。

对涉案财物的变卖、拍卖应当坚持公开、公平原则，由县级以上公安机关商本级人民政府财政部门统一组织实施，严禁暗箱操作。

善意第三人等案外人与涉案财物处理存在利害关系的，公安机关应当告知其相关诉讼权利。

第二十二条 公安机关在对违法行为人、犯罪嫌疑人依法作出限制人身自由的处罚或者采取限制人身自由的强制措施时，对其随身携带的与案件无关的财物，应当按照《公安机关代为保管涉案人员随身财物若干规定》有关要求办理。

第二十三条 对于违法行为人、犯罪嫌疑人或者其家属、亲友给予被害人、被侵害人退、赔款物的，公安机关应当通知其向被害人、被侵害人或者其家属、委托的人直接交付，并将退、赔情况及时书面告知公安机关。公安机关不得将退、赔款物作为涉案财物扣押或者暂存，但需要作为证据使用的除外。

被害人、被侵害人或者其家属、委托的人不愿意当面接收的，经其书面同意或者申请，公安机关可以记录其银行账号，通知违法行为人、犯罪嫌疑人或者其家属、亲友将退、赔款项汇入该账户。

公安机关应当将双方的退赔协议或者交付手续复印附卷保存，并将退赔履行情况记录在案。

第四章 监督与救济

第二十四条 公安机关应当将涉案财物管理工作纳入执法监督和执法质量考评范围；定期或者不定期组织有关部门对本机关及办案部门负责管理的涉案财物进行核查，防止涉案财物损毁、灭失或者被挪用、不按规定及时移交、移送、返还、处理等；发现违法采取措施或者管理不当的，应当责令有关部门及时纠正。

第二十五条 公安机关纪检、监察、警务督察、审计、装备财务、警务保障、法制等部门在各自职权范围内对涉案财物管理工作进行监督。

公安机关负责人在审批案件时，应当对涉案财物情况一并进行严格审查，发现对涉案财物采取措施或者处理不合法、不适当的，应当责令有关部门立即予以纠正。

法制部门在审核案件时，发现对涉案财物采取措施或者处理不合法、不适当的，应当通知办案部门及时予以纠正。

第二十六条 办案人员有下列行为之一的，应当根据其行为的情节和后果，依照有关规定追究责任；涉嫌犯罪的，移交司法机关依法处理：

（一）对涉案财物采取措施违反法定程序的；

（二）对明知与案件无关的财物采取查封、扣押、冻结等措施的；

（三）不按照规定向当事人出具有关法律文书的；

（四）提取涉案财物后，在规定的时限内无正当理由不向涉案财物管理人员移交涉案财物的；

（五）擅自处置涉案财物的；

（六）依法应当将有关财物返还当事人而拒不返还，或者向当事人及其家属等索取费用的；

（七）因故意或者过失，致使涉案财物损毁、灭失的；

（八）其他违反法律规定的行为。

案件审批人、审核人对于前款规定情形的发生负有责任的，依照前款规定处理。

第二十七条 涉案财物管理人员不严格履行管理职责，有下列行为之一的，应当根据其行为的情节和后果，依照有关规定追究责任；涉嫌犯罪的，移交司法机关依法处理：

（一）未按照规定严格履行涉案财物登记、移交、调用等手续的；

（二）因故意或者过失，致使涉案财物损毁、灭失的；

（三）发现办案人员不按照规定移交、使用涉案财物而不及时报告的；

（四）其他不严格履行管理职责的行为。

调用人有前款第一项、第二项行为的，依照前款规定处理。

第二十八条 对于贪污、挪用、私分、调换、截留、坐支、损毁涉案财物，以及在涉案财物拍卖、变卖过程中弄虚作假、中饱私囊的有关领导和直接责任人员，应当依照有关规定追究责任；涉嫌犯罪的，移交司法机关依法处理。

第二十九条 公安机关及其工作人员违反涉案财物管理规定，给当事人造成损失的，公安机关应当依法予以赔偿，并责令有故意或者重大过失的有关领导和直接责任人员承担部分或者全部赔偿费用。

第三十条 在对涉案财物采取措施、管理和处置过程中，公安机关及其工作人员存在违法违规行为，损害当事人合法财产权益的，当事人和辩护人、诉讼代理人、利害关系人有权向公安机关提出投诉、控告、举报、复议或者国家赔偿。公安机关应当依法及时受理，并依照有关规定进行处理；对于情况属实的，应当予以纠正。

上级公安机关发现下级公安机关存在前款规定的违法违规行为，或者对投诉、控告、举报或者复议事项不按照规定处理的，应当责令下级公安机关限期纠正，下级公安机关应当立即执行。

第五章　附　则

第三十一条　各地公安机关可以根据本规定，结合本地和各警种实际情况，制定实施细则，并报上一级公安机关备案。

第三十二条　本规定自 2015 年 9 月 1 日起施行。2010 年 11 月 4 日印发的《公安机关涉案财物管理若干规定》（公通字〔2010〕57 号）同时废止。公安部此前制定的有关涉案财物管理的规范性文件与本规定不一致的，以本规定为准。

关于办理黑恶势力犯罪案件若干问题的指导意见

最高人民法院、最高人民检察院、公安部、司法部关于办理黑恶势力刑事案件中财产处置若干问题的意见

（2019 年 04 月 09 日印发）

为认真贯彻中央关于开展扫黑除恶专项斗争的重大决策部署，彻底铲除黑恶势力犯罪的经济基础，根据刑法、刑事诉讼法及最高人民法院、最高人民检察院、公安部、司法部《关于办理黑恶势力犯罪案件若干问题的指导意见》（法发〔2018〕1 号）等规定，现对办理黑恶势力刑事案件中财产处置若干问题提出如下意见：

一、总体工作要求

1. 公安机关、人民检察院、人民法院在办理黑恶势力犯罪案件时，在查明黑恶势力组织违法犯罪事实并对黑恶势力成员依法定罪量刑的同时，要全面调查黑恶势力组织及其成员的财产状况，依法对涉案财产采取查询、查封、扣押、冻结等措施，并根据查明的情况，依法作出处理。

前款所称处理既包括对涉案财产中犯罪分子违法所得、违禁品、供犯罪所用的本人财物以及其他等值财产等依法追缴、没收，也包括对被害人的合法财产等依法返还。

2. 对涉案财产采取措施，应当严格依照法定条件和程序进行。严禁在立案之前查封、扣押、冻结财物。凡查封、扣押、冻结的财物，都应当及时进行审查，防止因程序违法、工作瑕疵等影响案件审理以及涉案财产处置。

3. 对涉案财产采取措施，应当为犯罪嫌疑人、被告人及其所扶养的亲属保留必需的生活费用和物品。

根据案件具体情况，在保证诉讼活动正常进行的同时，可以允许有关人员继续合理使用有关涉案财产，并采取必要的保值保管措施，以减少案件办理对正常办公和合法生产经营的影响。

4. 要彻底摧毁黑社会性质组织的经济基础，防止其死灰复燃。对于组织者、领导者一般应当并处没收个人全部财产。对于确属骨干成员或者为该组织转移、隐匿资产的积极参加者，可以并处没收个人全部财产。对于其他组织成员，应当根据所参与实施违法犯罪活动的次数、性质、地位、作用、违法所得数额以及造成损失的数额等情节，依法决定财产刑的适用。

5. 要深挖细查并依法打击黑恶势力组织进行的洗钱以及掩饰、隐瞒犯罪所得、犯罪所得收益等转变涉案财产性质的关联犯罪。

二、依法采取措施全面收集证据

6. 公安机关侦查期间，要根据《公安机关办理刑事案件适用查封、冻结措施相关规定》（公通字〔2013〕30号）等有关规定，会同有关部门全面调查黑恶势力及其成员的财产状况，并可以根据诉讼需要，先行依法对下列财产采取查询、查封、扣押、冻结等措施：

（1）黑恶势力组织的财产；

（2）犯罪嫌疑人个人所有的财产；

（3）犯罪嫌疑人实际控制的财产；

（4）犯罪嫌疑人出资购买的财产；

（5）犯罪嫌疑人转移至他人名下的财产；

（6）犯罪嫌疑人涉嫌洗钱以及掩饰、隐瞒犯罪所得、犯罪所得收益等犯罪涉及的财产；

（7）其他与黑恶势力组织及其违法犯罪活动有关的财产。

7. 查封、扣押、冻结已登记的不动产、特定动产及其他财产，应当通知有关登记机关，在查封、扣押、冻结期间禁止被查封、扣押、冻结的财产流转，不得办理被查封、扣押、冻结财产权属变更、抵押等手续。必要时可以提取有关产权证照。

8. 公安机关对于采取措施的涉案财产，应当全面收集证明其来源、性质、用途、权属及价值的有关证据，审查判断是否应当依法追缴、没收。

证明涉案财产来源、性质、用途、权属及价值的有关证据一般包括：

（1）犯罪嫌疑人、被告人关于财产来源、性质、用途、权属、价值的供述；

（2）被害人、证人关于财产来源、性质、用途、权属、价值的陈述、证言；

（3）财产购买凭证、银行往来凭据、资金注入凭证、权属证明等书证；

（4）财产价格鉴定、评估意见；

（5）可以证明财产来源、性质、用途、权属、价值的其他证据。

9. 公安机关对应当依法追缴、没收的财产中黑恶势力组织及其成员聚敛的财产及其孳息、收益的数额，可以委托专门机构评估；确实无法准确计算的，可以根据有关法律规定及查明的事实、证据合理估算。

人民检察院、人民法院对于公安机关委托评估、估算的数额有不同意见的，可以重新委托评估、估算。

10. 人民检察院、人民法院根据案件诉讼的需要，可以依法采取上述相关措施。

三、准确处置涉案财产

11. 公安机关、人民检察院应当加强对在案财产审查甄别。在移送审查起诉、提起公诉时，一般应当对采取措施的涉案财产提出处理意见建议，并将采取措施的涉案财产及其清单随案移送。

人民检察院经审查，除对随案移送的涉案财产提出处理意见外，还需要对继续追缴的尚未被足额查封、扣押的其他违法所得提出处理意见建议。

涉案财产不宜随案移送的，应当按照相关法律、司法解释的规定，提供相应的清单、照片、录像、封存手续、存放地点说明、鉴定、评估意见、变价处理凭证等材料。

12. 对于不宜查封、扣押、冻结的经营性财产，公安机关、人民检察院、人民法院可以申请当地政府指定有关部门或者委托有关机构代管或者托管。

对易损毁、灭失、变质等不宜长期保存的物品，易贬值的汽车、船艇等物品，或者市场价格波动大的债券、股票、基金等财产，有效期即将届满的汇票、本票、支票等，经权利人同意或者申请，并经县级以上公安机关、人民检察院或者人民法院主要负责人批准，可以依法出售、变现或者先行变卖、拍卖，所得价款由扣押、冻结机关保管，并及时告知当事人或者其近亲属。

13. 人民检察院在法庭审理时应当对证明黑恶势力犯罪涉案财产情况进行举证质证，对于既能证明具体个罪又能证明经济特征的涉案财产情况相关证据在具体个罪中出示后，在经济特征中可以简要说明，不再重复出示。

14. 人民法院作出的判决，除应当对随案移送的涉案财产作出处理外，还应当在判决书中写明需要继续追缴尚未被足额查封、扣押的其他违法所得；对随案移送财产进行处理时，应当列明相关财产的具体名称、数量、金额、处置情况等。涉案财产或者有关当事人人数较多，不宜在判决书正文中详细列明的，可以概括叙述并另附清单。

15. 涉案财产符合下列情形之一的，应当依法追缴、没收：

（1）黑恶势力组织及其成员通过违法犯罪活动或者其他不正当手段聚敛的财产及其孳息、收益；

（2）黑恶势力组织成员通过个人实施违法犯罪活动聚敛的财产及其孳息、收益；

（3）其他单位、组织、个人为支持该黑恶势力组织活动资助或者主动提供的财产；

（4）黑恶势力组织及其成员通过合法的生产、经营活动获取的财产或者组织成员个人、家庭合法财产中，实际用于支持该组织活动的部分；

（5）黑恶势力组织成员非法持有的违禁品以及供犯罪所用的本人财物；

（6）其他单位、组织、个人利用黑恶势力组织及其成员违法犯罪活动获取的财产及其孳息、收益；

（7）其他应当追缴、没收的财产。

16. 应当追缴、没收的财产已用于清偿债务或者转让、或者设置其他权利负担，具有下列情形之一的，应当依法追缴：

（1）第三人明知是违法犯罪所得而接受的；

（2）第三人无偿或者以明显低于市场的价格取得涉案财物的；

（3）第三人通过非法债务清偿或者违法犯罪活动取得涉案财物的；

（4）第三人通过其他方式恶意取得涉案财物的。

17. 涉案财产符合下列情形之一的，应当依法返还：

（1）有证据证明确属被害人合法财产；

（2）有证据证明确与黑恶势力及其违法犯罪活动无关。

18. 有关违法犯罪事实查证属实后，对于有证据证明权属明确且无争议的被害人、善意第三人或者其他人员合法财产及其孳息，凡返还不损害其他利害关系人的利益，不影响案件正常办理的，应当在登记、拍照或者录像后，依法及时返还。

四、依法追缴、没收其他等值财产

19. 有证据证明依法应当追缴、没收的涉案财产无法找到、被他人善意取得、价值灭失或者与其他合法财产混合且不可分割的，可以追缴、没收其他等值财产。

对于证明前款各种情形的证据，公安机关或者人民检察院应当及时调取。

20. 本意见第 19 条所称"财产无法找到"，是指有证据证明存在依法应当追缴、没收的财产，但无法查证财产去向、下落的。被告人有不同意见的，应当出示相关证据。

21. 追缴、没收的其他等值财产的数额，应当与无法直接追缴、没收的具体财产的数额相对应。

五、其他

22. 本意见所称孳息，包括天然孳息和法定孳息。

本意见所称收益，包括但不限于以下情形：

（1）聚敛、获取的财产直接产生的收益，如使用聚敛、获取的财产购买彩票中奖所得收益等；

（2）聚敛、获取的财产用于违法犯罪活动产生的收益，如使用聚敛、获取的财产赌博赢利所得收益、非法放贷所得收益、购买并贩卖毒品所得收益等；

（3）聚敛、获取的财产投资、置业形成的财产及其收益；

（4）聚敛、获取的财产和其他合法财产共同投资或者置业形成的财产中，与聚敛、获取的财产对应的份额及其收益；

（5）应当认定为收益的其他情形。

23. 本意见未规定的黑恶势力刑事案件财产处置工作其他事宜，根据相关法律法规、司法解释等规定办理。

24. 本意见自 2019 年 4 月 9 日起施行。

关于印发《人民检察院刑事诉讼涉案
财物管理规定》的通知

各省、自治区、直辖市人民检察院，军事检察院，新疆生产建设兵团人民检察院：

《人民检察院刑事诉讼涉案财物管理规定》已经 2014 年 11 月 19 日最高人民检察院第十二届检察委员会第二十九次会议通过，现印发你们，请认真贯彻执行。

最高人民检察院

二〇一五年三月六日

人民检察院刑事诉讼涉案财物管理规定

（2014 年 11 月 19 日最高人民检察院第十二届检察委员会
第二十九次会议通过）

第一章　总　则

第一条　为了贯彻落实中央关于规范刑事诉讼涉案财物处置工作的要求，进一步规范人民检察院刑事诉讼涉案财物管理工作，提高司法水平和办案质量，保护公民、法人和其他组织的合法权益，根据刑法、刑事诉讼法、《人民检察院刑事诉讼规则（试行）》，结合检察工作实际，制定本规定。

第二条　本规定所称人民检察院刑事诉讼涉案财物，是指人民检察院在刑事诉讼过程中查封、扣押、冻结的与案件有关的财物及其孳息以及从其他办案机关接收的财物及其孳息，包括犯罪嫌疑人的违法所得及其孳息、供犯罪所用的财物、非法持有的违禁品以及其他与案件有关的财物及其孳息。

　　第三条　违法所得的一切财物，应当予以追缴或者责令退赔。对被害人的合法财产，应当依照有关规定返还。违禁品和供犯罪所用的财物，应当予以查封、扣押、冻结，并依法处理。

　　第四条　人民检察院查封、扣押、冻结、保管、处理涉案财物，必须严格依照刑事诉讼法、《人民检察院刑事诉讼规则（试行）》以及其他相关规定进行。不得查封、扣押、冻结与案件无关的财物。凡查封、扣押、冻结的财物，都应当及时进行审查；经查明确实与案件无关的，应当在三日内予以解除、退还，并通知有关当事人。

　　严禁以虚假立案或者其他非法方式采取查封、扣押、冻结措施。对涉案单位违规的账外资金但与案件无关的，不得查封、扣押、冻结，可以通知有关主管机关或者其上级单位处理。

　　查封、扣押、冻结涉案财物，应当为犯罪嫌疑人、被告人及其所扶养的亲属保留必需的生活费用和物品，减少对涉案单位正常办公、生产、经营等活动的影响。

　　第五条　严禁在立案之前查封、扣押、冻结财物。立案之前发现涉嫌犯罪的财物，符合立案条件的，应当及时立案，并采取查封、扣押、冻结措施，以保全证据和防止涉案财物转移、损毁。

　　个人或者单位在立案之前向人民检察院自首时携带涉案财物的，人民检察院可以根据管辖规定先行接收，并向自首人开具接收凭证，根据立案和侦查情况决定是否查封、扣押、冻结。

　　人民检察院查封、扣押、冻结涉案财物后，应当对案件及时进行侦查，不得在无法定理由情况下撤销案件或者停止对案件的侦查。

　　第六条　犯罪嫌疑人到案后，其亲友受犯罪嫌疑人委托或者主动代为向检察机关退还或者赔偿涉案财物的，参照《人民检察院刑事诉讼规则（试行）》关于查封、扣押、冻结的相关程序办理。符合相关条件的，人民检察院应当开具查封、扣押、冻结决定书，并由检察人员、代为退还或者赔偿的人员和有关规定要求的其他人员在清单上签名或者盖章。

代为退还或者赔偿的人员应当在清单上注明系受犯罪嫌疑人委托或者主动代为犯罪嫌疑人退还或者赔偿。

第七条 人民检察院实行查封、扣押、冻结、处理涉案财物与保管涉案财物相分离的原则，办案部门与案件管理、计划财务装备等部门分工负责、互相配合、互相制约。侦查监督、公诉、控告检察、刑事申诉检察等部门依照刑事诉讼法和其他相关规定对办案部门查封、扣押、冻结、保管、处理涉案财物等活动进行监督。

办案部门负责对涉案财物依法进行查封、扣押、冻结、处理，并对依照本规定第十条第二款、第十二条不移送案件管理部门或者不存入唯一合规账户的涉案财物进行管理；案件管理部门负责对办案部门和其他办案机关移送的涉案物品进行保管，并依照有关规定对查封、扣押、冻结、处理涉案财物工作进行监督管理；计划财务装备部门负责对存入唯一合规账户的扣押款项进行管理。

人民检察院监察部门依照有关规定对查封、扣押、冻结、保管、处理涉案财物工作进行监督。

第八条 人民检察院查封、扣押、冻结、处理涉案财物，应当使用最高人民检察院统一制定的法律文书，填写必须规范、完整。禁止使用不符合规定的文书查封、扣押、冻结、处理涉案财物。

第九条 查封、扣押、冻结、保管、处理涉及国家秘密、商业秘密、个人隐私的财物，应当严格遵守有关保密规定。

第二章 涉案财物的移送与接收

第十条 人民检察院办案部门查封、扣押、冻结涉案财物及其孳息后，应当及时按照下列情形分别办理，至迟不得超过三日，法律和有关规定另有规定的除外：

（一）将扣押的款项存入唯一合规账户；

（二）将扣押的物品和相关权利证书、支付凭证以及具有一定特征能够证明案情的现金等，送案件管理部门入库保管；

（三）将查封、扣押、冻结涉案财物的清单和扣押款项存入唯一合规账户的存款凭证等，送案件管理部门登记；案件管理部门应当对存款凭证复印保存，并将原件送计划财务装备部门。

扣押的款项或者物品因特殊原因不能按时存入唯一合规账户或者送案件管理部门保管的，经检察长批准，可以由办案部门暂时保管，在原因消除后及时存入或者移交，但应当将扣押清单和相关权利证书、支付凭证等依照本条第一款规定的期限送案件管理部门登记、保管。

第十一条 案件管理部门接收人民检察院办案部门移送的涉案财物或者清单时，应当审查是否符合下列要求：

（一）有立案决定书和相应的查封、扣押、冻结法律文书以及查封、扣押清单，并填写规范、完整，符合相关要求；

（二）移送的财物与清单相符；

（三）移送的扣押物品清单，已经依照《人民检察院刑事诉讼规则（试行）》有关扣押的规定注明扣押财物的主要特征；

（四）移送的外币、金银珠宝、文物、名贵字画以及其他不易辨别真伪的贵重物品，已经依照《人民检察院刑事诉讼规则（试行）》有关扣押的规定予以密封，检察人员、见证人和被扣押物品持有人在密封材料上签名或者盖章，经过鉴定的，附有鉴定意见复印件；

（五）移送的存折、信用卡、有价证券等支付凭证和具有一定特征能够证明案情的现金，已经依照《人民检察院刑事诉讼规则（试行）》有关扣押的规定予以密封，注明特征、编号、种类、面值、张数、金额等，检察人员、见证人和被扣押物品持有人在密封材料上签名或者盖章；

（六）移送的查封清单，已经依照《人民检察院刑事诉讼规则（试行）》有关查封的规定注明相关财物的详细地址和相关特征，检察人员、见证人和持有人签名或者盖章，注明已经拍照或者录像及其权利证书是否已被扣押，注明财物被查封后由办案部门保管或者交持有人或者其近亲属保管，注明查封决定书副本已送达相关的财物登记、管理部门等。

第十二条 人民检察院办案部门查封、扣押的下列涉案财物不移送案件管理部门保管，由办案部门拍照或者录像后妥善管理或者及时按照有关规定处理：

（一）查封的不动产和置于该不动产上不宜移动的设施等财物，以及涉案的车辆、船舶、航空器和大型机械、设备等财物，及时依照《人民检察院刑事诉讼规则（试行）》有关查封、扣押的规定扣押相关权利证书，将查封决定书副本送达有关登记、管理部门，并告知其在查封期间禁止办理抵押、转让、出售等权属关系变更、转移登记手续；

（二）珍贵文物、珍贵动物及其制品、珍稀植物及其制品，按照国家有关规定移送主管机关；

（三）毒品、淫秽物品等违禁品，及时移送有关主管机关，或者根据办案需要严格封存，不得擅自使用或者扩散；

（四）爆炸性、易燃性、放射性、毒害性、腐蚀性等危险品，及时移送有关部门或者根据办案需要委托有关主管机关妥善保管；

（五）易损毁、灭失、变质等不宜长期保存的物品，易贬值的汽车、船艇等物品，经权利人同意或者申请，并经检察长批准，可以及时委托有关部门先行变卖、拍卖，所得款项存入唯一合规账户。先行变卖、拍卖应当做到公开、公平。

人民检察院办案部门依照前款规定不将涉案财物移送案件管理部门保管的，应当将查封、扣押清单以及相关权利证书、支付凭证等依照本规定第十条第一款的规定送案件管理部门登记、保管。

第十三条 人民检察院案件管理部门接收其他办案机关随案移送的涉案财物的，参照本规定第十一条、第十二条的规定进行审查和办理。

对移送的物品、权利证书、支付凭证以及具备一定特征能够证明案情的现金，案件管理部门审查后认为符合要求的，予以接收并入库保管。对移送的涉案款项，由其他办案机关存入检察机关指定的唯一合规账户，案件管理部门对转账凭证进行登记并联系计划财务装备部门进行核对。其他办案机关直接移送现金的，案件管理部门可以告知其存入指定的唯一合规账户，也可以联系计划财务装备部门清点、接收并及时存入唯一合规账户。计划财务装备部门应当在收到款项后三日以内将收款凭证复印件送案件管理部门登记。

对于其他办案机关移送审查起诉时随案移送的有关实物，案件管理部门经商公诉部门后，认为属于不宜移送的，可以依照刑事诉讼法第二百三十四条第一款、第二款的规定，只接收清单、照片或者其他证明文件。必要时，人民检察院案件管理部门可以会同公诉部门与其他办案机关相关部门进行沟通协商，确定不随案移送的实物。

第十四条 案件管理部门应当指定专门人员，负责有关涉案财物的接收、管理和相关信息录入工作。

第十五条 案件管理部门接收密封的涉案财物，一般不进行拆封。移送部门或者案件管理部门认为有必要拆封的，由移送人员和接收人员共同启封、检查、重新密封，并对全过程进行录像。根据《人民检察院刑事诉讼规则（试行）》有关扣押的规定应当予以密封的涉案财物，启封、检查、重新密封时应当依照规定有见证人、持有人或者单位负责人等在场并签名或者盖章。

第十六条　案件管理部门对于接收的涉案财物、清单及其他相关材料，认为符合条件的，应当及时在移送清单上签字并制作入库清单，办理入库手续。认为不符合条件的，应当将原因告知移送单位，由移送单位及时补送相关材料，或者按照有关规定进行补正或者作出合理解释。

第三章　涉案财物的保管

第十七条　人民检察院对于查封、扣押、冻结的涉案财物及其孳息，应当如实登记，妥善保管。

第十八条　人民检察院计划财务装备部门对扣押款项及其孳息应当逐案设立明细账，严格收付手续。

计划财务装备部门应当定期对唯一合规账户的资金情况进行检查，确保账实相符。

第十九条　案件管理部门对收到的物品应当建账设卡，一案一账，一物一卡（码）。对于贵重物品和细小物品，根据物品种类实行分袋、分件、分箱设卡和保管。

案件管理部门应当定期对涉案物品进行检查，确保账实相符。

第二十条　涉案物品专用保管场所应当符合下列防火、防盗、防潮、防尘等要求：

（一）安装防盗门窗、铁柜和报警器、监视器；

（二）配备必要的储物格、箱、袋等设备设施；

（三）配备必要的除湿、调温、密封、防霉变、防腐烂等设备设施；

（四）配备必要的计量、鉴定、辨认等设备设施；

（五）需要存放电子存储介质类物品的，应当配备防磁柜；

（六）其他必要的设备设施。

第二十一条　人民检察院办案部门人员需要查看、临时调用涉案财物的，应当经办案部门负责人批准；需要移送、处理涉案财物的，应当经检察长批准。案件管理部门对于审批手续齐全的，应当办理查看、出库手续并认真登记。

对于密封的涉案财物，在查看、出库、归还时需要拆封的，应当遵守本规定第十五条的要求。

第四章　涉案财物的处理

第二十二条　对于查封、扣押、冻结的涉案财物及其孳息，除按照有关规定返还被害人或者经查明确实与案件无关的以外，不得在诉讼程序终结之前上缴国库或者作其他处理。法律和有关规定另有规定的除外。

在诉讼过程中，对权属明确的被害人合法财产，凡返还不损害其他被害人或者利害关系人的利益、不影响诉讼正常进行的，人民检察院应当依法及时返还。权属有争议的，应当在决定撤销案件、不起诉或者由人民法院判决时一并处理。

在扣押、冻结期间，权利人申请出售被扣押、冻结的债券、股票、基金份额等财产的，以及扣押、冻结的汇票、本票、支票的有效期即将届满的，人民检察院办案部门应当依照《人民检察院刑事诉讼规则（试行）》的有关规定及时办理。

第二十三条　人民检察院作出撤销案件决定、不起诉决定或者收到人民法院作出的生效判决、裁定后，应当在三十日以内对涉案财物作出处理。情况特殊的，经检察长批准，可以延长三十日。

前款规定的对涉案财物的处理工作，人民检察院决定撤销案件的，由侦查部门负责办理；人民检察院决定不起诉或者人民法院作出判决、裁定的案件，由公诉部门负责办理；对人民检察院直接立案侦查的案件，公诉部门可以要求侦查部门协助配合。

人民检察院按照本规定第五条第二款的规定先行接收涉案财物，如果决定不予立案的，侦查部门应当按照本条第一款规定的期限对先行接收的财物作出处理。

第二十四条　处理由案件管理部门保管的涉案财物，办案部门应当持经检察长批准的相关文书或者报告，到案件管理部门办理出库手续；处理存入唯一合规账户的涉案款项，办案部门应当持经检察长批准的相关文书或者报告，经案件管理部门办理出库手续后，到计划财务装备部门办理提现或者转账手续。案件管理部门或者计划财务装备部门对于符合审批手续的，应当及时办理。

对于依照本规定第十条第二款、第十二条的规定未移交案件管理部门保管或者未存入唯一合规账户的涉案财物，办案部门应当依照本规定第二十三条规定的期限报经检察长批准后及时作出处理。

第二十五条　对涉案财物，应当严格依照有关规定，区分不同情形，及时作出相应处理：

（一）因犯罪嫌疑人死亡而撤销案件、决定不起诉，依照刑法规定应当追缴其违法所得及其他涉案财产的，应当按照《人民检察院刑事诉讼规则（试行）》有关犯罪嫌疑人逃匿、死亡案件违法所得的没收程序的规定办理；对于不需要追缴的涉案财物，应当依照本规定第二十三条规定的期限及时返还犯罪嫌疑人、被不起诉人的合法继承人；

（二）因其他原因撤销案件、决定不起诉，对于查封、扣押、冻结的犯罪嫌疑人违法所得及其他涉案财产需要没收的，应当依照《人民检察院刑事诉讼规则（试行）》有关撤销案件时处理犯罪嫌疑人违法所得的规定提出检察建议或者依照刑事诉讼法第一百七十三条第三款的规定提出检察意见，移送有关主管机关处理；未认定为需要没收并移送有关主管机关处理的涉案财物，应当依照本规定第二十三条规定的期限及时返还犯罪嫌疑人、被不起诉人；

（三）提起公诉的案件，在人民法院作出生效判决、裁定后，对于冻结在金融机构的涉案财产，由人民法院通知该金融机构上缴国库；对于查封、扣押且依法未随案移送人民法院的涉案财物，人民检察院根据人民法院的判决、裁定上缴国库；

（四）人民检察院侦查部门移送审查起诉的案件，起诉意见书中未认定为与犯罪有关的涉案财物；提起公诉的案件，起诉书中未认定或者起诉书认定但人民法院生效判决、裁定中未认定为与犯罪有关的涉案财物，应当依照本条第二项的规定移送有关主管机关处理或者及时返还犯罪嫌疑人、被不起诉人、被告人；

（五）对于需要返还被害人的查封、扣押、冻结涉案财物，应当按照有关规定予以返还。

人民检察院应当加强与人民法院、公安机关、国家安全机关的协调配合，共同研究解决涉案财物处理工作中遇到的突出问题，确保司法工作顺利进行，切实保障当事人合法权益。

第二十六条 对于应当返还被害人的查封、扣押、冻结涉案财物，无人认领的，应当公告通知。公告满六个月无人认领的，依法上缴国库。上缴国库后有人认领，经查证属实的，人民检察院应当向人民政府财政部门申请退库予以返还。原物已经拍卖、变卖的，应当退回价款。

第二十七条 对于贪污、挪用公款等侵犯国有资产犯罪案件中查封、扣押、冻结的涉案财物，除人民法院判决上缴国库的以外，应当归还原单位或者原单位的权利义务继受单位。犯罪金额已经作为损失核销或者原单位已不存在且无权利义务继受单位的，应当上缴国库。

第二十八条 查封、扣押、冻结的涉案财物应当依法上缴国库或者返还有关单位和个人的，如果有孳息，应当一并上缴或者返还。

第五章 涉案财物工作监督

第二十九条 人民检察院监察部门应当对本院和下级人民检察院的涉案财物工作进行检查或者专项督察，每年至少一次，并将结果在本辖区范围内予以通报。发现违纪违法问题的，应当依照有关规定作出处理。

第三十条 人民检察院案件管理部门可以通过受案审查、流程监控、案件质量评查、检察业务考评等途径，对本院和下级人民检察院的涉案财物工作进行监督管理。发现违法违规问题的，应当依照有关规定督促相关部门依法及时处理。

第三十一条 案件管理部门在涉案财物管理工作中，发现办案部门或者办案人员有下列情形之一的，可以进行口头提示；对于违规情节较重的，应当发送案件流程监控通知书；认为需要追究纪律或者法律责任的，应当移送本院监察部门处理或者向检察长报告：

（一）查封、扣押、冻结的涉案财物与清单存在不一致，不能作出合理解释或者说明的；

（二）查封、扣押、冻结涉案财物时，未按照有关规定进行密封、签名或者盖章，影响案件办理的；

（三）查封、扣押、冻结涉案财物后，未及时存入唯一合规账户、办理入库保管手续，或者未及时向案件管理部门登记，不能作出合理解释或者说明的；

（四）在立案之前采取查封、扣押、冻结措施的，或者未依照有关规定开具法律文书而采取查封、扣押、冻结措施的；

（五）对明知与案件无关的财物采取查封、扣押、冻结措施的，或者对经查明确实与案件无关的财物仍不解除查封、扣押、冻结或者不予退还的，或者应当将被查封、扣押、冻结的财物返还被害人而不返还的；

（六）违反有关规定，在诉讼程序依法终结之前将涉案财物上缴国库或者作其他处理的；

（七）在诉讼程序依法终结之后，未按照有关规定及时、依法处理涉案财物，经督促后仍不及时、依法处理的；

（八）因不负责任造成查封、扣押、冻结的涉案财物丢失、损毁或者泄密的；

（九）贪污、挪用、截留、私分、调换、违反规定使用查封、扣押、冻结的涉案财物的；

（十）其他违反法律和有关规定的情形。人民检察院办案部门收到案件管理部门的流程监控通知书后，应当在十日以内将核查情况书面回复案件管理部门。

人民检察院侦查监督、公诉、控告检察、刑事申诉检察等部门发现本院办案部门有本条第一款规定的情形的，应当依照刑事诉讼法和其他相关规定履行监督职责。案件管理部门发现办案部门有上述情形，认为有必要的，可以根据案件办理所处的诉讼环节，告知侦查监督、公诉、控告检察或者刑事申诉检察等部门。

第三十二条 人民检察院查封、扣押、冻结、保管、处理涉案财物，应当按照有关规定做好信息查询和公开工作，并为当事人和其他诉讼参与人行使权利提供保障和便利。善意第三人等案外人与涉案财物处理存在利害关系的，人民检察院办案部门应当告知其相关诉讼权利。

当事人及其法定代理人和辩护人、诉讼代理人、利害关系人对人民检察院的查封、扣押、冻结不服或者对人民检察院撤销案件决定、不起诉决定中关于涉案财物的处理部分不服的，可以依照刑事诉讼法和《人民检察院刑事诉讼规则（试行）》的有关规定提出申诉或者控告；人民检察院控告检察部门对申诉或者控告应当依照有关规定及时受理和审查办理并反馈处理结果。人民检察院提起公诉的案件，被告人、自诉人、附带民事诉讼的原告人和被告人对涉案财物处理决定不服的，可以依照有关规定就财物处理部分提出上诉，被害人或者其他利害关系人可以依照有关规定请求人民检察院抗诉。

第三十三条 人民检察院刑事申诉检察部门在办理国家赔偿案件过程中，可以向办案部门调查核实相关查封、扣押、冻结等行为是否合法。国家赔偿决定对相关涉案财物作出处理的，有关办案部门应当及时执行。

第三十四条 人民检察院查封、扣押、冻结、保管、处理涉案财物，应当接受人民监督员的监督。

第三十五条 人民检察院及其工作人员在查封、扣押、冻结、保管、处理涉案财物工作中违反相关规定的，应当追究纪律责任；构成犯罪的，应当依法追究刑事责任；导致国家赔偿的，应当依法向有关责任人员追偿。

第六章　附　则

第三十六条 对涉案财物的保管、鉴定、估价、公告等支付的费用，列入人民检察院办案（业务）经费，不得向当事人收取。

第三十七条 本规定所称犯罪嫌疑人、被告人、被害人，包括自然人、单位。

第三十八条 本规定所称有关主管机关，是指对犯罪嫌疑人违反法律、法规的行为以及对有关违禁品、危险品具有行政管理、行政处罚、行政处分权限的机关和纪检监察部门。

第三十九条 本规定由最高人民检察院解释。

第四十条 本规定自公布之日起施行。最高人民检察院 2010 年 5 月 9 日公布的《人民检察院扣押、冻结涉案款物工作规定》同时废止。

关于印发《最高人民检察院公安部关于公安机关办理经济犯罪案件的若干规定》的通知

（公通字〔2017〕25 号）

各省、自治区、直辖市人民检察院、公安厅（局），新疆生产建设兵团人民检察院、公安局：

为了深入贯彻全面推进依法治国的基本方略，认真落实中央司法体制改革和以审判为中心的刑事诉讼制度改革的有关部署要求，进一步规范公安机关办理经济犯罪案件，加强人民检察院的法律监督，最高人民检察院和公安部依据《中华人民共和国刑事诉讼法》等有关法律、法规和规章，经征求最高人民法院等有关部门意见，结合打击经济犯罪工作实际，研究修订了《公安机关办理经济犯罪案件的若干规定》。现将《最高人民检察院公安部关于公安机关办理经济犯罪案件的若干规定》印发给你们，请遵照执行。

各地在执行中遇到的问题，请分别报最高人民检察院和公安部。

最高人民检察院　公安部

2017 年 11 月 24 日

最高人民检察院公安部关于
公安机关办理经济犯罪案件的若干规定

第一章 总 则

第一条 为了规范公安机关办理经济犯罪案件程序，加强人民检察院的法律监督，保证严格、规范、公正、文明执法，依法惩治经济犯罪，维护社会主义市场经济秩序，保护公民、法人和其他组织的合法权益，依据《中华人民共和国刑事诉讼法》等有关法律、法规和规章，结合工作实际，制定本规定。

第二条 公安机关办理经济犯罪案件，应当坚持惩罚犯罪与保障人权并重、实体公正与程序公正并重、查证犯罪与挽回损失并重，严格区分经济犯罪与经济纠纷的界限，不得滥用职权、玩忽职守。

第三条 公安机关办理经济犯罪案件，应当坚持平等保护公有制经济与非公有制经济，坚持各类市场主体的诉讼地位平等、法律适用平等、法律责任平等，加强对各种所有制经济产权与合法利益的保护。

第四条 公安机关办理经济犯罪案件，应当严格依照法定程序进行，规范使用调查性侦查措施，准确适用限制人身、财产权利的强制性措施。

第五条 公安机关办理经济犯罪案件，应当既坚持严格依法办案，又注意办案方法，慎重选择办案时机和方式，注重保障正常的生产经营活动顺利进行。

第六条 公安机关办理经济犯罪案件，应当坚持以事实为根据、以法律为准绳，同人民检察院、人民法院分工负责、互相配合、互相制约，以保证准确有效地执行法律。

第七条 公安机关、人民检察院应当按照法律规定的证据裁判要求和标准收集、固定、审查、运用证据，没有确实、充分的证据不得认定犯罪事实，严禁刑讯逼供和以威胁、引诱、欺骗以及其他非法方法收集证据，不得强迫任何人证实自己有罪。

第二章　管　辖

第八条　经济犯罪案件由犯罪地的公安机关管辖。如果由犯罪嫌疑人居住地的公安机关管辖更为适宜的，可以由犯罪嫌疑人居住地的公安机关管辖。

犯罪地包括犯罪行为发生地和犯罪结果发生地。犯罪行为发生地，包括犯罪行为的实施地以及预备地、开始地、途经地、结束地等与犯罪行为有关的地点；犯罪行为有连续、持续或者继续状态的，犯罪行为连续、持续或者继续实施的地方都属于犯罪行为发生地。犯罪结果发生地，包括犯罪对象被侵害地、犯罪所得的实际取得地、藏匿地、转移地、使用地、销售地。

居住地包括户籍所在地、经常居住地。户籍所在地与经常居住地不一致的，由经常居住地的公安机关管辖。经常居住地是指公民离开户籍所在地最后连续居住一年以上的地方，但是住院就医的除外。

单位涉嫌经济犯罪的，由犯罪地或者所在地公安机关管辖。所在地是指单位登记的住所地。主要营业地或者主要办事机构所在地与登记的住所地不一致的，主要营业地或者主要办事机构所在地为其所在地。

法律、司法解释或者其他规范性文件对有关经济犯罪案件的管辖作出特别规定的，从其规定。

第九条　非国家工作人员利用职务上的便利实施经济犯罪的，由犯罪嫌疑人工作单位所在地公安机关管辖。如果由犯罪行为实施地或者犯罪嫌疑人居住地的公安机关管辖更为适宜的，也可以由犯罪行为实施地或者犯罪嫌疑人居住地的公安机关管辖。

第十条　上级公安机关必要时可以立案侦查或者组织、指挥、参与侦查下级公安机关管辖的经济犯罪案件。

对重大、疑难、复杂或者跨区域性经济犯罪案件，需要由上级公安机关立案侦查的，下级公安机关可以请求移送上一级公安机关立案侦查。

第十一条　几个公安机关都有权管辖的经济犯罪案件，由最初受理的公安机关管辖。必要时，可以由主要犯罪地的公安机关管辖。对管辖不明确或者有争议的，应当协商管辖；协商不成的，由共同的上级公安机关指定管辖。

主要利用通讯工具、互联网等技术手段实施的经济犯罪案件，由最初发现、受理的公安机关或者主要犯罪地的公安机关管辖。

第十二条　公安机关办理跨区域性涉众型经济犯罪案件，应当坚持统一指挥协调、统一办案要求的原则。

对跨区域性涉众型经济犯罪案件，犯罪地公安机关应当立案侦查，并由一个地方公安机关为主侦查，其他公安机关应当积极协助。必要时，可以并案侦查。

第十三条　上级公安机关指定下级公安机关立案侦查的经济犯罪案件，需要逮捕犯罪嫌疑人的，由侦查该案件的公安机关提请同级人民检察院审查批准；需要移送审查起诉的，由侦查该案件的公安机关移送同级人民检察院审查起诉。

人民检察院受理公安机关移送审查起诉的经济犯罪案件，认为需要依照刑事诉讼法的规定指定审判管辖的，应当协商同级人民法院办理指定管辖有关事宜。

对跨区域性涉众型经济犯罪案件，公安机关指定管辖的，应当事先向同级人民检察院、人民法院通报和协商。

第三章　立案、撤案

第十四条　公安机关对涉嫌经济犯罪线索的报案、控告、举报、自动投案，不论是否有管辖权，都应当接受并登记，由最初受理的公安机关依照法定程序办理，不得以管辖权为由推诿或者拒绝。

经审查，认为有犯罪事实，但不属于其管辖的案件，应当及时移送有管辖权的机关处理。对于不属于其管辖又必须采取紧急措施的，应当先采取紧急措施，再移送主管机关。

第十五条 公安机关接受涉嫌经济犯罪线索的报案、控告、举报、自动投案后，应当立即进行审查，并在七日以内决定是否立案；重大、疑难、复杂线索，经县级以上公安机关负责人批准，立案审查期限可以延长至三十日；特别重大、疑难、复杂或者跨区域性的线索，经上一级公安机关负责人批准，立案审查期限可以再延长三十日。

上级公安机关指定管辖或者书面通知立案的，应当在指定期限以内立案侦查。人民检察院通知立案的，应当在十五日以内立案侦查。

第十六条 公安机关接受行政执法机关移送的涉嫌经济犯罪案件后，移送材料符合相关规定的，应当在三日以内进行审查并决定是否立案，至迟应当在十日以内作出决定。案情重大、疑难、复杂或者跨区域性的，经县级以上公安机关负责人批准，应当在三十日以内决定是否立案。情况特殊的，经上一级公安机关负责人批准，可以再延长三十日作出决定。

第十七条 公安机关经立案审查，同时符合下列条件的，应当立案：

（一）认为有犯罪事实；

（二）涉嫌犯罪数额、结果或者其他情节符合经济犯罪案件的立案追诉标准，需要追究刑事责任；

（三）属于该公安机关管辖。

第十八条 在立案审查中，发现案件事实或者线索不明的，经公安机关办案部门负责人批准，可以依照有关规定采取询问、查询、勘验、鉴定和调取证据材料等不限制被调查对象人身、财产权利的措施。经审查，认为有犯罪事实，需要追究刑事责任的，经县级以上公安机关负责人批准，予以立案。

公安机关立案后，应当采取调查性侦查措施，但是一般不得采取限制人身、财产权利的强制性措施。确有必要采取的，必须严格依照法律规定的条件和程序。严禁在没有证据的情况下，查封、扣押、冻结涉案财物或者拘留、逮捕犯罪嫌疑人。

公安机关立案后，在三十日以内经积极侦查，仍然无法收集到证明有犯罪事实需要对犯罪嫌疑人追究刑事责任的充分证据的，应当立即撤销案件或者终止侦查。重大、疑难、复杂案件，经上一级公安机关负责人批准，可以再延长三十日。

上级公安机关认为不应当立案，责令限期纠正的，或者人民检察院认为不应当立案，通知撤销案件的，公安机关应当及时撤销案件。

第十九条 对有控告人的案件，经审查决定不予立案的，应当在立案审查的期限内制作不予立案通知书，并在三日以内送达控告人。

第二十条 涉嫌经济犯罪的案件与人民法院正在审理或者作出生效裁判文书的民事案件，属于同一法律事实或者有牵连关系，符合下列条件之一的，应当立案：

（一）人民法院在审理民事案件或者执行过程中，发现有经济犯罪嫌疑，裁定不予受理、驳回起诉、中止诉讼、判决驳回诉讼请求或者中止执行生效裁判文书，并将有关材料移送公安机关的；

（二）人民检察院依法通知公安机关立案的；

（三）公安机关认为有证据证明有犯罪事实，需要追究刑事责任，经省级以上公安机关负责人批准的。

有前款第二项、第三项情形的，公安机关立案后，应当严格依照法律规定的条件和程序采取强制措施和侦查措施，并将立案决定书等法律文书及相关案件材料复印件抄送正在审理或者作出生效裁判文书的人民法院并说明立案理由，同时通报与办理民事案件的人民法院同级的人民检察院，必要时可以报告上级公安机关。

在侦查过程中，不得妨碍人民法院民事诉讼活动的正常进行。

第二十一条 公安机关在侦查过程中、人民检察院在审查起诉过程中，发现具有下列情形之一的，应当将立案决定书、起诉意见书等法律文书及相关案件材料复印件抄送正在审理或者作出生效裁判文书的人民法院，由人民法院依法处理：

（一）侦查、审查起诉的经济犯罪案件与人民法院正在审理或者作出生效裁判文书的民事案件属于同一法律事实或者有牵连关系的；

（二）涉案财物已被有关当事人申请执行的。

有前款规定情形的，公安机关、人民检察院应当同时将有关情况通报与办理民事案件的人民法院同级的人民检察院。

公安机关将相关法律文书及案件材料复印件抄送人民法院后一个月以内未收到回复的，必要时，可以报告上级公安机关。

立案侦查、审查起诉的经济犯罪案件与仲裁机构作出仲裁裁决的民事案件属于同一法律事实或者有牵连关系，且人民法院已经受理与该仲裁裁决相关申请的，依照本条第一款至第三款的规定办理。

第二十二条 涉嫌经济犯罪的案件与人民法院正在审理或者作出生效裁判文书以及仲裁机构作出裁决的民事案件有关联但不属同一法律事实的，公安机关可以立案侦查，但是不得以刑事立案为由要求人民法院移送案件、裁定驳回起诉、中止诉讼、判决驳回诉讼请求、中止执行或者撤销判决、裁定，或者要求人民法院撤销仲裁裁决。

第二十三条 人民法院在办理民事案件过程中，认为该案件不属于民事纠纷而有经济犯罪嫌疑需要追究刑事责任，并将涉嫌经济犯罪的线索、材料移送公安机关的，接受案件的公安机关应当立即审查，并在十日以内决定是否立案。公安机关不立案的，应当及时告知人民法院。

第二十四条 人民法院在办理民事案件过程中，发现与民事纠纷虽然不是同一事实但是有关联的经济犯罪线索、材料，并将涉嫌经济犯罪的线索、材料移送公安机关的，接受案件的公安机关应当立即审查，并在十日以内决定是否立案。公安机关不立案的，应当及时告知人民法院。

第二十五条 在侦查过程中，公安机关发现具有下列情形之一的，应当及时撤销案件：

（一）对犯罪嫌疑人解除强制措施之日起十二个月以内，仍然不能移送审查起诉或者依法作其他处理的；

（二）对犯罪嫌疑人未采取强制措施，自立案之日起二年以内，仍然不能移送审查起诉或者依法作其他处理的；

（三）人民检察院通知撤销案件的；

（四）其他符合法律规定的撤销案件情形的。

有前款第一项、第二项情形，但是有证据证明有犯罪事实需要进一步侦查的，经省级以上公安机关负责人批准，可以不撤销案件，继续侦查。

撤销案件后，公安机关应当立即停止侦查活动，并解除相关的侦查措施和强制措施。

撤销案件后，又发现新的事实或者证据，依法需要追究刑事责任的，公安机关应当重新立案侦查。

第二十六条 公安机关接报案件后，报案人、控告人、举报人、被害人及其法定代理人、近亲属查询立案情况的，应当在三日以内告知立案情况并记录在案。对已经立案的，应当告知立案时间、涉嫌罪名、办案单位等情况。

第二十七条 对报案、控告、举报、移送的经济犯罪案件，公安机关作出不予立案决定、撤销案件决定或者逾期未作出是否立案决定有异议的，报案人、控告人、举报人可以申请人民检察院进行立案监督，移送案件的行政执法机关可以建议人民检察院进行立案监督。

人民检察院认为需要公安机关说明不予立案、撤销案件或者逾期未作出是否立案决定的理由的，应当要求公安机关在七日以内说明理由。公安机关应当书面说明理由，连同有关证据材料回复人民检察院。人民检察院认为不予立案或者撤销案件的理由不能成立的，应当通知公安机关立案。人民检察院要求公安机关说明逾期未作出是否立案决定的理由后，公安机关在七日以内既不说明理由又不作出是否立案的决定的，人民检察院应当发出纠正违法通知书予以纠正，经审查案件有关证据材料，认为符合立案条件的，应当通知公安机关立案。

第二十八条　犯罪嫌疑人及其法定代理人、近亲属或者辩护律师对公安机关立案提出异议的，公安机关应当及时受理、认真核查。

有证据证明公安机关可能存在违法介入经济纠纷，或者利用立案实施报复陷害、敲诈勒索以及谋取其他非法利益等违法立案情形的，人民检察院应当要求公安机关书面说明立案的理由。公安机关应当在七日以内书面说明立案的依据和理由，连同有关证据材料回复人民检察院。人民检察院认为立案理由不能成立的，应当通知公安机关撤销案件。

第二十九条　人民检察院发现公安机关在办理经济犯罪案件过程中适用另案处理存在违法或者不当的，可以向公安机关提出书面纠正意见或者检察建议。公安机关应当认真审查，并将结果及时反馈人民检察院。没有采纳的，应当说明理由。

第三十条　依照本规定，报经省级以上公安机关负责人批准立案侦查或者继续侦查的案件，撤销案件时应当经原审批的省级以上公安机关负责人批准。

人民检察院通知撤销案件的，应当立即撤销案件，并报告原审批的省级以上公安机关。

第四章　强制措施

第三十一条　公安机关决定采取强制措施时，应当考虑犯罪嫌疑人涉嫌犯罪情节的轻重程度、有无继续犯罪和逃避或者妨碍侦查的可能性，使所适用的强制措施同犯罪的严重程度、犯罪嫌疑人的社会危险性相适应，依法慎用羁押性强制措施。

采取取保候审、监视居住措施足以防止发生社会危险性的，不得适用羁押性强制措施。

第三十二条 公安机关应当依照法律规定的条件和程序适用取保候审措施。

采取保证金担保方式的,应当综合考虑保证诉讼活动正常进行的需要,犯罪嫌疑人的社会危险性的大小,案件的性质、情节、涉案金额,可能判处刑罚的轻重以及犯罪嫌疑人的经济状况等情况,确定适当的保证金数额。

在取保候审期间,不得中断对经济犯罪案件的侦查。执行取保候审超过三个月的,应当至少每个月讯问一次被取保候审人。

第三十三条 对于被决定采取强制措施并上网追逃的犯罪嫌疑人,经审查发现不构成犯罪或者依法不予追究刑事责任的,应当立即撤销强制措施决定,并按照有关规定,报请省级以上公安机关删除相关信息。

第三十四条 公安机关办理经济犯罪案件应当加强统一审核,依照法律规定的条件和程序逐案逐人审查采取强制措施的合法性和适当性,发现采取强制措施不当的,应当及时撤销或者变更。犯罪嫌疑人在押的,应当立即释放。公安机关释放被逮捕的犯罪嫌疑人或者变更逮捕措施的,应当及时通知作出批准逮捕决定的人民检察院。

犯罪嫌疑人被逮捕后,人民检察院经审查认为不需要继续羁押提出检察建议的,公安机关应当予以调查核实,认为不需要继续羁押的,应当予以释放或者变更强制措施;认为需要继续羁押的,应当说明理由,并在十日以内将处理情况通知人民检察院。

犯罪嫌疑人及其法定代理人、近亲属或者辩护人有权申请人民检察院进行羁押必要性审查。

第五章　侦查取证

第三十五条 公安机关办理经济犯罪案件,应当及时进行侦查,依法全面、客观、及时地收集、调取、固定、审查能够证实犯罪嫌疑人有罪或者无罪、罪重或者罪轻以及与涉案财物有关的各种证据,并防止犯罪嫌疑人逃匿、销毁证据或者转移、隐匿涉案财物。

严禁调取与经济犯罪案件无关的证据材料，不得以侦查犯罪为由滥用侦查措施为他人收集民事诉讼证据。

第三十六条　公安机关办理经济犯罪案件，应当遵守法定程序，遵循有关技术标准，全面、客观、及时地收集、提取电子数据；人民检察院应当围绕真实性、合法性、关联性审查判断电子数据。

依照规定程序通过网络在线提取的电子数据，可以作为证据使用。

第三十七条　公安机关办理经济犯罪案件，需要采取技术侦查措施的，应当严格依照有关法律、规章和规范性文件规定的范围和程序办理。

第三十八条　公安机关办理非法集资、传销以及利用通讯工具、互联网等技术手段实施的经济犯罪案件，确因客观条件的限制无法逐一收集被害人陈述、证人证言等相关证据的，可以结合已收集的言词证据和依法收集并查证属实的物证、书证、视听资料、电子数据等实物证据，综合认定涉案人员人数和涉案资金数额等犯罪事实，做到证据确实、充分。

第三十九条　公安机关办理生产、销售伪劣商品犯罪案件、走私犯罪案件、侵犯知识产权犯罪案件，对同一批次或者同一类型的涉案物品，确因实物数量较大，无法逐一勘验、鉴定、检测、评估的，可以委托或者商请有资格的鉴定机构、专业机构或者行政执法机关依照程序按照一定比例随机抽样勘验、鉴定、检测、评估，并由其制作取样记录和出具相关书面意见。有关抽样勘验、鉴定、检测、评估的结果可以作为该批次或者该类型全部涉案物品的勘验、鉴定、检测、评估结果，但是不符合法定程序，且不能补正或者作出合理解释，可能严重影响案件公正处理的除外。

法律、法规和规范性文件对鉴定机构或者抽样方法另有规定的，从其规定。

第四十条　公安机关办理经济犯罪案件应当与行政执法机关加强联系、密切配合，保证准确有效地执行法律。

公安机关应当根据案件事实、证据和法律规定依法认定案件性质，对案情复杂、疑难，涉及专业性、技术性问题的，可以参考有关行政执法机关的认定意见。

行政执法机关对经济犯罪案件中有关行为性质的认定，不是案件进入刑事诉讼程序的必经程序或者前置条件。法律、法规和规章另有规定的，从其规定。

第四十一条 公安机关办理重大、疑难、复杂的经济犯罪案件，可以听取人民检察院的意见，人民检察院认为确有必要时，可以派员适时介入侦查活动，对收集证据、适用法律提出意见，监督侦查活动是否合法。对人民检察院提出的意见，公安机关应当认真审查，并将结果及时反馈人民检察院。没有采纳的，应当说明理由。

第四十二条 公安机关办理跨区域性的重大经济犯罪案件，应当向人民检察院通报立案侦查情况，人民检察院可以根据通报情况调度办案力量，开展指导协调等工作。需要逮捕犯罪嫌疑人的，公安机关应当提前与人民检察院沟通。

第四十三条 人民检察院在审查逮捕、审查起诉中发现公安机关办案人员以非法方法收集犯罪嫌疑人供述、被害人陈述、证人证言等证据材料的，应当依法排除非法证据并提出纠正意见。需要重新调查取证的，经县级以上公安机关负责人批准，应当另行指派办案人员重新调查取证。必要时，人民检察院也可以自行收集犯罪嫌疑人供述、被害人陈述、证人证言等证据材料。

公安机关发现收集物证、书证不符合法定程序，可能严重影响司法公正的，应当要求办案人员予以补正或者作出合理解释；不能补正或者作出合理解释的，应当依法予以排除，不得作为提请批准逮捕、移送审查起诉的依据。

人民检察院发现收集物证、书证不符合法定程序，可能严重影响司法公正的，应当要求公安机关予以补正或者作出合理解释，不能补正或者作出合理解释的，应当依法予以排除，不得作为批准逮捕、提起公诉的依据。

第四十四条 对民事诉讼中的证据材料，公安机关在立案后应当依照刑事诉讼法以及相关司法解释的规定进行审查或者重新收集。未经查证核实的证据材料，不得作为刑事证据使用。

第四十五条 人民检察院已经作出不起诉决定的案件，公安机关不得针对同一法律事实的同一犯罪嫌疑人继续侦查或者补充侦查，但是有新的事实或者证据的，可以重新立案侦查。

第六章　涉案财物的控制和处置

第四十六条 查封、扣押、冻结以及处置涉案财物，应当依照法律规定的条件和程序进行。除法律法规和规范性文件另有规定以外，公安机关不得在诉讼程序终结之前处置涉案财物。严格区分违法所得、其他涉案财产与合法财产，严格区分企业法人财产与股东个人财产，严格区分犯罪嫌疑人个人财产与家庭成员财产，不得超权限、超范围、超数额、超时限查封、扣押、冻结，并注意保护利害关系人的合法权益。

对涉众型经济犯罪案件，需要追缴、返还涉案财物的，应当坚持统一资产处置原则。公安机关移送审查起诉时，应当将有关涉案财物及其清单随案移送人民检察院。人民检察院提起公诉时，应当将有关涉案财物及其清单一并移送受理案件的人民法院，并提出处理意见。

第四十七条 对依照有关规定可以分割的土地、房屋等涉案不动产，应当只对与案件有关的部分进行查封。

对不可分割的土地、房屋等涉案不动产或者车辆、船舶、航空器以及大型机器、设备等特定动产，可以查封、扣押、冻结犯罪嫌疑人提供的与涉案金额相当的其他财物。犯罪嫌疑人不能提供的，可以予以整体查封。

冻结涉案账户的款项数额，应当与涉案金额相当。

第四十八条　对自动投案时主动提交的涉案财物和权属证书等，公安机关可以先行接收，如实登记并出具接收财物凭证，根据立案和侦查情况决定是否查封、扣押、冻结。

第四十九条　已被依法查封、冻结的涉案财物，公安机关不得重复查封、冻结，但是可以轮候查封、冻结。

已被人民法院采取民事财产保全措施的涉案财物，依照前款规定办理。

第五十条　对不宜查封、扣押、冻结的经营性涉案财物，在保证侦查活动正常进行的同时，可以允许有关当事人继续合理使用，并采取必要的保值保管措施，以减少侦查办案对正常办公和合法生产经营的影响。必要时，可以申请当地政府指定有关部门或者委托有关机构代管。

第五十一条　对查封、扣押、冻结的涉案财物及其孳息，以及作为证据使用的实物，公安机关应当如实登记，妥善保管，随案移送，并与人民检察院及时交接，变更法律手续。

在查封、扣押、冻结涉案财物时，应当收集、固定与涉案财物来源、权属、性质等有关的证据材料并随案移送。对不宜移送或者依法不移送的实物，应当将其清单、照片或者其他证明文件随案移送。

第五十二条　涉嫌犯罪事实查证属实后，对有证据证明权属关系明确的被害人合法财产及其孳息，及时返还不损害其他被害人或者利害关系人的利益、不影响诉讼正常进行的，可以在登记、拍照或者录像、估价后，经县级以上公安机关负责人批准，开具发还清单，在诉讼程序终结之前返还被害人。办案人员应当在案卷中注明返还的理由，将原物照片、清单和被害人的领取手续存卷备查。

具有下列情形之一的，不得在诉讼程序终结之前返还：

（一）涉嫌犯罪事实尚未查清的；

（二）涉案财物及其孳息的权属关系不明确或者存在争议的；

（三）案件需要变更管辖的；

（四）可能损害其他被害人或者利害关系人利益的；

（五）可能影响诉讼程序正常进行的；

（六）其他不宜返还的。

第五十三条 有下列情形之一的，除依照有关法律法规和规范性文件另行处理的以外，应当立即解除对涉案财物的查封、扣押、冻结措施，并及时返还有关当事人：

（一）公安机关决定撤销案件或者对犯罪嫌疑人终止侦查的；

（二）人民检察院通知撤销案件或者作出不起诉决定的；

（三）人民法院作出生效判决、裁定应当返还的。

第五十四条 犯罪分子违法所得的一切财物及其孳息，应当予以追缴或者责令退赔。

发现犯罪嫌疑人将经济犯罪违法所得和其他涉案财物用于清偿债务、转让或者设定其他权利负担，具有下列情形之一的，应当依法查封、扣押、冻结：

（一）他人明知是经济犯罪违法所得和其他涉案财物而接受的；

（二）他人无偿或者以明显低于市场价格取得上述财物的；

（三）他人通过非法债务清偿或者违法犯罪活动取得上述财物的；

（四）他人通过其他恶意方式取得上述财物的。

他人明知是经济犯罪违法所得及其产生的收益，通过虚构债权债务关系、虚假交易等方式予以窝藏、转移、收购、代为销售或者以其他方法掩饰、隐瞒，构成犯罪的，应当依法追究刑事责任。

第五十五条 具有下列情形之一，依照刑法规定应当追缴其违法所得及其他涉案财物的，经县级以上公安机关负责人批准，公安机关应当出具没收违法所得意见书，连同相关证据材料一并移送同级人民检察院：

（一）重大的走私、金融诈骗、洗钱犯罪案件，犯罪嫌疑人逃匿，在通缉一年后不能到案的；

（二）犯罪嫌疑人死亡的；

（三）涉嫌重大走私、金融诈骗、洗钱犯罪的单位被撤销、注销，直接负责的主管人员和其他直接责任人员逃匿、死亡，导致案件无法适用普通刑事诉讼程序审理的。

犯罪嫌疑人死亡，现有证据证明其存在违法所得及其他涉案财物应当予以没收的，公安机关可以继续调查，并依法进行查封、扣押、冻结。

第七章　办案协作

第五十六条　公安机关办理经济犯罪案件，应当加强协作和配合，依法履行协查、协办等职责。

上级公安机关应当加强监督、协调和指导，及时解决跨区域性协作的争议事项。

第五十七条　办理经济犯罪案件需要异地公安机关协作的，委托地公安机关应当对案件的管辖、定性、证据认定以及所采取的侦查措施负责，办理有关的法律文书和手续，并对协作事项承担法律责任。但是协作地公安机关超权限、超范围采取相关措施的，应当承担相应的法律责任。

第五十八条　办理经济犯罪案件需要异地公安机关协作的，由委托地的县级以上公安机关制作办案协作函件和有关法律文书，通过协作地的县级以上公安机关联系有关协作事宜。协作地公安机关接到委托地公安机关请求协作的函件后，应当指定主管业务部门办理。

各省、自治区、直辖市公安机关根据本地实际情况，就需要外省、自治区、直辖市公安机关协助对犯罪嫌疑人采取强制措施或者查封、扣押、冻结涉案财物事项制定相关审批程序。

第五十九条　协作地公安机关应当对委托地公安机关出具的法律文书和手续予以审核，对法律文书和手续完备的，协作地公安机关应当及时无条件予以配合，不得收取任何形式的费用。

第六十条　委托地公安机关派员赴异地公安机关请求协助查询资料、调查取证等事项时，应当出具办案协作函件和有关法律文书。

委托地公安机关认为不需要派员赴异地的，可以将办案协作函件和有关法律文书寄送协作地公安机关，协作地公安机关协查不得超过十五日；案情重大、情况紧急的，协作地公安机关应当在七日以内回复；因特殊情况不能按时回复的，协作地公安机关应当及时向委托地公安机关说明情况。

必要时，委托地公安机关可以将办案协作函件和有关法律文书通过电传、网络等保密手段或者相关工作机制传至协作地公安机关，协作地公安机关应当及时协查。

第六十一条　委托地公安机关派员赴异地公安机关请求协助采取强制措施或者搜查，查封、扣押、冻结涉案财物等事项时，应当持办案协作函件、有关侦查措施或者强制措施的法律文书、工作证件及相关案件材料，与协作地县级以上公安机关联系，协作地公安机关应当派员协助执行。

第六十二条　对不及时采取措施，有可能导致犯罪嫌疑人逃匿，或者有可能转移涉案财物以及重要证据的，委托地公安机关可以商请紧急协作，将办案协作函件和有关法律文书通过电传、网络等保密手段传至协作地县级以上公安机关，协作地公安机关收到协作函件后，应当及时采取措施，落实协作事项。委托地公安机关应当立即派员携带法律文书前往协作地办理有关事宜。

第六十三条　协作地公安机关在协作过程中，发现委托地公安机关明显存在违反法律规定的行为时，应当及时向委托地公安机关提出并报上一级公安机关。跨省协作的，应当通过协作地的省级公安机关通报委托地的省级公安机关，协商处理。未能达成一致意见的，协作地的省级公安机关应当及时报告公安部。

第六十四条　立案地公安机关赴其他省、自治区、直辖市办案，应当按照有关规定呈报上级公安机关审查批准。

第八章　保障诉讼参与人合法权益

第六十五条　公安机关办理经济犯罪案件，应当尊重和保障人权，保障犯罪嫌疑人、被害人和其他诉讼参与人依法享有的辩护权和其他诉讼权利，在职责范围内依法保障律师的执业权利。

第六十六条　辩护律师向公安机关了解犯罪嫌疑人涉嫌的罪名以及现已查明的该罪的主要事实，犯罪嫌疑人被采取、变更、解除强制措施，延长侦查羁押期限、移送审查起诉等案件有关情况的，公安机关应当依法将上述情况告知辩护律师，并记录在案。

第六十七条　辩护律师向公安机关提交与经济犯罪案件有关的申诉、控告等材料的，公安机关应当在执法办案场所予以接收，当面了解有关情况并记录在案。对辩护律师提供的材料，公安机关应当及时依法审查，并在三十日以内予以答复。

第六十八条　被害人、犯罪嫌疑人及其法定代理人、近亲属或者律师对案件管辖有异议，向立案侦查的公安机关提出申诉的，接受申诉的公安机关应当在接到申诉后的七日以内予以答复。

第六十九条　犯罪嫌疑人及其法定代理人、近亲属或者辩护人认为公安机关所采取的强制措施超过法定期限，有权向原批准或者决定的公安机关提出申诉，接受该项申诉的公安机关应当在接到申诉之日起三十日以内审查完毕并作出决定，将结果书面通知申诉人。对超过法定期限的强制措施，应当立即解除或者变更。

第七十条　辩护人、诉讼代理人认为公安机关阻碍其依法行使诉讼权利并向人民检察院申诉或者控告，人民检察院经审查情况属实后通知公安机关予以纠正的，公安机关应当立即纠正，并将监督执行情况书面答复人民检察院。

第七十一条　辩护人、诉讼代理人对公安机关侦查活动有异议的，可以向有关公安机关提出申诉、控告，或者提请人民检察院依法监督。

第九章　执法监督与责任追究

第七十二条　公安机关应当依据《中华人民共和国人民警察法》等有关法律法规和规范性文件的规定，加强对办理经济犯罪案件活动的执法监督和督察工作。

上级公安机关发现下级公安机关存在违反法律和有关规定行为的，应当责令其限期纠正。必要时，上级公安机关可以就其违法行为直接作出相关处理决定。

人民检察院发现公安机关办理经济犯罪案件中存在违法行为的，或者对有关当事人及其辩护律师、诉讼代理人、利害关系人的申诉、控告事项查证属实的，应当通知公安机关予以纠正。

第七十三条　具有下列情形之一的，公安机关应当责令依法纠正，或者直接作出撤销、变更或者纠正决定。对发生执法过错的，应当根据办案人员在办案中各自承担的职责，区分不同情况，分别追究案件审批人、审核人、办案人及其他直接责任人的责任。构成犯罪的，依法追究刑事责任。

（一）越权管辖或者推诿管辖的；

（二）违反规定立案、不予立案或者撤销案件的；

（三）违反规定对犯罪嫌疑人采取强制措施的；

（四）违反规定对财物采取查封、扣押、冻结措施的；

（五）违反规定处置涉案财物的；

（六）拒不履行办案协作职责，或者阻碍异地公安机关依法办案的；

（七）阻碍当事人、辩护人、诉讼代理人依法行使诉讼权利的；

（八）其他应当予以追究责任的。

对于导致国家赔偿的责任人员，应当依据《中华人民共和国国家赔偿法》的有关规定，追偿其部分或者全部赔偿费用。

第七十四条　公安机关在受理、立案、移送以及涉案财物处置等过程中，与人民检察院、人民法院以及仲裁机构发生争议的，应当协商解决。必要时，可以报告上级公安机关协调解决。上级公安机关应当加强监督，依法处理。

人民检察院发现公安机关存在执法不当行为的，可以向公安机关提出书面纠正意见或者检察建议。公安机关应当认真审查，并将结果及时反馈人民检察院。没有采纳的，应当说明理由。

第七十五条　公安机关办理经济犯罪案件应当加强执法安全防范工作，规范执法办案活动，执行执法办案规定，加强执法监督，对执法不当造成严重后果的，依据相关规定追究责任。

第十章　附　则

第七十六条　本规定所称的"经济犯罪案件"，主要是指公安机关经济犯罪侦查部门按照有关规定依法管辖的各种刑事案件，但以资助方式实施的帮助恐怖活动案件，不适用本规定。

公安机关其他办案部门依法管辖刑法分则第三章规定的破坏社会主义市场经济秩序犯罪有关案件的，适用本规定。

第七十七条　本规定所称的"调查性侦查措施"，是指公安机关在办理经济犯罪案件过程中，依照法律规定进行的专门调查工作和有关侦查措施，但是不包括限制犯罪嫌疑人人身、财产权利的强制性措施。

第七十八条　本规定所称的"涉众型经济犯罪案件"，是指基于同一法律事实、利益受损人数众多、可能影响社会秩序稳定的经济犯罪案件，包括但不限于非法吸收公众存款，集资诈骗，组织、领导传销活动，擅自设立金融机构，擅自发行股票、公司企业债券等犯罪。

第七十九条　本规定所称的"跨区域性"，是指涉及两个以上县级行政区域。

第八十条　本规定自 2018 年 1 月 1 日起施行。2005 年 12 月 31 日发布的《公安机关办理经济犯罪案件的若干规定》（公通字〔2005〕101 号）同时废止。本规定发布以前最高人民检察院、公安部制定的关于办理经济犯罪案件的规范性文件与本规定不一致的，适用本规定。